改訂版 高校受験

音声ダウンロード付

英語長文を論理的に読み解く本

著
Teruhiko KASAI
笠井照彦
能開センター・個別指導Axis

この本は、小社より 2013 年に刊行された
『高校受験　英語長文を論理的に読み解く本』の改訂版です。

「どうすれば長文をスラスラと読めるようになるのか？」

これが本書のめざすテーマです。

今回の執筆に際し，難関高校の入試問題をじっくりと分析しました。そこであらためて感じたのが，「難関高校の入試問題は大学入試と変わらない！」ということです。難関高校の入試問題の多くが，大学入学共通テストと同レベルであり，それを超えるものもあります。

一般的な公立高校入試の場合，中学校で学ぶ内容を踏まえて語彙や文法が制限されています。しかし難関高校の場合，素材の多くは英米の論説文や小説など，手加減のない本物の英語なのです。この事実にどう立ち向かうべきでしょうか？

文法を勉強すれば長文は読める？

文法は1文ごとの説明は得意ですが，じつはパラグラフや文章全体について説明することは苦手です。文と文，パラグラフとパラグラフの「つながり」，そして文章全体をつかむには何が必要なのでしょうか？

単語を知っていれば長文は読める？

たくさんの語彙があることは武器になります。しかし，難関高校の長文問題では，必ず知らない単語に出くわします。知らない単語に出会ったとき，どう対処すればいいのでしょう？

その答えが「論理」なのです。

本書では「英文を論理的に読み解く」ということに徹底的にこだわりました。「英語なのに国語の授業みたい」と生徒から言われることがあります。「物語を読んで情景がイメージできる」「日本語と同様に，思考の道具として使える」，こういった境地にいたったとき，みなさんの英語力は合格ラインを超えたところにあります。

この本を活用し，入試にとどまらず，将来にも役立つ本物の「英文を読む力」をつけてほしいと思います。そして，そのことが，難関高校入試合格への最短距離であると信じています。

では，最後までいっしょにがんばりましょう！

笠井　照彦

もくじ

Chapter 1 読解技術編

Chapter 2　ジャンル別対策編

まずは各Lessonで学ぶポイントを確認し，別冊の問題に挑戦しましょう！最後までやり切れば，長文読解力が必ずアップします！

ブックデザイン：山口秀昭（Studio Flavor）
本文イラスト：福島　幸

本書の特長と使い方

　本書は難関高校で出題される英語長文を論理的に読み解く力を，段階的に身につけるための問題集です。「読解技術編」と「ジャンル別対策編」からなる12のLessonで構成されています。

「読解技術編」では，スラッシュ，後置修飾，論理関係，トピックセンテンス，パラグラフ構成といった読解技術を段階的に説明しています。そのうえで，標準問題と応用問題の2つの問題を用意しました。長文読解には「慣れ」も必要ですが，その前に身につけるべき具体的な技術があるのです。

　また，各問題を次の3つのポイントに分け，くわしく解説しています。

　　文脈・論理 …………… 論理的な読み方をする際の目のつけどころ
　　文法 ………………… 長文ならではの文法や構文のポイント
　　語彙 ………………… 単語の語源や語法

「ジャンル別対策編」では物語，歴史，伝記，論説文といったさまざまなジャンルの読み方を解説しています。やや難易度の高い問題を使用していますので，「読解技術編」で学んだ内容が身についているか確認してください。

　また，本書に収載されている問題文の読み上げ音声をダウンロードすることができます（手順はp.263を参照ください）。
　音声のあとに続いて発音することで，英文への理解をさらに深めましょう。

　著者の笠井照彦先生は，全国に展開している学習塾，能開センター・個別指導Axisにて豊富な指導経験をもつプロフェッショナル。入試にとどまらない，本当に役に立つ英語が身につくと定評があり，多くの受験生を合格に導いています。本書の内容をしっかりと吸収することで，論理的かつ具体的な長文読解の技術がきっと身につきます！
　各レッスンには，役立つコラムも掲載。勉強の息抜きにぜひ読んでみてください。

Step 1　本冊で各レッスンの解説を読む

最初に，各レッスンで身につける内容をわかりやすく解説していま
す。問題を解くときの参考にしましょう。

Step 2　別冊で問題を解く

問題は別冊に収録されています。目標時間を参考にして，まずは辞
書に頼らず解いてください。「読解技術編」には標準問題と応用問題の2題が
あります。もし，語彙や文法が不足している場合は，まず標準問題だけを解い
て進み，その後応用問題に取り組んでください。

Step 3　本冊で答え合わせをして，解説を読む

問題の解説は以下の構成になっています。

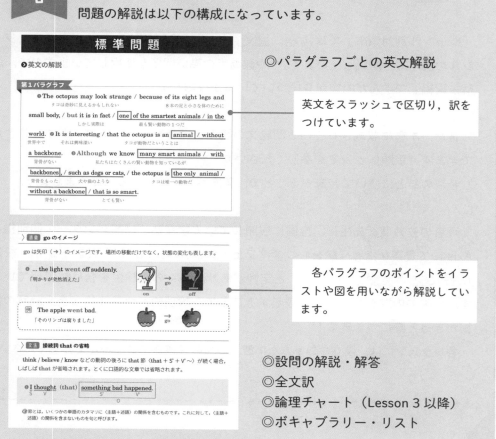

◎パラグラフごとの英文解説

英文をスラッシュで区切り，訳を
つけています。

各パラグラフのポイントをイラ
ストや図を用いながら解説してい
ます。

◎設問の解説・解答
◎全文訳
◎論理チャート（Lesson 3 以降）
◎ボキャブラリー・リスト

Chapter 1

読解技術編

Lesson 1 > スラッシュを入れよう！

　このレッスンでは，英文にスラッシュ（/）を入れる理由，そして具体的な入れ方について学んでいきます。

スラッシュを入れる意味

1 処理しやすいサイズにする

「英文を読んで理解する」というプロセスは「食べ物を口に入れ，胃の中で消化する」というプロセスに似ています。たとえば，分厚いステーキはナイフで切って1切れずつ食べますね。また，小さく切ることで胃での消化も楽になります。同様に，英文を読むときにもまず英文を目から取りこみ，そして脳で処理するというプロセスになります。

丸ごとだと食べにくい

小分けにすると食べやすい

　英文にスラッシュを入れるという行為は，いわば，**英文を処理しやすいサイズに分けること**といえるでしょう。区切られたカタマリは**チャンク**と呼ばれます。

Last summer I went to Canada to study English.

↓ スラッシュで区切る

Last summer / I went to Canada / to study English.

それぞれのカタマリをチャンクと呼ぶ

2 次を予測する

　スラッシュを入れることで，カタマリどうしのあいだに間ができます。この間をうまく次の予測に活用しましょう。具体的には，次ページの□のように，次の展開を予測するような疑問を頭に浮かべるようにします。

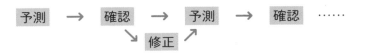

Lesson
1
スラッシュを入れよう！

最後は，ふ〜ん。 へ〜っ。 なるほど。と納得した形にします。英文を読むとは，左から右へ予測し，確認するという一連のプロセスです。予測が外れたら修正すればよいだけです。

語句が目に入ってから理解するのではなく，次にどんな内容になるのかを積極的に予測しながら読み進めましょう。

予測 → 確認 → 予測 → 確認 ……
　　　↘ 修正 ↗

3 モニター機能

昔のライブ映像で，ミュージシャンが，ステージ上の箱のようなものに足を乗せ，ギターをひく姿を見たことがありますか？ あの箱は「モニター」と呼ばれるスピーカーで，自分たちの演奏音が聞こえます。ライブ中は観客の声援やほかの楽器の音で自分の出す音がほとんど聞こえなくなってしまうため，モニターからの音で確認しているのです（最近はイヤホン型が主流です）。

「自分が英文をどう読んで理解しているのか？」は客観的に把握しづらい行為です。たとえば，次の文に1カ所スラッシュを入れるとしたら，どこに入れますか？

　She turned on the washing machine.

もし，She turned / **on** the washing machine. とスラッシュを入れたとしたら，**on** を前置詞ととらえたことになります。つまり，「彼女は洗濯機の上で回転した」という意味です。

そうではなく，She turned **on** / the washing machine. とスラッシュを入れたとしたら，**on** を副詞ととらえたことになります。「スイッチをオンに回した」ということですから，「彼女は洗濯機のスイッチを入れた」という意味になります。

文法的にはどちらも成立しますので，あとは文脈判断ですが，ふつうは後者でしょう。

- She turned / on the washing machine.
  「前置詞」
  「彼女は洗濯機の上で回りました」
- She turned on / the washing machine.
  「副詞」
  「彼女は洗濯機のスイッチを入れました」

　このようにスラッシュを入れることで，自分自身がどう読んでいるか？ をモニタリングできます。また，「スラッシュをどこに入れたらいいかわからない」という箇所はよく理解できていないところです。辞書を引くなどしてじっくりと考えましょう。

4 スピーキング，ライティング，リスニングにも応用できる

　昔，音楽雑誌でミュージシャンが「アドリブといっても，1小節単位で練習したことのないフレーズはひいたことがない」と語っていました。つまり，一見アドリブと見える行為も，いくつかのパターンの組み合わせで成り立っているのです。

　英語で自由自在に話すということは，いわばアドリブです。発話の最小単位はチャンクだといわれていますが，あらかじめ文頭からピリオドまでのきちんとした文をイメージしてから話すというよりは，チャンクを継ぎ足すことによって情報を加え，結果として文になるという感覚のほうが近いのだと思います。チャンクを組みかえることにより，自由自在に話したり書いたり表現できるわけです。

　また，実際に英語で話すときに何よりも大事なことは，区切りながら話すことです。これを意識すると，かなり相手に伝わりやすい英語になります。

　そして，リスニングの際にも，リーディング同様にチャンク単位で情報を聞き取っていきます。

5 具体的・実践的である

　もしかしたら長文の勉強について，「とにかく慣れよう」というアドバイスを受けているかもしれません。「慣れ」ということばはいろいろな使われ方をします。「違和感なく自然に感じられる」というプラスの意味もありますが，裏を返せば「鈍感になる」ということでもあります。つまり，長文を読む際に抵抗感はなくなったけれど，読解技術が具体的に上がったわけではないということです。

　スラッシュを入れることによって，どこまで読めているのか，どういう読み方をしているのかということが一目瞭然になります。

　長文の勉強で何をしたらいいのかわからないという人は，まずスラッシュを入れるという具体的な作業から始めてみましょう。また，スラッシュを入れる行為は時間や手間もかかりませんので，試験本番でも使える実践的な技術です。

どこにスラッシュを入れるか？

　スラッシュを入れる位置には個人差があります。習熟度によっても変わってきますが，次の位置を参考にして入れていきましょう。

- ●前置詞の前

  I got a letter / <u>from</u> my friend / <u>in</u> Japan.

  私は手紙を得た 〔だれから？〕 友達から 〔どんな？〕 日本の 〔へ〜っ。〕

- ●不定詞の前

  I study English very hard / <u>to</u> study abroad.

  私は英語を一生懸命勉強する 〔何で？〕 留学するために 〔なるほど。〕

- ●副詞の前または後ろ

  <u>Last summer</u> / I enjoyed a homestay.

  去年の夏 〔何がどうした？〕 私はホームステイを楽しんだ 〔へ〜っ。〕

- ●関係詞の前

  This is the book / <u>which</u> I bought yesterday.

  これが本だ 〔どんな？〕 私が昨日買った 〔ふ〜ん。〕

- ●接続詞の前または後ろ

  I couldn't go to school / <u>because</u> I had a headache.

  私は学校へ行けなかった 〔何で？〕 頭痛がしたから 〔なるほど。〕

- ●現在分詞・過去分詞の前

  I am looking for a tie / <u>made</u> in Italy.

  私はネクタイを探している 〔どんな？〕 イタリア製の 〔ふ〜ん。〕

- ●長い主語の後ろ

  <u>The shop in that town</u> / became famous.

  その町の店は 〔どうした？〕 有名になった 〔へ〜っ。〕

Q スラッシュの入れ方に迷ってしまいます。解説のとおりに入れないといけませんか？

A スラッシュはあくまでも英文を理解するための手段であって目的ではありません。前ページで示したような基準をもとに，自分の力で入れてください。最初は小さな単位で，慣れてきたら大きな単位で入れましょう。

　また，スラッシュを入れること自体に，すでに英文を理解しやすくする効果があります。たとえば，電話番号を覚えるときに，03 △△△△□□□□とひとかたまりで覚えるのではなく，03−△△△△ − □□□□と区切りながら覚えますね。これは脳のはたらきから見ると，じつに理にかなっています。

　マジカルナンバー 7 という概念があります。数字などを一度に覚えられる量の限界が 7 ± 2 であるという説です。文字であれば 6 個，単語ならば 5 個前後といわれています。スラッシュを入れるという行為は英文を脳の処理能力の範囲内におさめるということなのです。

さあ，スラッシュを入れて，標準問題・応用問題にチャレンジしよう！

標準問題

❷ 英文の解説

▌ 第1・2パラグラフ ▶

❶ I will tell you my story / about the New York blackout.
みなさんに私の話をしよう　　　　ニューヨーク大停電についての

❷ I was traveling / in America / and I was in New York / on
私は旅をしていた　　　アメリカで　　　そして私はニューヨークにいた

August 14, 2003. ❸ At about four o'clock / in the evening / I was in
2003年8月14日に　　　　　　4時ごろ　　　　　　夕方の　　　　　　私は

the subway station. ❹ And at that time / the light went off / suddenly.
地下鉄の駅にいた　　　　そしてそのときに　　　明かりが消えた　　　突然

❺ I thought / something bad happened. ❻ A lot of people and I /
私は思った　　何か悪いことが起こったと　　　　多くの人と私は

pushed each other / and went up / to the street. ❼ We found / all
お互いを押し合った　　そして上がった　　　通りに　　　私たちは見た　すべての

lights were off. ❽ All the cars stopped / and couldn't move / because
明かりが消えていたのを　すべての車が止まり　　そして動けなかった

the traffic lights also were off. ❾ A lot of people were coming / from
信号もまた消えていたので　　　　　　多くの人が来た

the buildings and the subway stations. ❿ They were walking /
建物や地下鉄の駅から　　　　　　　　　　　彼らは歩いていた

among cars / and trying / to get back home. ⓫ This was called / the
車のあいだを　そして試みていた　家に帰ることを　　　これは呼ばれた

New York blackout.
ニューヨーク大停電と

⟩ 語彙 「下」を表す接頭辞 sub-

　英単語の多くは，じつはギリシア語，ラテン語，フランス語から流入してきたものです。
これらの言語の特徴は，単語が次のようなパーツの組み合わせで成り立っていることです。

接頭辞	単語の最初について，方向性や性質などを表す
語根	単語の中心的な意味となる
接尾辞	単語の最後について，品詞などの性質を表す

subway の最初につく接頭辞 **sub-** は「下」を表します。

> 例
>
> sub ＋ way → **subway**
> 　下　　 道　　　　 地下鉄
>
> sub ＋ marine → **submarine**
> 　下　　 海　　　　 潜水艦
>
> ☞イギリス英語では，地下鉄のことを underground といいます。
> 　これも発想は同じで，**under** ＋ **ground** です。
> 　　　　　　　　　　　　 下　　　　 地面

このように，接頭辞，語根，接尾辞に着目して単語を理解し覚えることが，単語の語源学習です。本書でも，入試に役立つものはどんどん紹介していきます。

〉 語彙 **go のイメージ**

go は矢印（ → ）のイメージです。場所の移動だけでなく，状態の変化も表します。

> ❹ ... the light **went** off suddenly.
> 「明かりが突然消えた」

on

go

off

> 例 The apple **went** bad.
> 「そのリンゴは腐りました」

go

〉 文法 **接続詞 that の省略**

think / believe / know などの動詞の後ろに that 節〈that ＋ S' ＋ V'〜〉が続く場合，しばしば **that** が省略されます。とくに口語的な文章では省略されます。

> ❺ <u>I</u> <u>thought</u> （**that**） <u>something bad</u> <u>happened</u>.
> 　S　 V　　　　　　　　　 S'　　　　 V'
> 　　　　　　　　　　　　　 O

☞節とは，いくつかの単語のカタマリに〈主語＋述語〉の関係を含むものです。これに対して，〈主語＋述語〉の関係を含まないものを句と呼びます。

> 文法 something の後置修飾

❺ I thought something bad happened.
名詞　　形容詞

　一般に，名詞を 1 語で修飾する場合には，〈修飾語 ＋ 名詞〉という語順になります。しかし，something / anything / nothing など -thing で終わる代名詞の場合は，〈something ＋ 修飾語〉という後置修飾（修飾語が後ろに置かれる）の形になります。

　ちなみに，欧米の結婚式で花嫁が身につけると幸せになれる 4 つのものをサムシング・フォー（Something Four）と呼びます。これを例にしてみましょう。

Something Four

例	**something** old	「何か古いもの」
	something new	「何か新しいもの」
	something borrowed	「何か借りたもの」
	something blue	「何か青いもの」

> 語彙 come と go

　次のような親子の会話を英語にするとどうなるでしょう？

　母親「夕飯できたわよ～！」

　息子「今行くよ～！」

　単純に come ＝「来る」，go ＝「行く」と覚えていたのでは対応できません。次のように理解してください。

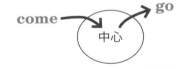

●**go** 　→ 中心から離れていく

●**come** 　→ 中心へと近づいてくる

come　　go　中心

　親子の会話の例では，食事をする場所を中心ととらえているので，次のようになります。

Mother　: Dinner is ready!

Son　　　: I'm **coming**!

❾A lot of people were **coming** from the buildings and the subway stations.

今回の文章はタイラー先生の視点で書かれています。つまり，タイラー先生のいる地上を中心にビルや地下から地上に向かっている人々のようすを表すために，come を使っています。

> **文法** 単数形と複数形

英語では，単数と複数の区別で細かな描写を表現できます。次の例を見てください。

"Put your **hand** up!"

"Put your **hands** up!"

-s をつけるかつけないかだけで，片手を上げているのか，両手を上げているのかを表現できます。

❾A lot of people were coming from the **buildings** and the subway **stations**.
複数形 複数形

1カ所ではなく，あちらこちらのビルや駅から多くの人が出てくるイメージを描きましょう。

第3パラグラフ

⑫I was staying / at a hotel / when I was in New York. ⑬I decided /
私は滞在していた　　ホテルに　　ニューヨークにいたとき　　私は決めた

to walk / to the hotel / soon / and stay there / until the next
歩くことを　　ホテルへ　　すぐに　そしてそこにとどまることを　　次の朝まで

morning, / because the city looked / really dangerous. ⑭I got there /
街が見えたから　　本当に危険に　　私はそこに着いた

and walked up / to my room / without any lights. ⑮Because it was
そして歩いて上がった　自分の部屋に　　明かりなしで　　夏だったので

summer / in New York, / I felt very hot / when I was going up.

　　ニューヨークは　　　私はとても暑く感じた　　　上がっていたとき

⑯When I got to my room, / I found / that I had no water and food.

　　部屋に着いたとき　　　　私は見つけた　　　水や食料がないことを

⑰Of course / I didn't want to go out / because the city looked / very

　もちろん　　　外には出たくなかった　　　　　街は見えたから

dangerous. ⑱But I finally decided / to go out again.

とても危険に　　　でも結局決めた　　　再び外に出ることを

> 〉 文脈・論理

Of course は「もちろん」と訳されます。日本語では次のように使いますね。

　「もちろん君は正しい」

でも，日本語と英語で大きく異なることがあります。それは，英語の場合，**譲歩**になる割合が圧倒的に高いということです。**譲歩**とは，いったん相手の気持ちに合わせたうえで，そのあとに自分の考えを述べる論理のテクニックです。

　先ほどの日本語を英語にしてみると，

Of course you are right. 「もちろん君は正しいよ」

となりますが，多くの場合，それで終わらずに，

Of course you are right, **but** so what?
「もちろん君は正しいよ，でもそれがどうした？」

というように，本心で正しいと思っているわけではないという展開になります。ですから，**of course** を見たら逆接を探すという習慣をつけましょう。

Of course ＋ 　一般論・相手の意見　 「もちろん〜だ」
　　　↓
But 　＋ 　主張・事実　 「しかしじつは……」

⑰ **Of course** <u>I didn't want to go out because the city looked very</u>

↓　　　　「みなさん，わかるでしょう？」という 譲歩 の気持ち

　　　　<u>dangerous.</u>

⑱ **But** <u>I finally decided to go out again.</u>

　　　　実際の行動

第4パラグラフ

⑲ When I went / out of the hotel, / a lot of people were sitting / on
　　私が行ったとき　　　ホテルの外へ　　　　多くの人は座っていた

the street. ⑳ They could not go back home, / so they needed / to
通りに　　　　　　　彼らは家に帰れなかった　　　だから彼らは必要だった

sleep there / all night. ㉑ I found a small shop soon / and could buy /
そこで寝ることが　一晩じゅう　　私はすぐに小さな店を見つけた　　そして買えた

some water, food and candles. ㉒ Then I ran back / to my hotel /
　いくらかの水と食料とろうそくを　　そして私は走って戻った　　ホテルへ

without looking around very much. ㉓ I was afraid / of walking on
　あまりまわりを見ずに　　　　　私はこわかった　　通りを歩くことが

the street / that evening.
その夕方

⟩ 語彙 **out of** のイメージ

---

⑲ When I went **out of** the hotel, a lot of people were sitting on the
street.

out of はある範囲の外側というイメージで理解しましょう。
また，物理的な場所以外でも次のように使われます。同じもの
として理解しましょう。

範囲　**out of**

例　The plane got **out of** control.

制御できる範囲の外側　　→　「その飛行機は制御不能に陥りました」

例　This machine is **out of** date.

時間の範囲の外側　　→　「この機械は時代遅れです」

例 The elevator is **out of** order.

正常な範囲の外側 → 「そのエレベーターは故障しています」

第5パラグラフ

㉔I got into my room again. ㉕I looked at the city / through the
私は再び部屋に戻った　　　　　　街を見た　　　　　　窓越しに

window / because I worried about riots. ㉖Can you imagine / what I
暴動を心配したので　　　　　　想像できるか　　私がそこで

saw there? ㉗People were standing / in the streets / to help the cars, /
見たものを?　　人々は立っていた　　　通りに　　　車を助けるため

so the cars could move / without traffic lights. ㉘And volunteers
だから車が動けた　　　　信号機なしで　　　そしてボランティアたちが

were giving candles / to the people / on the street, / so they didn't
ろうそくを与えていた　　　人々に　　　通りにいる　　そして人々は

have to be afraid / of the black night. ㉙People in New York / were
こわがらずにすんだ　　　暗い夜を　　　ニューヨークの人たちは

protecting their city / by helping each other.
自分たちの街を守っていた　　お互いに助け合うことで

> 文法 **関係代名詞 what**

what は〈**what**＋S'＋V'〉の形で「S' が V' するもの [こと]」という意味になります。

例 **what** I read 「私が読む[読んだ]もの」
　 what I believe 「私が信じるもの」
　 what I said 「私が言ったこと」

㉖Can you imagine **what I saw** there?
「私が見たもの」

この **what** は関係代名詞ですが，くわしく理解するのは高校入学後で大丈夫です。

〉 [文法] 因果関係を表す so

接続詞 **so** は強い因果関係を表します。前の内容が，後ろの内容の直接の原因になっているときに使われます。以下の so の前後関係を確認してください。

㉗ People were standing in the streets to help the cars,
　　[原因]「人々が車の手助けをするため通りに立っていた」

　so the cars could move without traffic lights.
　→ [結果]「車が信号機なしで動けた」

㉘ And volunteers were giving candles to the people on the street,
　　[原因]「ボランティアたちが通りにいる人々にろうそくを配っていた」

　so they didn't have to be afraid of the black night.
　→ [結果]「人々が暗い夜におびえずにすんだ」

〉 [文法] 〈[前置詞] ＋ [名詞]〉がなれるもの

〈[前置詞] ＋ [名詞]〉は修飾語句になります。英語の修飾語には**形容詞**と**副詞**があります。以下は副詞の例です。

[例]　I went to America to study English.
　　　　　[副詞]　　　　　[副詞]

　「私は英語を勉強するためにアメリカに行きました」

これに対して，次の2つの語句は名詞を修飾する**形容詞**のはたらきをしています。

㉘ ... the people on the street　　「通りにいる人々」
　　　　[名詞]　　[形容詞]

㉙ People in New York ...　　「ニューヨークの人々」
　　[名詞]　　[形容詞]

ここでは，〈[前置詞] ＋ [名詞]〉が名詞の後ろについて**後置修飾**の関係になっています。長文を理解するうえでこの関係を見抜くことが大切です。Lesson 2 でくわしく扱います。

第6パラグラフ

⑳The next day / I asked people in New York / how their night
翻日　　　　　　私はニューヨークの人々にたずねた　　彼らの夜がどうだった

was. ㉛They told me / some warm stories / of the blackout. ㉜One
のかを　　彼らは私に語った　　　　温かい話を　　　　　大停電の　　　　彼らの

of them said, / "I talked / with the people / around my house / for
ひとりは言った　　「私は語った　　　人々と　　　　自宅のまわりの

the first time / under the beautiful stars." ㉝Another person said, /
初めて　　　　　　　　美しい星の下で」　　　　　別の人は言った

"My family enjoyed / dinner / with candle lights / and talking without
「私の家族は楽しんだ　　夕食を　　ろうそくの明かりでの　　　　そしてテレビ抜きで

TV."
語らうことを」

〉 文法 **文構造の理解**

次の文は第4文型〈S＋V＋O＋O〉となっています。文構造を確認しましょう。

⑳The next day I asked people in New York how their night was.
　　副詞　　　　S　V　　O　　　　　　　　O

パラグラフの冒頭に副詞があると，場面転換がなされることが多くあります。

〉 文法 **one / another の関係**

　複数の人やものがあり，**one 〜, another …** と言うとき，another は「まだまだいるよ」ということを表します。これに対し，**the other** となると「もうほかにはいない」ことを示します。

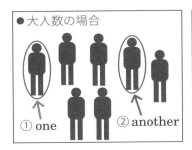

〉[文法] and の分析

and が出てきたら，何と何を結んでいるのか？ ということを意識しましょう。

㉝ <u>My family</u> <u>enjoyed</u> | dinner with candle lights
  S   V   **and**
          talking without TV.
             O

enjoy の目的語として「ろうそくの明かりでの夕食」と「テレビ抜きの語らい」の2つを楽しんだと言っています。

第7パラグラフ

㉞ This is my story / about the New York blackout. ㉟ I will remember /
 これが私の話だ   ニューヨーク大停電についての   私は忘れないだろう

the people in New York / who were helping each other / and the
 ニューヨークの人々を   お互いに助け合っていた   そして人々を

people / who found something warm / in the night of New York.
   何か温かいものを見つけた   ニューヨークの夜に

〉[文法] 文構造の理解

㉟を整理しましょう。

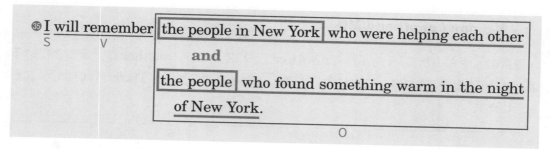

全体として第3文型〈S＋V＋O〉となり，2つの目的語が **and** でつながれています。そして，**the people in New York** と **the people** がそれぞれ，**who** 以下で修飾されています。

❯ 設問の解説・解答

|解説|

　今回の設問はいずれも，設問や選択肢について該当箇所をしっかりと探すということがポイントになります。解答の根拠となる文を抜き出しましたので確認しましょう。

問1　次の部分を根拠に考えてみましょう。

ア　❸ At about four o'clock in the evening I was in the subway station.

　　❹ And at that time the light went off suddenly.

イ　❾ A lot of people were coming from the buildings and the subway stations.

　　→「地上から地下鉄へ」ではなく「地下鉄から地上へ」の間違いです。

ウ　❽ All the cars stopped and couldn't move because the traffic lights also were off.

エ　❿ They were walking among cars and trying to get back home.

問2　次の部分を根拠に考えてみましょう。

⓰ When I got to my room, I found that I had no water and food.

問3　次の部分を And の前後でまとめればよいでしょう。

　㉗ People were standing in the streets to help the cars, so the cars could move without traffic lights.　㉘ **And** volunteers were giving candles to the people on the street, so they didn't have to be afraid of the black night.

問4　次の２人のセリフの部分を訳出すればよいでしょう。

　㉜ One of them said, "**I talked with the people around my house for the first time under the beautiful stars.**"　㉝ Another person said, "**My family enjoyed dinner with candle lights and talking without TV.**"

|解答|

問1　イ

問2　ウ

問3　通りに人が立って，信号がなくても車が動けるようにしたこと。／ボランティアの人々がろうそくを配り，人々が暗い夜の中でこわくないようにしたこと。

問4　初めて美しい星空の下で近所の人と語り合った話。／ろうそくの明かりでの夕食とテレビ抜きの語らいを家族で楽しんだ話。

全文訳

第1パラグラフ

❶みなさんにニューヨーク大停電についての私の話をしようと思います。

第2パラグラフ

❷私はアメリカを旅していて，2003年8月14日にニューヨークにいました。❸夕方の4時ごろ，私は地下鉄の駅にいました。❹そしてそのとき突然，明かりが消えました。❺何か悪いことが起きたのだと思いました。❻私は多くの人と互いに押し合い，通りへ上がりました。❼すべての明かりが消えているのを見ました。❽信号機もまた消えていたので，すべての車が止まり，動けずにいました。❾多くの人が建物や地下鉄の駅から出てきました。❿彼らは車のあいだを歩いて家に帰ろうとしていました。⓫このことはニューヨーク大停電と呼ばれました。

第3パラグラフ

⓬ニューヨークにいたとき，私はホテルに滞在していました。⓭街は本当に危険に見えたので，私はすぐにホテルへ歩いていって，翌朝までそこにいようと決めました。⓮私はホテルに着き，明かりなしで自分の部屋へ歩いて上がりました。⓯ニューヨークは夏だったので，上がっているときとても暑く感じました。⓰部屋に着いたとき，水や食料がないことに気づきました。⓱街はとても危険に見えたので，もちろん私は外出したくありませんでした。⓲しかし，結局また外へ出ることに決めました。

第4パラグラフ

⓳ホテルから出ると，多くの人が通りに座っていました。⓴彼らは家に帰れなかったので，そこで一晩じゅう眠らなければなりませんでした。㉑私は小さな商店をすぐに見つけ，いくらかの水や食料，ろうそくを買うことができました。㉒そして，私はあまりまわりを見ずにホテルへと走って戻りました。㉓その夕方は通りを歩くことがこわかったのです。

第5パラグラフ

㉔私は自分の部屋に再びたどり着きました。㉕暴動を心配していたので，窓越しに街を見ました。㉖そこで私が見たものを想像できますか？㉗人々が車の手助けをするため立っていたので，車は信号機なしで動けました。㉘そして，ボランティアが通りにいる人々にろうそくを配っていたので，人々は暗い夜におびえずにすみました。㉙ニューヨークの人たちは，お互いに助け合うことで自分たちの街を守っていました。

第6パラグラフ

㉚次の日，私はニューヨークの人たちに，その晩どうだったのかをたずねました。㉛彼らは私に大停電の心温まる話をしてくれました。㉜彼らのひとりは，「私は初めて美しい星の下で近所の人と語ったよ」と言いました。㉝別の人は，「私の家族はろうそくの明かりでの夕食とテレビ抜きの語らいを楽しみました」と語りました。

第7パラグラフ

㉞これが私のニューヨーク大停電の話です。㉟私は，お互いに助け合っていたニューヨークの人たち，そしてニューヨークのその夜に何か温かいものを見つけた人たちのことを忘れないでしょう。

ボキャブラリー・リスト

□ blackout	名	停電	□ of course		もちろん
□ subway	名	地下鉄	□ go out		外出する
□ station	名	駅	□ finally	副	結局
□ go off		消える	□ candle	名	ろうそく
□ suddenly	副	突然	□ *be* afraid of ～		～を恐れる
□ push	動	押す	□ worry	動	心配する
□ each other	代	お互い	□ riot	名	暴動
□ move	動	動く	□ imagine	動	想像する
□ traffic	名	交通	□ protect	動	守る
□ decide	動	決める	□ for the first time		初めて
□ dangerous	形	危険な	□ remember	動	覚えている，思い出す

スラッシュを入れよう！

スラッシュを入れながら読むと，英語のままで理解できて，情景が浮かびますね！

応用問題

❯ 英文の解説

❶A businessman walks / into a bank / in San Francisco / and
あるビジネスマンが歩く　　銀行の中へ　　サンフランシスコの　そして

asks / for the loan officer. ❷He says / he is going to Europe / on
求める　融資担当者を　　　　彼は言う　彼はヨーロッパに行くつもりだ

business / for two weeks / and needs to borrow $7,000. ❸The bank
仕事で　　　2週間　　　そして 7,000 ドル借りる必要がある　銀行員は言う

officer says / the bank will need / some kind of security / for such a
　　　　　銀行は必要だ　　　　何らかの保証が　　　　そのような

loan.
融資には

〉 文法 **a と the**

a と **the** の使い分けは大丈夫ですか？

- 〈**a** ＋ 名詞〉 → たくさんある中の 1 つの 名詞
- 〈**the**＋ 名詞〉 → （書き手・読み手に）共通認識のある 名詞

❶の **A businessman**
　→ あるビジネスマン。まだ，容姿など具体的なイメージはわかない
❶の **a bank in San Francisco**
　→ サンフランシスコにたくさんある銀行の 1 つ
❶の **the loan officer**
❸の **the bank officer** ⎫→ ただの融資担当者ではなく，前述のサンフ
　　　　　　　　　　　　⎭　ランシスコの銀行の融資担当者
❸の **a loan** → よくある 1 件の融資

　a と **the** の区別は，日本人にとって本当に難しいものです。でも，ちょっと意識すると，より描写がはっきりとイメージできます。長文に出てくる **a** と **the** をマーカーでぬりながら，「ここはなんで **a** なんだろう？」「なるほど！ ここはこういう理由で **the** なんだな！」と

意識してみましょう。何回かやってみると，**a** と **the** の感覚が身につきます。**無意識から意識的に**ということは，ものごとを学ぶ際の大切なプロセスです。

第2パラグラフ

❹So / the businessman hands over the keys / to a Rolls Royce /
そこで　　　　　ビジネスマンは鍵を渡す　　　　　　ロールス・ロイスの

parked on the street / in front of the bank. ❺Everything checks
通りに駐車している　　　　　銀行の前の　　　　　　すべてが点検される

out, / and the bank agrees / to accept the car / as collateral. ❻An
そして銀行は同意する　　　車を受け入れることを　　担保として

employee drives the Rolls / into the bank's underground garage / and
従業員がロールスを運転する　　　　　銀行の地下駐車場へ　　　　　そして

parks it there.
そこに駐車させる

> **語彙** イディオム hand over

いくつかの単語が組み合わさって特別な意味をもつものを，**イディオム**といいます。イディオムは暗記モノの側面もありますが，単語にばらして理解すると，よりイメージがわき，覚えやすくなります。

hand + over 「～を超える」 → 「手渡す」
手渡す　　in 「～の中に」 → 「提出する」
　　　　down「下に」 → 「継承する」
　　　　out 「外に」 → 「配布する」

例 Jim **handed in** the report.
「ジムはレポートを提出しました」

例 The recipe was **handed down** to me by my mother.
「そのレシピは母から私に受け継がれました」

例 Please **hand out** programs to our visitors.
「来場者にプログラムを配布してください」

❺ … the bank agrees to **accept** the car **as** collateral.

「銀行はその車を collateral として受け取ることに同意する」

〈 動詞 ＋ *A* as *B*〉で「A を B として〜する」という意味になります。このとき A ＝ B の関係です。たとえ難しい動詞が入ったとしても，「A を B として見なす」という基本的な意味を発展させたものと考えれば問題ありません。意味が形を決め，形がまた意味を決めるのです。個々の単語を区別することも大切ですが，同じものとしてとらえられることがより大切です。

> 例 He **took** me **as** an assistant.
>
> 「彼は私を助手のように扱いました」
>
> 例 She **thought of** the book **as** a love story.
>
> 「彼女はその本をラブストーリーだと思いました」

意味 ⇄ 形

第3パラグラフ

❼ Two weeks later, / the businessman returns, / repays the $7,000
2 週間後　　　　　　　　　　ビジネスマンが戻り　　　　　　　　　7,000 ドルと

and the interest, / which comes to $19.67. ❽ The loan officer says, /
利子を返す　　　　　　　　それは 19.67 ドルになる　　　　　　融資担当者は言う

"We are very happy / to have had your business, / and this
「私たちは幸せだ　　　　あなたとお仕事ができて　　　　そして今回の

transaction has worked out / very nicely, / **but** we are a little
お取引はうまくいった　　　　　　とてもすばらしく　　　しかし私たちは少し困惑

confused. ❾ While you were away, / we checked you out / and
している　　　あなたが遠くへ行っているあいだに　私たちはあなたのことを調べた　そして

found / that you are a multimillionaire. ❿ What confuses us is /
発見した　　あなたが大金持ちだということを　　　　　私たちを困惑させるのは

why you would bother / to borrow $7,000." ⓫ The businessman
なぜあなたがわざわざしたのか　7,000 ドル借りることを」　　　　ビジネスマンは

replies, / "Where else in San Francisco / can I park my car / for two
返答する　　「サンフランシスコのほかのどこに　　私は駐車できるのか　　2 週間

weeks / for $20?"
20 ドルで？」

> **文脈・論理**

❼ Two weeks later, / the businessman returns ... .
　　　　文頭の副詞　　→　　　　　　　S　　　　　V

Two weeks later は時を表す副詞です。パラグラフの冒頭で副詞が登場する場合，**場面転換**かもしれません。ちょっと止まって「2 週間後なんだな」とひと呼吸おきましょう。映画であれば，右のような画面イメージです。

Two weeks later ...

2 週間後…

　そして，「何がどうした？」という期待感をもって，続く〈S ＋ V〉を読み進めていきましょう。

> **語彙** 「再び，もとに」を表す接頭辞 re-

re- は「再び，もとに」という意味を表します。右のような「行って戻る」イメージをもってください。

re のイメージ

re ＋ turn	→	return
再び　戻る		（もとの場所へ）戻る
re ＋ pay	→	repay
もとへ　払う		返済する
re ＋ ply	→	reply
もとに　折る		折り返す；返答する

> **文脈・論理**

❼で interest という単語が登場しました。interesting は「興味深い」という意味ですが，それでは通じなさそうです。意味を推理してみましょう。

❼ ... the businessman ... repays the $7,000 and the interest , which
　　　　　　　　　S　　　　　　V　　　　　　　　　　　O

comes to $19.67.

【ヒント1】　repays の目的語です。目的語になれるものは名詞だけです。
【ヒント2】　$7,000 と and でつながれています。お金にまつわるものです。
【ヒント3】　which の先行詞が the interest です。the interest は $19.67 です。

そして，お金を借りて返済するときに支払うものという文脈から，「利子」という意味が推測できます。

> 〉 文法 完了不定詞〈to have + 過去分詞〉

❽ We are very happy **to have had** your business .... の〈**to have** + 過去分詞〉は完了不定詞と呼ばれ，述語動詞（ここでは **are**）と時間差があることを示します。

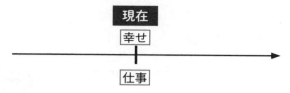

- 不定詞 → 述語動詞と時間差なし

  例 I <u>am</u> very happy to **work** with you.

  「あなたとお仕事ができてとても幸せです」

  | 現在 |
  | 幸せ |

  | 仕事 |

- 完了不定詞 → 述語動詞よりも古い時間を表す

  例 I <u>am</u> very happy to **have worked** with you.

  「あなたとお仕事ができたことを幸せに思います」

  | 過去 | 現在 |
  | 仕事 | 幸せ |

> 〉 語彙 「多数の」を表す接頭辞 multi-

multi- は「多数の」という意味を表します。複数の楽器が弾ける音楽家や，いろいろなポジションを守れる野球選手を「マルチプレーヤー」といいますね。

例 multi ＋ millionaire　　→　　**multi**millionaire
　　多数の　　　百万長者　　　　　　（数百万ドルの資産をもつ）大金持ち

　　multi ＋ national　　→　　**multi**national
　　多数の　　　国の　　　　　　　　多国籍の

なお，英語の数字は3桁のカンマごとに読み方が変わります。

1,000	thousand	（千）
1,000,000	million	（百万）
1,000,000,000	billion	（十億）

❯ 設問の解説・解答

|解説|

問1 security for such a loan を求められ，ロールス・ロイスの鍵を渡しました。続く文の文頭にある順接を表す **So** に注意しましょう。そして，その車を collateral として受け取るという流れです。**accept** *A* **as** *B* には A＝B の関係がありました。

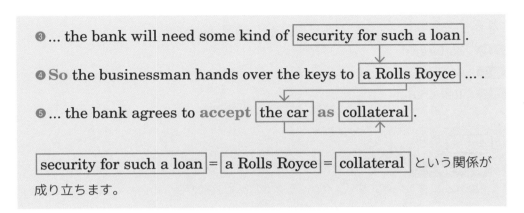

❸ ... the bank will need some kind of security for such a loan .

❹ So the businessman hands over the keys to a Rolls Royce ... .

❺ ... the bank agrees to accept the car as collateral .

security for such a loan ＝ a Rolls Royce ＝ collateral という関係が成り立ちます。

　ということで，**collateral** が答えになります。ちなみにこの単語は「担保，抵当」という意味ですが，おそらく英検1級合格者でも半分くらいの人しか知らない単語でしょう。この問題は，**collateral** という単語の意味を知らないことを前提に，論理で解く問題なのです。

問2 逆接の **but** の前後でプラス・マイナスの表現があった場合には，**but** をはさんで以下の関係が成り立ちます。

⊕ but ⊖　または　⊖ but ⊕

　❽の文で，順接の **and** と逆接の **but** に注目すると，（ 1 ）には**マイナスイメージ**の単語が入ることがわかります。

❽ The loan officer says, "We are very <u>happy</u> to have had your
⊕
business, **and** this transaction has worked out <u>very nicely</u>, **but** we
|順接|　　　　　　　　　　　　　　　　⊕　　|逆接|
are a <u>little</u> (1).
⊖

選択肢を動詞の原形にして見てみると，次の意味になります。

ア excite「興奮させる」⊕　　**イ** confuse「困惑させる」⊖

ウ worry「心配させる」⊖　　**エ** comfort「安心させる」⊕

マイナスイメージのものにしぼりこみ，銀行員の困惑したようすにふさわしいものを選びます。

問3 ビジネスマンは，駐車場代よりも利子を払ったほうが安いと考えました。以下の関係を表します。

$$\boxed{\text{the interest}} \quad < \quad \boxed{\text{a two-week parking fee}}$$

解答

問1 collateral

問2 イ

問3 less than

全文訳

第1パラグラフ

❶あるビジネスマンがサンフランシスコにある銀行の中へ歩いていき，そして融資担当者を求める。❷仕事で2週間ヨーロッパに行くので7,000ドル借りる必要がある，と彼は言う。❸銀行員は，そのような融資のためには，銀行は何らかの保証が必要だと言う。

第2パラグラフ

❹そこで，ビジネスマンは銀行の前の通りにとめてあるロールス・ロイスの鍵を手渡す。❺すべてが点検され，銀行は車を担保として受け入れることに合意する。❻従業員がロールス・ロイスを銀行の地下駐車場へと運転し，そこにとめる。

第3パラグラフ

❼2週間後，ビジネスマンが戻り，7,000ドルと利子である19.67ドルを返済する。❽融資担当者が言う。「私たちはあなた様と仕事ができてとてもうれしく思います。そして，今回のお取引はとてもすばらしくうまくいきました。しかし，少し困惑しています。❾あなた様のいないあいだ，私どもはあなた様のことをお調べしまして，あなた様が大富豪だと知りました。❿私どもを困惑させるのは，なぜあなた様がわざわざ7,000ドルを借りたのかということです」⓫ビジネスマンは返答する。「サンフランシスコのほかのどこに，私の車を20ドルで2週間とめさせてくれる場所があるというのだ？」

ボキャブラリー・リスト

□ businessman	名	ビジネスマン	□ employee	名	従業員
□ walk into ～		歩いて～の中に入る	□ underground	形	地下の
□ bank	名	銀行	□ garage	名	駐車場
□ San Francisco	名	サンフランシスコ	□ later	副	のちに
□ ask for ～		～を求める	□ return	動	戻る
□ loan officer		融資担当者	□ repay	動	返済する
□ Europe	名	ヨーロッパ	□ interest	名	利子
□ on business		仕事で	□ come to ～		～になる
□ borrow	動	借りる	□ transaction	名	取引
□ security	名	担保，保証	□ work out		うまくいく
□ hand over ～		～を手渡す	□ nicely	副	申し分なく
□ key	名	鍵	□ confused	形	困惑した
□ park	動	駐車する	□ while + S' + V'	接	～するあいだ
□ in front of ～		～の前に	□ multimillionaire	名	大金持ち
□ check out		よく調べる	□ confuse	動	困惑させる
□ agree	動	同意する	□ bother to *do*		わざわざ～する
□ accept	動	受け入れる	□ reply	動	返答する
□ collateral	名	担保，抵当	□ else	副	ほかに

難しい長文でも，スラッシュを入れると，前へ前へと読み進められます！

英語は「音」が基本

改訂を機に，長文の音声ダウンロードが可能になりました。言語には「音」と「文字」がありますが，基本は「音」です。効果的なトレーニング方法をいくつか紹介します。

●シャドーイング (shadowing)

シャドーイングとは，耳で聞いた音声を，そのまま遅れずに発声する練習法です。「影」のように話者にぴったりとついていくことから、シャドーイングと呼ばれます。通訳者トレーニングとして広がった方法ですが，一般の学習者にも役立ちます。できるだけ話者のイントネーションや間，テンションなど，丸ごとまねることがコツです。ヘッドフォンやイヤホンを使いましょう。慣れるまではテキストを見ながらでも OK です。

Stay hungry.
Stay foolish.

●リード・アンド・ルックアップ (Read & Look up)

読んだ英語を一時的に頭に保持して，口頭で再現する方法です。リーディングをスピーキングやライティングなどのアウトプットにつなげるためのトレーニングです。まずは，スラッシュで区切ったかたまりごとに，そして慣れてきたら 1 文単位でやってみましょう。

I have a dream.　　　　I have a dream.

顔を上げる
(Look up)

●音読

音読はおなじみだと思いますが，いくつかコツを伝えます。

❶　スラッシュで区切ったかたまりの途中で止まらない。
❷　ストップウォッチで測って，タイムをメモする。
❸　ボイスレコーダーで録音して確認する。

ボイスレコーダーはスマホの機能で OK です。スポーツ選手などはパフォーマンスの直後にスマホやタブレットでフォームをチェックすることがあたりまえになっているようです。最初は恥ずかしいかもしれませんが，客観的に自分に向き合い，理想と現実のギャップを埋める努力をしましょう。

学習時間が長いのに英語の成績があがらない人は，音声トレーニングを取り入れていない人です。英語は「黙々」とやらずに「ブツブツ」言いながら学ぶのが正解です。

Lesson 2 > 後置修飾の関係をつかもう！

　今回は，英語と日本語の差異に注目します。日本語とは異なる修飾関係について理解しましょう。

英語と日本語では名詞の修飾の仕方が異なる

　「長文って難しいなあ」と感じる原因は何でしょう？　まず，「文章全体が長い」ということがあげられます。それに加え，難しい長文になればなるほど，「**一文一文も長い**」ことが一般的です。では，どのように一文が長くなっているのでしょうか？　次の2つの理由が考えられます。

① 接続詞や関係詞で，文や節がどんどんつながっている
② 修飾語句がたくさん入っている

　ここでは②，とくに名詞を修飾するものについて考えます。まず，名詞を1語で修飾する場合は，英語と日本語ではあまり差はありません。

1語の修飾語は原則，英語も日本語も名詞の前に置く

日本語	赤い	車
	修飾語	名詞

英語	red	car
	修飾語	名詞

　しかし，名詞を修飾する語句が2語以上になると置き場所が変わります。

英語では2語以上の修飾語句は原則，名詞の後ろに置く

日本語	車の中で眠っている	男の子	前置修飾
	修飾語句	名詞	

英語	a boy	who is sleeping in the car	後置修飾
	名詞	修飾語句	

「修飾」というと，なんだかお花で飾ってあげるようなイメージですが，英語の場合，語句を重ねて内容を限定していく，という感覚です。漠然としていたイメージの輪郭がはっきりしていく，つまり，抽象的だったものが具体的になっていくということです。この抽象から具体へという流れが，本書で繰り返されるキーワードとなります。

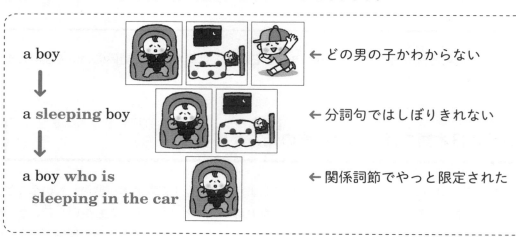

名詞を後置修飾するもの

　入試長文でよく登場する名詞の後置修飾には，次のパターンがあります。今までバラバラに勉強してきた文法事項を，名詞の後置修飾という切り口でまとめてみましょう。

　本書では，修飾される名詞（およびその名詞の前につく冠詞や形容詞も含め）を四角で囲み，修飾している部分に下線を引きます。

① 　関係詞のカタマリ（＝関係詞節）

　　例　I have | a friend | who works in the XYZ company.

　　　「私には XYZ 社で働く友人がいます」

② 　分詞のカタマリ（＝分詞句）→分詞は現在分詞と過去分詞に分かれる

　　現在分詞 → 進行「〜している」の意味

　　例　Who is | that girl | singing on the stage?

　　　「ステージで歌っているあの女の子はだれですか？」

　　過去分詞 → 受身「〜される」の意味

　　例　I bought | a camera | made in Japan.

　　　「私は日本製のカメラを買いました」

　　　　「日本製の」＝「日本でつくられた」

③ 不定詞のカタマリ（＝不定詞句）

　→ 不定詞の形容詞的用法「〜のための」のこと

例　Do you want something to drink?

　　「何か飲み物はいかがですか？」

④ 前置詞のカタマリ（＝前置詞句）

例　The man in a white shirt is Mr. White.

　　「白いシャツを着ている男の人がホワイト先生です」

また，発展的な内容になりますが，名詞を後置修飾するものに接触節があります。名詞＋ S'＋V' の形で，名詞とその名詞を修飾する節がくっついているもののことです。

例　The movie I saw yesterday was very interesting.
　　名詞　　S'＋V'

　　「私が昨日観た映画は，とてもおもしろかった」

「あれっ，関係代名詞の目的格の省略じゃないの？」と思った人がいるかもしれませんが，そのとおり，同じものです。

例　The movie which I saw yesterday was very interesting.

ただ，「別に省略しているつもりはない」と主張するネイティブスピーカーも多く，歴史的にも，関係代名詞の目的格が省略されて成立したわけではないようです。特徴として，修飾される名詞の後ろに I や you という代名詞が圧倒的に多いことと，あまり新しい情報が含まれないということがあげられます。長文を読むうえでは，どちらも「名詞を後置修飾するもの」ととらえておけばよいでしょう。

長文を読むときの心構え

少し難しい長文では，あたりまえのように後置修飾関係が出てきます。始めから，名詞は後置修飾されるものという心構えで読みましょう。

主語 〜〜〜〜〜 ＋ 動詞 ....
S　後置修飾　　　V

Q&A

Q 関係詞と関係代名詞はちがうのですか？

A 関係詞の中には大きく，関係代名詞と関係副詞があります。

関係詞	関係代名詞	**who / which / that** など
	関 係 副 詞	**when / where / why / how** など

☞このほかに関係形容詞もあります。

　関係副詞は高校で学習する内容です。公立高校の入試の長文ではまず出ませんが，難関高校の長文では頻繁に登場します。高校生用または難関私立高校対策の参考書や問題集などでひととおり学習しておくことをおすすめします。

Q 形容詞と副詞のちがいがよくわかりません。

A 英語の修飾語は，形容詞と副詞の2種類です。形容詞は名詞（名詞的なもの）を修飾します。では副詞は何を修飾するのでしょうか？ 参考書には「動詞，形容詞，副詞，名詞，代名詞，文全体を修飾する」と列挙されています。ですが，これでは覚えきれませんので，次のように整理しましょう。

修飾語	形容詞	→ 名詞（名詞的なもの）を修飾する
	副　詞	→ 名詞以外を修飾する

　また，「形容詞」や「副詞」という用語の定義は，日本語と英語とではまったくちがいます。このことが混乱の原因です。次のように，同じ内容を表す場合でも品詞は異なります。

英　　語	日　本　語
white flower 形容詞　名詞	白い　花 形容詞　名詞
beautiful flower 形容詞　　名詞	きれいな　花 形容動詞　名詞
run fast 動詞　副詞	速く　走る 形容詞　動詞
run slowly 動詞　副詞	ゆっくり　走る 副詞　　動詞

☞日本語の品詞分類
- 形 容 詞：活用あり（「〜い」で終わる）
- 形容動詞：活用あり（「〜だ」で終わる）
- 副　　詞：活用なし

標準問題

❷ 英文の解説

第1パラグラフ

❶One day, / a king was out hunting / with his usual hunting
ある日　　　　王様は狩りに出かけていた　　　　　　　　　　　いつもの狩り仲間と

friend, / a close friend since his childhood. ❷The friend was known /
　　　　　子どものころからの親友である　　　　　　　友人は知られていた

for being very positive, / and had the habit / of looking at every
とても前向きであると　　　　　そして癖があった　　　　　　（良かれ悪しかれ）

situation (good and bad) / and saying, / "This is good!"
どんな状況も見る　　　　　　　そして言う　　　「これは良い！」と

〉 文法 **同格のカンマ**

❶のカンマ 〈 , 〉 の前後にある 2 つの名詞の関係に注目してください。

❶... his usual hunting friend，a close friend since his childhood.
　　　　「いつもの狩り仲間」　　　　　　「子どものころからの親友」
　　　　　　　名詞　　　　　　　　　　　　　　名詞
　　　　　　　　　　　　　　　　　　　　　　補足説明

カンマの後ろで，「どんな仲間か？」という補足説明がなされていました。名詞を 2 つ並べて，一方がもう一方を補足したり修飾したりする関係を，「同格」といいます。音読してみると，同格には独特のリズムがあります。復習の際にしっかり音読してください。

〉 文法 **know を受動態にしたときの前置詞**

❷The friend **was known for** being very positive, … .

「友人はとても前向きだと知られていた」

be known for と受け身になっていますが，by が使われていません。know はいろいろな前置詞と結びつきます。次のページの例文で，どんな前置詞と使われるかを確認しましょう。

- ⟨*be* **known for** ＋ 原因・理由⟩「〜のために知られる」

  例　Seattle **is known for** coffee.

  「シアトルはコーヒーの街として知られています」

- ⟨*be* **known as** ＋ 愛称・別名⟩「〜として知られる」

  例　He **is known as** the father of our country.

  「彼はわが国の父として知られています」

- ⟨*be* **known by** ＋ 手段・方法⟩「〜によって知られる」

  例　A man **is known by** his friends.

  「人は交わる友によって知られます」

- ⟨*be* **known to** ＋ 人・組織⟩「〜に対して知られる」

  例　The man **is known to** the police.

  「その男は警察に知られています」

〉 文法 ⟨抽象 **of** 具体⟩

前置詞 **of** には，抽象と具体をつなぐはたらきがあります。

❷ ... the habit **of** looking at every situation （good and bad） and saying,

　「癖」　　「（良かれ悪しかれ）どんな状況を見ても『これは良い！』と言うこと」
　抽象　　　　　　　　　　　　　　　　　　　　　具体

"This is good!"

of 以下が「癖」の具体的内容になっています。**of** の前後にわからない単語があっても，抽象・具体の関係がわかれば一方から推測できるので，大きくつまずくことはありません。

第2パラグラフ

❸That morning, / the friend had to prepare the rifle / that the
　その朝　　　　友人はライフル銃を準備しなければならなかった　　　王様が

king used. ❹He was usually very careful / with his preparations, /
使う　　　　　　彼はふだんはとても注意深かった　　　　　準備に

but somehow, / he made a mistake; / when the king fired the gun, /
しかしどういうわけか　彼は過ちを犯した　　　　王様が銃を撃ったときに

his thumb was accidentally blown off.
　　　親指が誤って吹き飛ばされた

40

> 文法 具体化のセミコロン

セミコロン〈;〉には，いくつかの役割があります。ここでは**具体化**のはたらきをしています。

❹ ... <u>a mistake</u>; <u>when the king fired the gun, his thumb was</u>
「過ち」　　　　「王様が銃を撃ったときに親指が誤って吹き飛ばされた」
抽象　　　　　　　　　　　　　　　　　　　　　　具体

<u>accidentally blown off</u>.

> 語彙 **thumb** と **finger**

日本語では，親指も小指も同じように「指」です。でも手の指をよく見てみると，親指だけが，太さや節の数がちがいます。もちろん，英語でも **five fingers** のように親指も含めて「指」と表す場合もあるものの，親指（**a thumb**）とその他4本の指（**four fingers**）を分けて表現する感覚があります。

middle finger ———— index finger
ring finger ———— thumb
little finger / pinky

第3・4パラグラフ

❺The friend quickly bandaged the hand / and made sure / the
友人はすばやく手に包帯を巻き　　　　　　　　そして確認した

king was going to live. ❻After he realized / that the king was OK, /
王様が生きることを　　　彼が認識したあと　　　王様は大丈夫だと

the friend said / as usual, / "This is good! ❼You've only lost a thumb.
友人は言った　いつものように　「これは良い！　　　親指1本失っただけだ

❽You'll get well quickly / and be hunting again / in no time."
すぐに良くなるだろう　　そして再び狩りをしているだろう　すぐに」と

❾The king could not believe / that his friend could be so positive /
王様は信じられなかった　　　　友人がそんなに前向きになりうることが

in this situation. ⑩ He immediately answered, / "No, this is NOT good!

　　　　　　この状況で　　　　　　　王様は即座に答えた　　　　　「いいや，これは良くない！

⑪ You made a big mistake / and now / you're going to pay for it!" /

　　おまえは大きな過ちを犯した　　　そして今から　おまえはその代償を払うことになる！」

and he sent the friend / to jail.

　　そして王様は友人を送った　　　牢屋へ

> 〉 文法 副詞の処理

形容詞の語尾に接尾辞 **-ly** がつくと，副詞の合図です。

例　**happy**「幸せな」　→ **happily**「幸せに」
　　形容詞　　　　　　　　副詞

　　sad「悲しい」　→ **sadly**「悲しそうに」
　　形容詞　　　　　　　　副詞

　副詞の特徴は何でしょう？ それは，**文の要素〈S・V・O・C〉になれず，修飾語にしかなれない**ということです。つまり，副詞は表現を豊かにしますが，文の骨組みを揺るがすことはありません。

　次の文はいずれも，副詞を無視しても文構造に大きく影響しません。

⑤ The friend quickly bandaged the hand … .

「友人はすばやく手に包帯を巻いた」

⑩ He immediately answered, … .

「彼は即座に答えた」

　文構造，あるいは形容詞に **-ly** がついているのを見て，「これは副詞だ！」と判断し，無視することは，英文をしっかりと処理したうえの行為です。単なる飛ばし読みとはちがう，正しい読解技術といえます。

　とはいえ，繰り返し登場する副詞はきちんと覚えましょう。

第5パラグラフ

⑫About a year later, / the king went by himself / on another
　　　約1年後　　　　　　　　王様はひとりで出かけた　　　　再び狩り

hunting trip / to a small island.　⑬The king did not know / that
の旅に　　　　　　　小さな島へ　　　　　　王様は知らなかった

the people living on this island / caught and ate any strangers /
この島に住む人々が　　　　　どんなよそ者でもつかまえて食べることを

who came to their island.　⑭The king was soon caught / and taken to
　彼らの島へ来た　　　　　　王様はすぐにつかまり　　　　そして彼らの村へ

their village.　⑮While they were tying him up / in preparation / for
連れて行かれた　　彼らが王様をしばりあげているあいだに　　準備のあいだ

cooking him, / they saw / the king was missing a thumb.　⑯Luckily
王様を料理するため　彼らは見た　　王様が親指を失っているのを　　王様にとって

for the king, / they believed / that it was bad luck / to eat anyone /
幸運なことに　　彼らは信じていた　　それが不吉だと　　だれかを食べることが

who was not completely whole, / so they untied the king / and set
　　　完全ではない人を　　　　　だから彼らは王様をほどいた　　　　そして

him free.
解放した

> **文脈・論理**

⑫About a year later, the king went by himself on another hunting
　　 文頭の副詞 　　　　　S 　　 V

　　「約1年後」 何がどうした？

trip to a small island.

　文頭に時や場所を表す副詞がくると，場面設定がなされます。とくにパラグラフの冒頭の
場合，場面転換がなされます。ひと呼吸おいて，「**何がどうした？**」と〈S＋V〉を待ちかま
えましょう。

> **文法** 文構造の理解

⑬は第3文型〈S＋V＋O〉になっています。

⑬The king did not know that the people living on this island
S   V   S'

caught and ate
V'

any strangers who came to their island.
O'

O

そして，that 節の中に後置修飾が 2 カ所あります。

- the people living on this island 「この島に住む人々」
- any strangers who came to their island 「彼らの島に来たどんなよそ者も」

any strangers の any の意味は任意です。任意とは「好きなものを自由に選択してよい」
という意味で，「どんな〜でも」という訳になります。

例 Choose **any** card. 「好きなカードを選んでください」

この島の人々は，王様だろうが関係なく，手あたりしだいに食べてしまうようです。

> 文法 形式主語の構文

⑯の文構造を確認しましょう。

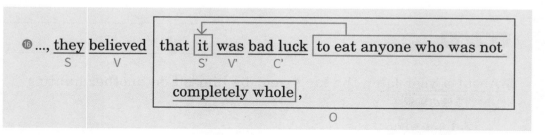

⑯..., they believed that it was bad luck to eat anyone who was not
S   V   S' V'   C'

completely whole,

O

it は to 以下をさす形式主語の構文です。
さらに，後置修飾が 1 カ所あります。

anyone who was not completely whole

「完全ではない人を食べることが不吉だと彼らは信じていた」となります。
続きも確認しましょう。

⑯... so they untied the king and set him free.
S   V   O   V   O C

「だから，彼らは王様をほどき，解放した」

44

set の意味は「〜をある状態にする，〜を落ち着かせる」です。ここでは第5文型〈S＋V＋O＋C〉の形になっていますので，OとCのあいだの〈主語＋述語〉の関係をしっかりつかみましょう。「島の人たちは王様が自由である状態にした」ということです。

Lesson
2
後置修飾の関係をつかもう！

> 語彙 「否定」を表す接頭辞 un-

接頭辞 un- には，「否定」の意味があります。

tie「しばる」 ↔ untie「ほどく」
例 happy 「幸せな」 ↔ unhappy 「不幸な」
important「重要な」 ↔ unimportant「重要ではない」

第6パラグラフ

⑰ The king could not believe his luck / and realized / that his old
王様は自分の幸運を信じられなかった　　　　そして気づいた　　　　彼の旧友の

friend's mistake / had in fact saved his life. ⑱ He felt sorry / for what
過ちが　　　　じつは自分の命を救ったということを　彼はすまなく思った　　　彼が

he did / to his friend / and as soon as he returned / to his country, / went
したことに　友人に対して　　　そして戻るとすぐに　　　自分の国に　　まっすぐ

straight / to the jail. ⑲ He wanted to free his friend / and say sorry /
行った　　牢屋へ　　彼は友人を自由にしたかった　　そしてすまないと言いたかった

for sending him / to jail.
彼を送ったことに対して　牢屋へ

> 文法 関係代名詞 what

〈what ＋ S' ＋ V'〉で「S' が V' すること」という名詞のカタマリをつくります（ p.19）。

⑱ ... what he did to his friend ...「彼が友人に対してしたこと」

第7・8パラグラフ

⑳ When he got to the jail, / he went to his friend / and said, / "You
王様は牢屋へ着くと　　　友人のもとへと行き　　　そして言った　「おまえが

were right. ㉑ Though I thought / you were crazy / for saying it / at
正しかった　　　私は思ったけれど　　おまえが狂っていると　そう言ったために

the time, / it was good / that my thumb was blown off."

そのとき　そのことは良かった　　私の親指が吹き飛ばされたことが」

㉒ The king told his friend 　the story　/ about what had happened /

王様は友人に話を伝えた　　　　　　　起こったことについて

on the island. ㉓ "I'm very sorry / for sending you / to jail / for so long.

その島で　　　　「本当にすまない　おまえを送ったことを　牢屋へ　とても長く

㉔ It was wrong / of me to do this." ㉕ "No," / his friend answered, /

それは間違いだった　私がこうしたことは」　「いいえ」　　友人は答えた

"This is good!" ㉖ "What do you mean, / 'This is good'? ㉗ How could

「これは良いのです！」　　　「どういう意味だ　　『これは良い』とは？　どうしてそれが

it be good / that I sent my friend / to jail / for a year?" ㉘ "Because you

良いことになりうるのだ　私が友を送ったことが　牢屋へ　　１年も？」　　　「あなたが私を

sent me / to jail, / I wasn't killed."

送ったので　牢屋に　私は殺されなかった」

> 文法 過去の２つの出来事の時間差を表す過去完了形

次の文を見てください。

㉒ The king told his friend the story about what had happened on the
　　　　S　　　V　　　　O　　　　　　　　　　　　　　　　　　O
island.

「島での出来事」と「王様が友人にそのことを語ったとき」はどちらも過去の出来事ですが，時間差が生じています。

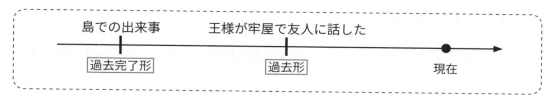

㉒では what had happened が過去完了形〈had ＋過去分詞〉になっています。このように過去完了形を使うと，過去の２つの出来事の時間差を表すことができます。

> 文法 形式主語の構文

次の文構造は理解できましたか？

㉗ How could it be good that I sent my friend to jail for a year?

疑問文だと少しややこしいので，肯定文に直します。

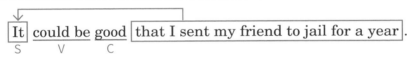

$\underset{\text{S}}{\boxed{\text{It}}}$ $\underset{\text{V}}{\text{could be good}}$ $\underset{\text{C}}{\boxed{\text{that I sent my friend to jail for a year}}}$.

「私が友人を牢屋に 1 年間送りこんだことは良いことになりうる」

　形式主語の構文ですね。㉗では，これを How を使った疑問文にして，「どうして〜なのだ？（いや，〜になるわけがない）」という反語的なニュアンスを出しています。

● 設問の解説・解答

|解説|

問1　まず，並べかえる語群の直前が動詞 **prepare**「準備する」なので，後ろには「何を？」にあたる目的語が必要です。**目的語になれる品詞は名詞だけです**。名詞は **king** と **rifle** ですが，意味的に「ライフル銃を用意する」のほうがふさわしいでしょう。

　語群を見ると動詞 used があり，〈S ＋ **used** ＋ O〉という形になります。冠詞をつけて the king used the rifle となります。そして，後置修飾の関係を意識して並べると，

　　❸ That morning, the friend had to prepare [the rifle that the king used].

となります。**that** は関係代名詞でした。

問2　☞ p.43 〜 44

問3　❹で，王様は親指を吹き飛ばしてしまいました。

問4　空所の前後は因果関係になっています。

原因	完全でない人間を食べることは不吉だと信じていた

↓

結果	王様をほどいて解放した

この関係にふさわしい選択肢**ウ**の so を選びます。

問5　㉘に注目してください。もし，友人が王様といっしょにこの島に行き，つかまっていたらどうなったかをまとめましょう。

|解答|

問1　the rifle that the king used

王様は，この島に住む人々が，島を訪れたよそ者をだれかれかまわず，つかまえて食べてしまう，ということを知らなかった。

thumb

ウ

もし王様といっしょに狩りに行ったら食べられてしまっていたかもしれないので，牢屋に入れられて良かったという理由。

全文訳

第1パラグラフ

❶ある日，王様は，子どものころからの親友である，いつもの狩り仲間と狩りに出かけた。❷友人はとても前向きなことで知られ，（良かれ悪しかれ）どんな状況を見ても「これは良い！」と言う癖があった。

第2パラグラフ

❸その朝，友人は王様が使うライフル銃の準備をしなければならなかった。❹彼はいつもは準備にとても注意深いのだが，どういうわけか過ちを犯してしまった。王様が銃を撃ったとき，誤って親指が吹き飛ばされてしまった。

第3パラグラフ

❺友人はすぐに手に包帯を巻き，王様の命に別状がないことを確かめた。❻王様が大丈夫だとわかり，友人はいつものように「これは良い！❼親指1本失っただけです。❽すぐに回復して，またすぐに狩りに行けますよ」と言った。

第4パラグラフ

❾王様はこの状況で，友人がそんなにも前向きになれることが信じられなかった。❿王様はすぐに「いいや，これは良くなんかない！⓫おまえは大きな過ちを犯し，これからその代償を払ってもらう！」と答え，友人を牢屋へ送った。

第5パラグラフ

⓬約1年後，王様はひとりで小さな島へ再び狩りの旅に出かけた。⓭王様は，この島に住む人々が，島を訪れたよそ者をだれかれかまわず，つかまえて食べてしまう，ということを知らなかった。⓮王様はすぐにつかまり，彼らの村へ連れて行かれた。⓯料理する準備のために王様をしばりあげている途中，彼らは王様の親指が1本欠けているのを見た。⓰王様にとって幸運なことに，彼らは完全でない人間を食べることは縁起が悪いと信じていたので，王様をほどき，解放した。

第6パラグラフ

⓱王様はみずからの幸運を信じられなかった。そして，じつは旧友の過ちが命を救ってくれたことを悟った。⓲王様は友人に対しておこなったことをすまなく思い，国へ戻るやいなや，まっすぐ牢屋へと向かった。⓳王様は友人を解放し，牢屋へ送りこんだことを謝りたかった。

第7パラグラフ

⓴王様は牢屋へたどり着くと，友人のもとへ行き，そして「おまえが正しかった。㉑あのとき，あんなことを言ったので，正気ではないと思ったが，私の親指が吹き飛ばされて良かった

48

んだ」と言った。

第8パラグラフ

㉒王様は友人に島での出来事を伝えた。㉓「こんなに長いあいだ，牢屋へ送りこんでしまって，本当にすまない。㉔こんなことをするなんて，私は間違っていた」㉕「いいえ」友人が答えた。「これは良い！」㉖「『これは良い』とはどういう意味だ？㉗1年ものあいだ，友を牢屋へ送りこんで，どうして良いことがあるだろうか？」㉘「王様が私を牢屋へ送ってくれたので，私は殺されずにすみました」

Lesson
2
後置修飾の関係をつかもう！

後置修飾を探すのは，宝探しみたいで楽しいです！

□ one day		ある日	□ immediately	副	すぐに
□ hunt	動	狩りをする	□ pay for 〜		〜の代償を払う
□ usual	形	いつもの	□ jail	名	牢屋
□ close friend		親友	□ by *oneself*		ひとりで
□ since 〜	前	〜以来の	□ island	名	島
□ childhood	名	子ども時代	□ stranger	名	見知らぬ人
□ *be* known for 〜		〜で知られる	□ village	名	村
□ positive	形	前向きな	□ tie-tying	動	しばる
□ habit	名	癖	□ miss	動	失う
□ situation	名	状況	□ luckily	副	幸運なことに
□ prepare	動	準備する	□ bad luck		不吉
□ rifle	名	ライフル銃	□ completely	副	完全に
□ careful	形	注意深い	□ whole	形	欠けたところのない
□ preparation	名	準備	□ untie	動	ほどく
□ somehow	副	どういうわけか	□ set-set-set	動	〜の状態にする
□ make a mistake		間違いを犯す	□ free	形 自由な 動 解放する
□ fire	動	撃つ	□ in fact		じつは
□ thumb	名	親指	□ save	動	救う
□ accidentally	副	誤って	□ feel sorry		すまないと思う
□ blow off		吹き飛ばす	□ as soon as ＋ S' ＋ V'	接	〜するとすぐに
□ quickly	副	すぐに	□ country	名	国
□ bandage	動	包帯を巻く	□ go straight to 〜		〜へまっすぐ行く
□ make sure		確認する	□ though ＋S' ＋V'	接	〜ではあるが
□ realize	動	理解する	□ crazy	形	正気ではない
□ as usual		いつものように	□ at the time		そのときは
□ lose-lost-lost	動	失う	□ happen	動	起こる
□ get well		良くなる	□ mean-meant-meant	動	意味する
□ in no time		すぐに	□ kill	動	殺す
□ believe	動	信じる			

応 用 問 題

❯ 英文の解説

第1パラグラフ

❶In Europe / men don't usually wear skirts.　❷But the Scottish
　ヨーロッパでは　　　男性はふつうスカートをはかない　　　しかしスコットランドの

national costume for men / is a kind of skirt.　❸It is called a kilt.
　男性の民族衣装は　　　　　　一種のスカートだ　　　　それはキルトと呼ばれる

❹The Scottish like / to be different.　❺They are also proud / of their
　スコットランド人は好む　ちがっていることを　　彼らはまた誇りに思う　　自分たちの

country and its history.　❻That's why / the men still wear kilts / at
国とその歴史を　　　　　　そういうわけで　　男たちは今でもキルトを着る

old-style dances and on national holidays.　❼They believe / that they
伝統的な踊りや国の祝日に　　　　　　　　　　彼らは信じる　　　　彼らは

are wearing the same clothes / that Scottish men used to wear.
同じ服を着ていると　　　　　　　スコットランドの男たちがかつて着ていたものと

〉 語彙 イギリス人 = English?

　以前，イギリスのスコットランド出身の人に
"Are you English?" とたずねると，"No, I'm
Scottish!" とちょっとイライラしながら返答され
ました。何がいけなかったのでしょう？
「イギリス」や「イギリス人」を英語でどう表現
するか？ 日本人には大変難しいことです。
　地理と歴史について見ていきましょう。
　現在のイギリスの領土は，グレートブリテン島
とアイルランド島の北部です。
　イギリスの歴史を簡単にまとめると，次ページ
のようになります。

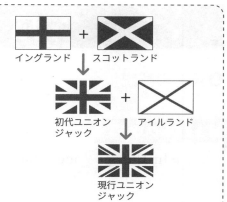

①　イングランドがウェールズを併合
②　アイルランドを植民地化
③　スコットランドと連合し，その後併合
④　アイルランドを併合
　　その後，北アイルランド以外が独立・
離脱し，現在にいたる

イギリス国旗のなりたち
（印刷の都合上，実際の色と異なります）

　私たちが「イギリス」と呼ぶものは王国の連合体で，正式名称は，グレートブリテンおよび北アイルランド連合王国です。くわしくは以下の区別になります。

イギリス（英国）	→	The United Kingdom of Great Britain and Northern Ireland（The UK）
イギリス人（英国人）	→	British
●イングランド人	→	English
●スコットランド人	→	Scottish
●ウェールズ人	→	Welsh
●アイルランド人	→	Irish

　冒頭の会話ですが，"Are you British?" ときけば，少なくともイライラはされなかったのでしょう。もちろん，感覚には個人差があります。

第2パラグラフ

❽That's what they believe.　❾However, / kilts are not really so
　　それは彼らの信じていることだ　　　しかし　　キルトはじつはそれほど古くない

old.　❿Before 1730, / Scottish men wore / a long shirt / and blanket
　　　　　1730年以前　スコットランドの男たちは着ていた　長いシャツを　　そして毛布を

around their shoulders.　⓫These clothes got in the way / when men
肩のまわりに　　　　　　　　　　　これらの服がじゃまになった　　　　　男たちが

started to work / in factories.　⓬So, / in 1730 / a factory owner
働きだしたとき　　　　　工場で　　そこで　1730年に　　ある工場の所有者が

52

changed the blanket / into a skirt / : the kilt.　⑬ That is 　the way 　/ the
　毛布を変えた　　　　　　　　スカートに　つまりキルトである　　これが方法だ

first kilt was made.
最初のキルトがつくられた

> 　語彙　change *A* into *B*

⑫ ... a factory owner **changed** the blanket **into** a skirt ... .

change という動詞を見たら，次にくるものを予想しましょう。「変化する」ということですから「何から何に？」という発想をします。このとき change は into と相性が良いので，

　　change *A* **into** *B*

という形で用いられます。また，逆から見れば，

　〈　動詞 　＋ *A* into *B*〉

となった場合，その動詞は「変化させる」という意味をもつということです。多少難しい動詞が登場しても，要するに，「A から B へ変化させるんだな」と推測しましょう。

　例　They **made** grapes **into** wine.

　　　「彼らはぶどうからワインをつくりました」

　例　You can **turn** your picture **into** a puzzle.

　　「あなたの写真をパズルにできます」

　例　Please **translate** this mail **into** Chinese.

　　「このメールを中国語に翻訳してください」

別々の動詞が同じように見えるということが大切です。そのうえで，それぞれのニュアンスはどうちがうのかな？ と考えましょう。

> 　文法　具体化のコロン

コロン〈**:**〉の役割はいくつかあります。ここでは具体的に言い換える役割をはたしています。

⑫ ... a factory owner changed the blanket into 　a skirt 　: 　the kilt 　.
　　　　　　　　　　　　　　　　　　　　　　　　　　　　　　↑言い換え

「ある工場の所有者が毛布をスカートに変えた。　つまり　キルトである」

⑭Then, / in the late 1700s / Scottish soldiers / in the British
そして　　　　1700年代末に　　　スコットランド兵は　　　英国軍の

Army / began to wear kilts. ⑮One reason for this was / that the
キルトを着始めた　　　　　　この理由の1つは

Scottish soldiers wanted / to look different / from the English
スコットランド兵は欲した　　　　ちがって見えることを　　　イングランド兵と

soldiers. ⑯The British army probably had / a different reason / : a
英国軍はおそらくもっていた　　　　　別の理由を

Scottish soldier / in a kilt / was always easy to find! ⑰The Scottish
スコットランド兵は　　キルトを着た　つねに見つけるのが容易だった！　　スコットランド兵は

soldiers fought very hard / and became famous. ⑱The kilt was part
とても懸命に戦った　　　　　　そして有名になった　　　　キルトはその

of that fame, / and in the early 1800s / men all around Scotland /
名声の一部だった　　　　そして1800年代の初め　　　スコットランド中の男たちは

began to wear kilts.
キルトを着始めた

〉 文法 具体化のコロン

今回のコロンも具体化のはたらきです。

⑯... a different reason : a Scottish soldier in a kilt was always easy to
　　　　「別の理由」　　　「キルトを着たスコットランド兵はつねに容易に見つけられること」
　　　　　　抽象　　　　　　　　　　　　　　　　具体

find!

---

⑲These kilts had colorful stripes / going up and down and across.
これらのキルトには色とりどりのしま模様があった　　　　上下やななめにわたる

⑳In the 1700s and early 1800s, / the color of the stripes had / no
1700年代そして1800年代初期には　　　しま模様の色はもっていた

special meaning. ㉑Men sometimes owned kilts / in several different
特別な意味は何もなく　　　男たちはキルトをもつこともあった　　　いくつかの異なる

colors. ㉒**But** later / the colors became important / to the Scottish
　色の　　　　しかしのちに　　　　　色は重要になった　　　　　　スコットランドの

families. ㉓By about 1850, / most families had | special colors | / for
家に　　　　　　1850年ごろまでに　　　　ほとんどの家が特別な色をもった　　自分たちの

their kilts. ㉔For example, / | men | from the Campbell family / had
キルトに　　　　　たとえば　　　　　キャンベル家の男たちは　　　　キルトを

| kilts | / with green, yellow and blue stripes. ㉕Scottish people often
もった　　　　　　緑，黄，青のしまの入った　　　　スコットランド人はしばしば

believe / that | the colors | of the kilts are / | part | of their family history.
信じる　　　　　　キルトの色が　　　　　　　家の歴史の一部だと

㉖In fact, / each family just chose / | the colors | they liked best.
　実際は　　それぞれの家が単に選んだだけだ　　　　一番好きな色を

> 文 脈・論 理

In fact は「実際」と訳されますが，次の2つの用法があります。

●**前文の内容を裏づける →「実際に」**

例 Japan is a small country. **In fact**, Japan and California is about the same size.

「日本は小さな国です。実際に，日本とカリフォルニアはほぼ同じ大きさです」
　　　　　　　　　　　　　　　　　| 裏づける事実 |

●**前文とは別の真実を伝える →「（ところが）実際は」**

例 Japan is a small country. **In fact**, its population is the eleventh largest in the world.

「日本は小さな国です。ところが実際は，日本の人口規模は世界で11位です」
　　　　　　　　　　　　　　　　　| 意外な事実 |

今回は，「（ところが）実際は〜」と，多くの人が信じていることをくつがえす文脈ですね。

| キルトは家の歴史の一部 |

↕ 逆接

| 単に好きな色を選んだだけ |

㉗This is not | the story | / which you will hear / even if you are in
　　　これは話ではない　　　あなたが聞くだろう　　　たとえスコットランドに

Scotland. ㉘Most Scottish people still believe / that kilts are as old /
いても　　　　ほとんどのスコットランド人はいまだに信じている　キルトは同じくらい古いと

as Scotland / and that the colors are as old / as the Scottish
スコットランドと　　　そして（キルトの）色は同じくらい古いと　　　スコットランドの家と

families. ㉙Sometimes / feelings are stronger / than facts.
families.　　　ときには　　　感情はより強い　　　事実よりも

〉 文法 and の分析

and には語と語，句と句，節と節を結びつけるはたらきがあります。

㉘Most Scottish people still believe
　　S　　　　　　　　　　V

that kilts are as old as Scotland
　　　　　　　and
that the colors are as old as the
Scottish families.
　　　　　　　　　　　O

　and は文法的に同じ形のものを結びます。㉘では，believe の目的語である 2 つの that 節を結んでいます。

❷ 設問の解説・解答

| 解説 |

問1　a　be proud of ～「～を誇りに思う」
　　　b　get in the way「じゃまをする」
　　　c　「～をともなって」という意味の前置詞を入れます。
　　　d　in fact「実際は」

問2　関係代名詞，関係副詞，接続詞を区別する問題です。

（　あ　）　空所の後ろが完全文です。完全文とは，S，V，O，C といった文の要素が欠けていない文です。

❻That's（　　）the men still wear kilts … .
　　　　　　　　　　S'　　　　　　V'　　O'
　　　　　　　　　　　完全文

完全文の前に入りうる品詞は，関係副詞もしくは接続詞です。また，理由に関する That's why と That's because は，次のように使い分けます。

- 理由 . **That's why** + 事実 .
- 事実 . **That's because** + 理由 .

❻は次の関係になっていますので，（　あ　）には**イ**の **why** が入ります。

「国や歴史を誇りに思う」　→　「キルトを着る」
　　　理由　　　　　　　　　　　　　事実

（　い　）　空所の後ろは，believe の目的語がなく，文の要素の欠けた**不完全文**です。

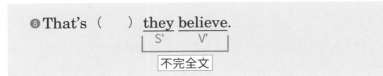

❽That's（　　）they believe.
　　　　　　　　S'　　V'
　　　　　　不完全文

空所には，欠けた目的語の役割を果たすため関係代名詞が入ります。空所の前を見ると先行詞がありませんので，**先行詞を含む関係代名詞 what（ウ）**を選びます。

関係代名詞と関係副詞の区別があやしい人は文法書で復習してください。

（　う　）　📖 p.56

問3　並べかえ問題は，次の 4 つのポイントで考えてみましょう。

解法のポイント

並べかえ問題の解き方
- 動詞に注目し文型を判断する
- 接続詞や関係詞に注目する
- イディオム表現に注意する
- 後置修飾関係にできないか考える

① They believe that they are wearing [the same clothes that Scottish men used to wear].

まず，かっこの前が **wearing** で終わっていますので，その後ろには「何を（着ている）？」という目的語(O)が入ります。**目的語になれるのは名詞**です。**the same 〜 that ...**「…と同じ〜」という組み合わせを見つけ，さらにその **that** が関係代名詞なので，〈**that** + S' + V'〉という語順をつくります。また，**used to** *do*「以前〜していた」というカタマリを見つけましょう。

② That [is the way the first kilt was made].

〈That is the way ＋ S' ＋ V' …〉「このようにして S' は V' する」の形を思い出せたら，すぐにできたはずです。is と was をどちらで使うか迷うところですが，「最初のキルトがつくられた」のは当然，昔のことですので，こちらに過去形を使いましょう。

③ This is not [the story which you will hear even if you are] in Scotland.

This is not の後ろには補語（C）がきますので，名詞または形容詞が入ります。選択肢に形容詞がありませんので名詞です。選択肢には動詞 hear があります。hear the story という組み合わせができました。また，〈even if ＋ S' ＋ V'〉という語順をつくることができます。**時や条件を表す副詞節は未来のことを現在形で表しますので，**even if の節は現在形です。

いかがですか？ 3 題とも後置修飾関係の文でした。なぜ後置修飾がねらわれるかというと，「日本語とはちがう発想を問いたい」という理由，そして，ある語数を超えるとそこに修飾関係が生じ，後置修飾の関係になる，という必然的な理由によります。

問4

a 最初のキルトは英国軍でつくられた。

→ 第 2 パラグラフによれば，1730 年に工場でつくられました。

b スコットランド兵は自分たちがスコットランド人だと示したかったのでキルトを着ていた。

→ ⑮に，「イングランド兵とはちがって見えたがった」と書かれています。

c キルトの色は元来スコットランドの家の歴史の一部であった。

→ ㉖によれば，単に好きな色を選んだだけでした。

d 1800 年ごろまでに，スコットランドの家はキルトに特別な色をもつようになった。

→ ㉓に，「1850 年ごろまでに」と書かれています。

e スコットランド兵は部分的にはキルトのおかげで有名になった。

→ ⑰，⑱に記述があります。

f スコットランドのほとんどの人はキルトの本当の歴史を知っているようだ。

→ ㉘によれば，今でもほとんどのスコットランド人はキルトが古くからあると思っています。

g 英国軍はスコットランド兵にキルトを着てほしくなかった。

→ ⑯によれば，英国軍にとっても好都合だったようです。

h 感情よりもつねに強いものは事実だ。

→ ㉙に，「事実よりも感情が強いこともある」とあります。

解答

問1 a of   b in   c with   d In

問2　あ　イ　　い　ウ　　う　ア
問3　① エ　ク　　② ウ　ア　　③ イ　オ　　（2番目，6番目の順に）
問4　b　e

全文訳

第1パラグラフ

❶ヨーロッパにおいて，ふつう男性はスカートをはかない。❷しかし，スコットランド人の男性の民族衣装は一種のスカートだ。❸それはキルトと呼ばれる。❹スコットランド人はちがっていることを好む。❺彼らはまた，自国とその歴史に誇りをもっている。❻そういうわけで，男性は伝統的な踊りや国の祝日に，今でもキルトを着る。❼彼らはスコットランドの男たちがかつて身に着けていたものと同じ服を着ていると信じている。

第2パラグラフ

❽それが彼らの信じていることだ。❾しかしじつは，キルトはそれほど古くない。❿1730年以前，スコットランドの男たちは長いシャツを着て，肩のまわりに毛布をまとっていた。⓫これらの服は，男たちが工場で働き始めるとじゃまになった。⓬そこで1730年に，ある工場の所有者が毛布をスカート，つまりキルトに変えた。⓭このようにして最初のキルトはつくられた。

第3パラグラフ

⓮そして1700年代末には，英国軍のスコットランド兵がキルトを着始めた。⓯スコットランド兵たちが，イングランド兵とはちがって見えたがったことが1つの理由だ。⓰英国軍にはおそらく別の理由があった。それは，キルトを身に着けたスコットランド兵はつねに見つけやすいということだ！⓱スコットランド兵はとても懸命に戦い，そして有名になった。⓲キルトはその名声の一部であり，1800年代初期には，スコットランド中の男たちがキルトを身に着け始めた。

第4パラグラフ

⓳これらのキルトには，上下やななめにわたる，色とりどりのしま模様があった。⓴1700年代そして1800年代初期には，しま模様の色に特別な意味はなかった。㉑男たちは異なる色のキルトをもつこともあった。㉒しかしのちに，色はスコットランドの家にとって重要なものとなった。㉓1850年ごろには，ほとんどの家が自分たちのキルトに特別な色を用いた。㉔たとえば，キャンベル家の男たちは緑，黄，青のしまの入ったキルトをもっていた。㉕スコットランド人はキルトの色が家の歴史の一部だとしばしば信じている。㉖実際には，それぞれの家が単に一番好きな色を選んでいたのである。

第5パラグラフ

㉗このことは，たとえスコットランドにいたとしても，あなたが聞くだろう話ではない。㉘ほとんどのスコットランド人は今でも，キルトはスコットランドと同じくらい古く，その色もスコットランドの家と同じくらい古い，と信じている。㉙感情はときに，事実よりも強いのである。

ボキャブラリー・リスト

□ usually	副	ふつう	□ get in the way			じゃまになる
□ wear-wore-worn	動	着る	□ factory	名		工場
□ Scottish	形	スコットランド（人）の	□ owner	名		所有者
□ national costume		民族衣装	□ soldier	名		兵士
□ a kind of ～		一種の～	□ British	形		英国の
□ kilt	名	キルト	□ reason	名		理由
□ be proud of ～		～を誇りに思う	□ probably	副		おそらく
□ history	名	歴史	□ fight-fought-fought	動		戦う
□ that's why＋S'＋V'		そういうわけで～	□ famous	形		有名な
□ old-style	形	伝統的な	□ fame	名		名声
□ holiday	名	祝祭日	□ colorful	形		色とりどりの
□ clothes	名	衣服	□ stripe	名		しま模様
□ used to do		かつて～した	□ several	形		いくつかの
□ however	副	しかし	□ for example			たとえば
□ before ～	前	～以前に	□ even if＋S'＋V'	接		たとえ～でも
□ shirt	名	シャツ	□ feeling	名		感情
□ blanket	名	毛布	□ fact	名		事実
□ shoulder	名	肩				

後置修飾の関係がつかめると，英語の語順で理解できますね！

決断する

　みなさん,「志望校に絶対合格する！」という決断はできていますか？

「決断する」を英語で言うと decide です。後ろに -cide がついています。ほかに -cide がつくものには，insecticide「殺虫剤」などがあります。ちょっとこれを分解してみましょう。

insect ＋ cide ＝ insecticide
　虫　　殺す　　殺虫剤

　-cide には,「切る，殺す」という意味があります。また接頭辞 de- は「離す」という意味です。つまり，decide とは「（余計なものを）断ち切る」という意味なのです。「あれをやろう！」「これをやろう！」と「やること」ばかり決めても，1 日に与えられているのは 24 時間だけです。それよりも「何をやめるか」を考えるほうが具体的です。私の場合，本書の執筆期間中，テレビを見ることをほぼやめました。

　みなさんに,「決断」に役立つ方法を 1 つ紹介します。それがアメリカ人作家スージー・ウェルチさんの提唱する「10 － 10 － 10」です。

　ある決断を，次の 3 つの時間軸で考えてみるのです。

　　「その決断をすると, 10 分後どうなるのか？」
　　「その決断をすると, 10 カ月後どうなるのか？」
　　「その決断をすると, 10 年後どうなるのか？」

　たとえば,「勉強しなければいけないけれど，漫画が読みたい」とします。10 分後はきっと楽しんでいるでしょう。でも，そこで自問してみます。

　　「10 カ月後，入試の結果はどうなっているだろうか？」
　　「10 年後，目指していた道を歩んでいるだろうか？」

　では考えてください。何をやめますか？

論理関係をつかもう！

　文章を正しく理解するためには，筆者の立てた筋道をつかみながら読み進める必要があります。このレッスンでは，論理関係と階層構造の把握（はあく）について学びます。

論理関係をつかむ！

1 ディスコース・マーカーをチェックする

　論理的に読むためには，語句，文，そしてパラグラフどうしの「つながり」を意識しながら読むことが大切です。そして，「つながり」には大きく順接と逆接があります。次の **A**，**B** の英文を読んでください。

> **A**　Mike is rich. He has a sports car.
>
> **B**　Mike is rich. He doesn't have a car.

　どうでしょう？ **A** は違和感なく読めたのではないでしょうか？ それに比べると，**B** は「ん？」という感じですね。**A** は「順接」，**B** は「逆接」の関係になっています。順接は一方向の矢印，逆接は両向き矢印で示すことができます。

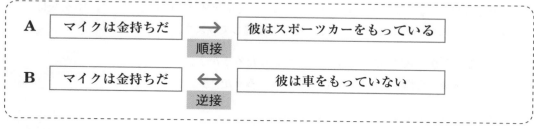

　では，先ほどの文を接続詞でつないでみましょう。

> **A'**　Mike is rich **and** he has a sports car.
>
> **B'**　Mike is rich **but** he doesn't have a car.

　B' の文がずいぶん読みやすくなりました。逆接には矛盾した内容が含まれるので，読み手が混乱します。逆接の but を入れることによって，「これから矛盾したことを書きますよ，ついてきてください」とあらかじめ知らせることになります。接続詞があることで話の方向性が明確になり，読む際に脳の負担が減るのです。

and や but のように話の方向性を示す語句を**ディスコース・マーカー**と呼びます。道路標識のように，次の方向性を伝えてくれます。長文を読む際には，ディスコース・マーカーの前後関係に注目しましょう。

また，**逆接の後ろに筆者の本当に言いたいことや大切なことが書かれる**ことが多いので，自分なりの「逆接マーク」を考え，マークしたうえで「何と何が反対なのか？」を意識しましょう。本書の「**英文の解説**」では，逆接を赤字で示しています。

2 次の展開を予測する

次の文を読んでください。

Yesterday I went to the bookstore **but** ...

「昨日，私は書店へ行ったのだが…」

---

but の後ろには，どんな内容が続くでしょう？「本を買おうとしたけれど，何らかの理由で買えなかったのかな？」という予想が立てられますね。

かりに次のように続いても，心の準備ができていますのですんなり読めますね。

Yesterday I went to the bookstore **but**

it was closed. 「閉店していた」
I forgot my money. 「お金を忘れていた」
the book I wanted was sold out. 「欲しかった本は売り切れていた」

このようにディスコース・マーカーに注目すると，次の展開が予測できます。

おもなディスコース・マーカー

高校入試の長文によく出るディスコース・マーカーを紹介します。単に和訳を覚えるのではなく，どういう関係を表すのか？ を理解してください。場合によっては，和訳に反映されないこともあります。

逆接・対比

● **but**「しかし」

例　He woke up early **but** he missed the train.

「彼は早起きしましたが，列車に乗りそこねました」

● **however**「しかし」

〔例〕 The two pictures look the same. **However**, there are some differences.

「2枚の写真は同じに見えます。しかし，いくつかのちがいがあります」

原因・理由 　　矢印の方向に注意しましょう！

● **because**「なぜならば」

〔例〕 He didn't come **because** he was sick.

　　　事実　　　　　　　←　　　　　　理由

「具合が悪かったので，彼は来ませんでした」

● **so**「だから」

〔例〕 It was raining, **so** we took a taxi.

　　　原因　　　　　　→　　　　結果

「雨が降っていたので，私たちはタクシーに乗りました」

具体・例示 　　抽象 → 具体の流れに注目しましょう！

● **like** ～「～のような」

〔例〕 Big cities **like** Tokyo have many English signs for tourists.

　　　抽象　　　　　具体

「東京のような大都市には，観光客のために多くの英語の標識があります」

● **such as** ～「～のような」

〔例〕 I like fruits **such as** melons and peaches.

　　　抽象　　　　　　　　　具体

「私はメロンや桃のような果物が好きです」

● **for example**「たとえば」

〔例〕 There are some party rules. **For example**, don't arrive too early.

　　　　　　　抽象　　　　　　　　　　　　　　具体

「パーティーにはルールがあります。たとえば，あまり早く到着してはいけません」

列挙・添加

● **also**「もまた」

〔例〕 We can see many animals in the park. We can **also** see flowers there.

「公園ではたくさんの動物を見ることができます。また花々も見ることができます」

●**besides**「そのうえ」

例　He is handsome. **Besides** he is rich.

「彼はかっこいいです。そのうえ，お金持ちです」

階層構造をつかむ！

　論理に加え，もう1つ意識してもらいたいことが，抽象と具体の階層です。たとえば，君が中学生だとします。

　「私は中学生です」

　これは抽象的ですか？ それとも具体的ですか？ じつは，**抽象と具体は絶対的なものではなく，相対的に決まります**。つまり，「何と比べて？」ということです。
「私は中学生です」というのは「私は学生です」よりも具体的ですが，「私は中学3年生です」よりも抽象的です。

　以下に示したように，抽象と具体は**階層構造**をつくります。

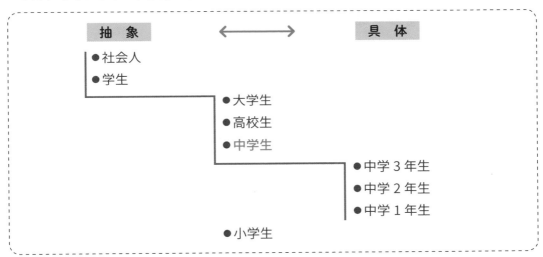

　法律では「学生」「生徒」「児童」と呼び分けますが，ここでは俗称として「学生」を使っています。

　同様に，論理的な文章は抽象と具体の関係を意識して書かれています。次の文章を読んでください。

　Coconut trees are very useful. People can get food, water and medicine from them. People can also make things like hats, cups and baskets from them. People can even build huts by using their parts.

この文章を，階層構造がわかるように書き出してみると，次のようになります。

抽象　←――――――→　具体

ココナッツの木はとても役立つ

① 食料，水，薬をとることができる

② 帽子，カップ，かごをつくることができる

③ 小屋もつくることができる

全文訳

　ココナッツの木はとても役に立ちます。人々はそれらから，食料や水，薬をとることができます。人々はそれらから，帽子やカップそしてかごをつくることもできます。人々はそれらの部分を使って小屋さえも建てることができます。

自分は今，抽象と具体のどの階層にいるのか？ を意識して英文を読むことが大切です。

論理チャートをつくる！

　ココナッツの例のように，論理的な文章は要点を箇条書きで抽出することができます。なぜかというと，まず，**箇条書きでメモをつくったうえで文章化する**，というプロセスで書かれることが多いからです。欧米の高校や大学では，このようなトレーニングが徹底的になされます。また，実際にメモをとらない場合でも，その作業を頭の中でおこなっています。

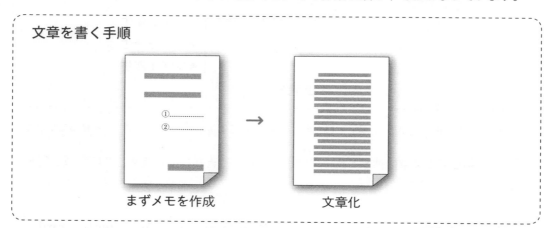

文章を書く手順

①………………
②………………

まずメモを作成　→　文章化

　そこで，ぜひ復習としておこなってほしいのが，**論理チャートをつくる**作業です。これは，文章からメモをつくる作業です。キーワードを抜き出し，論理がわかるように矢印でつなぎ，階層構造を意識してまとめます。メモはあくまでも手段なので，英語，日本語，略字など，何でも **OK** です。論理と階層がわかるシンプルなものを5分程度で作成しましょう。

このレッスンから，**「設問の解説・解答」**（「物語文」は除く）に**論理チャート**を追加しますので，自分の力で書いたうえで，参考にしてください。

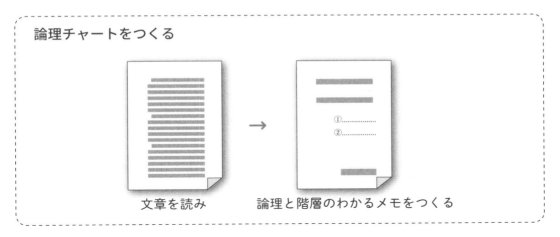

論理チャートをつくる

文章を読み → 論理と階層のわかるメモをつくる

Q&A

Q ディスコース・マーカーと接続詞はちがうのですか？

A 接続詞はディスコース・マーカーの代表格です。ただ，接続詞のほかにも話の方向性を示す語句はあります。たとえば，副詞句の "In the past" で始まったら，「過去との対比だ」と気づきます。"Most people think" と始まれば，「一般論の始まりかな？」と予想できます。

Q but と however はちがうのですか？

A まず，but は口語的で柔らかい印象です。それに対して，however は文語的で硬めの印象だということがあげられます。そして，品詞が違います。**but** は接続詞ですが，**however** は副詞です（諸説あります）。副詞は置き場所の自由度が高いので，**however** は文頭・文中・文末に置くことが可能です。それぞれ，若干ニュアンスが変わりますので，音読をして語感を確認してください。

文頭	However, there are some differences.
文中	There are, however, some differences.
文末	There are some differences, however.

論理と階層を意識しよう。とくに逆接は要チェック！

I

● 英文の解説

❶The State of California is / one of the states / in the USA.
カリフォルニア州は　　　　　　州の1つだ　　　　アメリカにある

❷It was part of Mexico / until 1848. ❸In 1846, / there was a war /
それはメキシコの一部だった　1848年までは　　1846年に　　戦争があった

between the USA and Mexico. ❹The USA won the war, / and
アメリカとメキシコのあいだに　　　　　アメリカが戦争に勝った　　　そして

California became / part of the USA / in 1848. ❺Because gold ore
カリフォルニアはなった　　アメリカの一部に　　1848年に　　　　　　金鉱石が

was found there / during the war, / many people rushed / to
そこで発見されたので　　　戦争中に　　　多くの人が殺到した

California / in 1849 / to find gold / and become rich. ❻So / this
カリフォルニアへ　1849年に　金を見つけるため　そして金持ちになるために　だから

was called / "the gold rush." ❼The population of California
これは呼ばれた　「ゴールド・ラッシュ」と　　　　カリフォルニアの人口は達した

reached / about 100,000. ❽Then / it became / the thirty-first state /
約10万人に　　そして　それはなった　　31番目の州に

of the USA / in 1850. ❾When the transcontinental railroad was
アメリカの　　1850年に　　　　　　大陸横断鉄道が開通したとき

opened / in 1869, / more people began / to go there again.
1869年に　　より多くの人が始めた　　再びそこへ行くことを

> 文脈・論理

❶と❷の時制に注目しましょう。

❶The State of California **is** one of the states in the USA.

❷It **was** part of Mexico until 1848.

カリフォルニア ❶ **現 在** アメリカの州

↕

❷ **過 去** メキシコの一部

❶と❷は，現在と過去との対比関係になっています。❶と❷のあいだを **but** でつなぐこともできます。このようにディスコース・マーカーがなくても，対比関係を表すことは可能です。時制など細かい部分にも気を配りましょう。

● 設問の解説・解答

|解 説|

まず，それぞれの空所に入る選択肢を考えましょう。とくに逆接に注目してください。

① **and / but** → 順接 か？ 逆接 か？

② **When / Because** → 時 か？ 理由 か？

③ **But / When** → 逆接 か？ 時 か？

まずは ［ ① ］です。次のように順接関係になり，**and** が入ります。

「アメリカが戦争に勝った」➡「カリフォルニアがアメリカの一部になった」

次に，［ ② ］も以下のような順接関係になります。

「金鉱石が発見された」➡「多くの人がカリフォルニアに殺到した」

ただ，選択肢に **Because** と **When** がありますが，この段階ではどちらの可能性もあるので，いったん保留にします。「時」「理由」とも順接関係です。

「金鉱石が発見された」（ので）「多くの人がカリフォルニアに殺到した」

「金鉱石が発見された」（とき）「多くの人がカリフォルニアに殺到した」

最後に［ ③ ］です。次のように順接関係になりますので，逆接の **But** ではなく **When** が入ります。

「大陸横断鉄道が開通した」➡「多くの人が再びそこへ行き始めた」

これで，保留にしていた［ ② ］が **Because** に決まります。

全文訳

❶カリフォルニア州はアメリカの州の1つです。❷1848年まではメキシコの一部でした。❸1846年にアメリカとメキシコのあいだで戦争が起こりました。❹アメリカが戦争に勝ち，1848年にカリフォルニアはアメリカの一部となりました。❺戦争中に金鉱石が発見されたため，多くの人々が金を見つけて金持ちになろうとして，1849年にカリフォルニアに殺到しました。❻そして，これは「ゴールド・ラッシュ」と呼ばれました。❼カリフォルニアの人口は約10万人に達しました。❽そして，1850年にアメリカの31番目の州になりました。❾1869年に大陸横断鉄道が開通すると，ますます多くの人々が再びカリフォルニアへ向かい始めました。

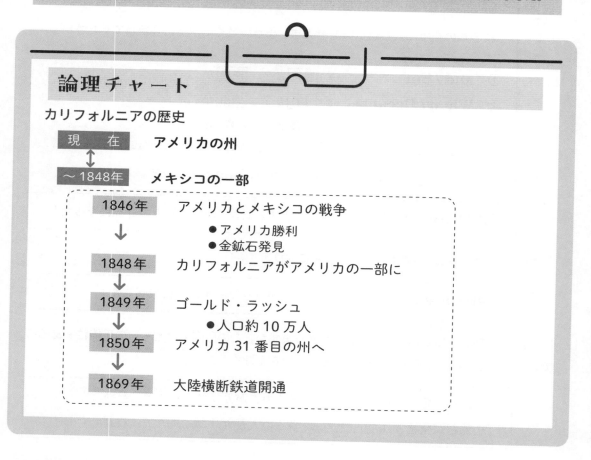

論理チャート

カリフォルニアの歴史

現　在	アメリカの州
〜1848年	メキシコの一部

1846年	アメリカとメキシコの戦争
	●アメリカ勝利
	●金鉱石発見
↓	
1848年	カリフォルニアがアメリカの一部に
↓	
1849年	ゴールド・ラッシュ
	●人口約10万人
↓	
1850年	アメリカ31番目の州へ
↓	
1869年	大陸横断鉄道開通

II

❷英文の解説

❶The Internet is used / by so many people / in the world.
　　インターネットは使われる　　とても多くの人々に　　　　世界中で

❷ There are / some good points and some bad points / about it.
　　あ る　　　　　　　良い点と悪い点が　　　　　　　それについて

❸ For example, / we can get the latest news / from all over the world.
　　たとえば　　　私たちは最新ニュースを得られる　　　　世界中から

❹ We can also buy / many kinds of things / we want / without going
　私たちはまた買える　　たくさんの種類のものを　私たちがほしい　　お店に行かずに

to stores. ❺ But / we often spend too much time / on the Internet.
　　　　　　しかし　私たちはしばしばあまりに多くの時間を使う　インターネットに

❻ And some of us write / bad things / about other people / on it.
　そして私たちの一部は書く　　悪いことを　　　他人についての　　インターネットに

❼ Now / we should learn / how to use it / in a better way.
　今　　私たちは学ぶべきだ　それをどう使うかを　　より良い方法で

> 語彙 the latest の意味

なぜ「遅い」という意味の late が，**the latest** で「最新の」という意味になるのでしょう？

次の図で説明します。**early** は「時間的に早い」ことを表し，**late** は「時間的に遅い」ことを表します。

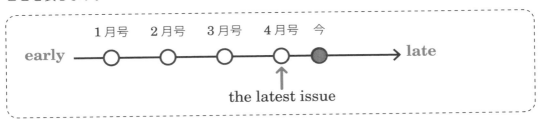

たとえば，雑誌などの最新号を the latest issue といいます。ある雑誌が現時点で4月号まで出版されているとします。そうすると，今から見て「時間的に最も遅く出版されたもの」＝「最新号」となるわけです。

❷ 設問の解説・解答

| 解 説 |

解 法 の ポ イ ン ト

「文の並べかえ問題」が成立するためには，選択肢となる各文に何らかの鍵が隠されているはずです。それはズバリ，ディスコース・マーカーと指示語と代名詞です。これらに注目しましょう！

空所の直前に **There are some good points** and some **bad points** about it. とあるので，この先は次の展開が予測できます。

インターネットの良い点
⇕ 対比
インターネットの悪い点

では選択肢を分析してみましょう。

① We can **also** buy many kinds of things we want without going to stores.
　「お店に行かなくてもいろいろなものが買える」ということは良い点です。また，**also** がありますので，この文の前にも良い点が並列されて書かれていることがわかります。

② **And** some of us write bad things about other people on **it**.
　「他人の悪口を書く」ということは悪い点です。また，文頭に **And** がありますので，この前の文にも悪い点が書かれていることがわかります。そして文末に **it** がありますので，この前に **it** の内容を示す単数形の名詞があるはずです。

③ **But** we often spend too much time on the Internet.
　文頭に **But** がありますので，この前に書かれた内容と逆接・対比の関係です。**too much** とあり，「インターネットに時間を使いすぎる」ことは度が過ぎる悪い点として書かれています。

④ **For example**, we can get the latest news from all over the world.
　文頭に **For example** とあり，この前に書かれた抽象的な内容を受け，ここから具体例が始まります。「世界中から最新ニュースが得られる」ことは良い点ですね。

これらを踏まえて並べかえましょう。

解 答
エ

全文訳
　❶インターネットは世界中でとても多くの人々に使われています。❷インターネットには良い点と悪い点があります。❸たとえば，世界中から最新ニュースを得ることができます。❹また，お店に行かなくても，たくさんの種類のほしいものを買うことができます。❺しかし，私たちはしばしばインターネットにあまりに多くの時間を費やしてしまいます。❻そして私たちの中には，他人の悪口を書く人もいます。❼今，私たちはより良い方法でのインターネットの使い方を学ぶべきです。

論理チャート

インターネットの良い点と悪い点

良い点

① 世界の最新ニュースを得られる
② 店に行かずに買い物ができる

↕

悪い点

① 時間を浪費する
② 他人の悪口を書く人がいる

↓

より良い使い方を学ぶべき

III

英文の解説

❶ Now, / a lot of people try to eat / meat and vegetables / made in their home town.
（今 / 多くの人が食べようとしている / 肉と野菜を / 地元の町でつくられた）

❷ First, / they think / that local foods are fresh and safe.
（第一に / 彼らは考える / 地元の食材は新鮮で安全だと）

❸ Second, / they would like to help / local farmers.
（第二に / 彼らは助けたいと思う / 地元の農家の人を）

❹ If they eat local foods, / farmers living in their town / can make more money.
（もし地元の食材を食べると / 彼らの町に住む農家の人は / より多くのお金をかせげる）

❺ Also, / when local foods are carried / to each store in their town / by car, / a lot of gasoline is not needed.
（また / 地元の食材が運ばれるとき / 彼らの町の各店へ / 車で / 多くのガソリンは必要とされない）

❻ It is good / for the environment.
（それは良い / 環境にとって）

First / Second / Also に注目し，以下のような箇条書きの構成をイメージします。

First 〜〜〜〜〜〜〜〜〜〜〜〜〜〜〜〜〜〜〜〜 .

Second 〜〜〜〜〜〜〜〜〜〜〜〜〜〜〜〜〜〜 .

Also 〜〜〜〜〜〜〜〜〜〜〜〜〜〜〜〜〜〜〜 .

慣れてきたら，First を見た瞬間に「第二の点は？」「第三の点は？」と予測しましょう。使われるディスコース・マーカーの組み合わせには次のようにいろいろなバリエーションがありますが，予測さえできれば，多少の変化にはついていけます。

- First → Second → Third
- First → Then → Finally
- First → And → Then など

❯ 設問の解説・解答

| 解説 |

まず，エの「石油不足と経済の活性化」は本文に記述がありません。アは直接書いていないものの「安全な食品のつくり方」＝「地元でつくること」と読めなくもありません。ウも「環境によい車社会」＝「地元の近い店に車で届けること」ととれなくもありません。ですので，間接的ではありますが，アとウは本文の内容とちがうことを書いているわけではありません。アとウが答えとしてふさわしくない理由は，これらが具体例の1つにすぎないからです。言い換えると，部分的だということです。表題を選ぶ問題では，全体を包含（ほうがん）するものが答えとなります。この文章では，具体例が3つあげられていますので，これらを抽象化したイが答えとなります。

解 法 の ポ イ ン ト

表題（タイトル）を選ぶ問題では，具体ではなく抽象，部分ではなく全体を包含するものを選ぶ！

| 解答 |

イ

全文訳

❶今，多くの人が地元の町でつくられた肉や野菜を食べようとしています。❷第一に，彼らは地元の食材は新鮮で安全だと考えます。❸第二に，彼らは地元の農家の人を助けたいと思っています。❹もし彼らが地元の食材を食べれば，町に住む農家の人はより多くのお金を得られます。❺また，地元の食材が町の各店に車で届けられるときには，多くのガソリンは必要とされません。❻環境に良いのです。

Lesson **3** 論理関係をつかもう！

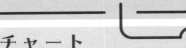

論理チャート

地元の食品を食べる理由

理　由	
①	新鮮で安全
②	地元農家を助けたい
③	環境に良い　例 ガソリンの節約

ボキャブラリー・リスト

□ state	名	州	□ spend-spent-spent	動	費やす	
□ California	名	カリフォルニア	□ in ~ way		~の方法で	
□ Mexico	名	メキシコ	□ try to *do*		~しようと試みる	
□ until ~	前	~まで	□ meat	名	肉	
□ war	名	戦争	□ vegetable	名	野菜	
□ win-won-won	動	勝つ	□ local	形	地元の	
□ rush	動	急いで行く	□ fresh	形	新鮮な	
□ population	名	人口	□ safe	形	安全な	
□ reach	動	達する	□ farmer	名	農家の人	
□ railroad	名	鉄道	□ carry	動	運ぶ	
□ Internet	名	インターネット	□ gasoline	名	ガソリン	
□ latest	形	最新の	□ environment	名	環境	
□ store	名	店				

❷ 英文の解説

第1パラグラフ

❶ Zoos in the United States today / are different / from zoos in
現在のアメリカの動物園は　　　異なっている　　過去の動物園と

the past. ❷ The old zoos had / lots of cages. ❸ Even large animals
古い動物園はもっていた　たくさんの檻を　　大型の動物ですら

were kept / in cages. ❹ Often / the cages had nothing in them /
飼われていた　檻の中で　しばしば　檻はその中に何ももっていない

except an animal, / and the animal looked / very sad and lonely.
動物を1頭除いて　　そして動物は見えた　　とても悲しく孤独に

❺ The new zoos still have cages, / but they are very big. ❻ Many
新しい動物園も檻をもつ　しかしそれらはとても大きい　多くの

animals live together / in these cages. ❼ Actually / they're not like
動物はいっしょに暮らす　これらの檻の中で　実際　それらは檻のように

cages / at all. ❽ They look / like real wild areas, / with trees,
見えない　まったく　それらは見える　本物の野生地帯のように　木，花，岩，

flowers, rocks, and water.
そして水場をともなって

> 文脈・論理

❶で「現在の動物園は過去とは異なっている」と言っていますので，現在と過去との対比
という意識で読みましょう。さらに時制のちがいにも注目してください。

```
過去の動物園
  ↕ 対比  ← ちがいは何だろう？
現在の動物園
```

第2パラグラフ

❾The new zoos teach people / a lot about animals. ❿They show
　新しい動物園は人々に教える　　　動物についてたくさんのことを　　それらは人々に

people / how the animals really live. ⓫They don't just show people /
示す　　実際に動物はどのように暮らしているのかを　　それらは人々に単に示さない

how they eat and sleep. ⓬They also show / the way animals have
どのように動物が食べて寝るかを　　それらはまた示す　　　　どのように動物が家族を

families, / and how the mothers take care of the babies. ⓭Besides, /
もつのかを　　　そしてどのように母親が赤ちゃんの世話をするのかを　　それに加えて

the animals in the new zoos / don't look sad. ⓮Are they really
　　　　新しい動物園の動物は　　　　悲しそうに見えない　　　　彼らは本当に

happy? ⓯They can't tell us / if they are really happy, / of course, /
幸せなのか？ 彼らは私たちに教えられない　　本当に幸せかどうかを　　　もちろん

but they look healthier.
しかし彼らはより健康に見える

> 文法 第4文型 〈S + V + O + O〉をとる動詞

give / teach / show / tell などの動詞は「〜に…を与える」という形をとります。言い換えれば，第4文型 〈S＋V＋O＋O〉になります。この形をとるのは比較的限られた動詞ですので，動詞を見た瞬間に「だれに？ 何を？」と予測するクセをつけましょう。

❾The new zoos teach people a lot about animals.
　　　S　　　　　V　　　O　　　　　　O

「新しい動物園は教える」→ だれに？ 何を？ →「人々に動物についてたくさんのことを」

❿They show people how the animals really live.
　S　　V　　　O　　　　　　　O

「それらは示す」→ だれに？ 何を？ →「人々に実際に動物がどう暮らすかを」

⓯They can't tell us if they are really happy, … .
　S　　　　V　　O　　　　　　O

「彼らは教えられない」→ だれに？ 何を？ →「私たちに本当に幸せかどうかを」

> 文法 not only A but also B の応用

not only A but also B「A だけでなく B も」という表現は知っていますか？ A と B に

は以下の情報が入ります。

---

not only 既知の情報 but also 新たな情報

例 Students can **not only** study English **but also** enjoy sports and music in this school.

「この学校では，学生は英語を学べるだけではなく，スポーツや音楽も楽しめます」

じつは⓫と⓬の文も，同様の論理構造になっています。

⓫They **don't just** show people how they eat and sleep. ⓬They **also** show the way animals have families, and how the mothers take care of the babies.

↓ **not only** A **but also** B に書き換え

They do **not only** show people how they eat and sleep **but also** show the way animals have families, and how the mothers take care of the babies.

動物が食べたり寝たりする姿は，従来の動物園でも観察可能なことでした。**but also** 以下がここで言いたい内容です。つまり，⓫よりも⓬の内容が重要です。

このように，構文はパターンを覚えるだけでは十分でなく，長文の中で形を変えて出されたときに対応できるかどうかが大切です。

〉 文法 **2つの if**

接続詞 **if** には，2つの使い方があります。「もし〜ならば」というおなじみの用法に加えて，「〜かどうか」という用法があります。副詞節で使われるか，名詞節で使われるかによって区別されます。

● 副詞節で使われるとき → 「もし〜ならば」

例 **If she is happy**, I am happy. 「もし彼女が幸せならば，私は幸せです」
　　副詞節

● 名詞節で使われるとき → 「〜かどうか」

例 I **don't know** **if she is happy**. 「私は彼女が幸せなのかどうか知りません」
　S　　V　　　O　　名詞節

---

⑮<u>They</u> can't <u>tell</u> <u>us</u> <u>if</u> they are really happy, ...
　　S　　　　V　　O　　　O　名詞節

「彼らは，本当に幸せかどうかは私たちに教えてくれません」

第3パラグラフ

⑯Zoo workers say / that some animals change / after they come /
動物園職員は言う　　　一部の動物は変化する　　　　来たあとに

to the big new cages. ⑰For example, / a young gorilla named Timmy /
大きな新しい檻へ　　　たとえば　　　ティミーという名前の若いゴリラは

was born / at the Cleveland Zoo. ⑱For years / he lived / in a small
生まれた　　クリーヴランド動物園で　　　数年間　　彼は暮らした　　小さな檻の

cage / in a dark building. ⑲Then / he was moved / to the Bronx
中で　　　暗い建物の中の　　　そして　　彼は移された　　ブロンクス動物園へ

Zoo / in New York, / to a large cage outside. ⑳For the first few
ニューヨークの　　つまり屋外にある大きな檻へ　　　最初の数日間

days, / he just sat / in one place. ㉑He sat / on some rocks / because
彼はただ座った　　1カ所で　　彼は座った　　岩の上で　　なぜなら

he didn't like the feeling / of the grass / on his feet. ㉒Then / he
彼は感覚がきらいだったから　　　草の　　　足もとの　　そして　　彼は

started to move a lot. ㉓Later / he became very friendly / with the
たくさん動き始めた　　　その後　　彼はとても仲良くなった　　　檻の中の

other gorillas in the cage. ㉔After only a few months, / he became a
ほかのゴリラたちと　　　　わずか数カ月後に　　　彼は父親に

father.
なった

> 文法 同格のカンマ

名詞と名詞のあいだにカンマを入れて，具体的な補足情報を加えることができます。

Yesterday I met Mr. Brown, the president of the XYZ Company.
　　　　　　　　名詞　　　　　　　名詞
　　　　　　　　　　　　　　　補足情報

「昨日，私は XYZ 社の社長のブラウン氏に会いました」

Mr. Brown というのは固有名詞なので，一見，具体的にも思えます。ですが，聞き手にすれば，単なる名前にすぎません。**the president of the XYZ Company** を聞いて初めて，具体的なイメージがわきます。

⓳のように**副詞がカンマをはさむ**場合も，同じ感覚で読みましょう。

⓳Then he was moved <u>to the Bronx Zoo in New York</u>, <u>to a large cage</u>

「ニューヨークのブロンクス動物園へ」 つまり 「屋外の大きな

副詞　　　　　　　　　　　　　　　　　　　副詞

<u>outside</u>.

檻へ」

the Bronx Zoo も固有名詞なので具体的に思えますが，どんな動物園かはイメージできません。**to a large cage outside** という情報を聞いて初めて，「小さな檻から大きな檻へ」ということが具体的にイメージできます。

❯ 設問の解説・解答

|解 説|

●[　①　][　②　]

　空所の前後の時制に注目してください。[　①　]の前が過去形，そして後ろが現在形になっていますので，[　①　]には**過去から現在へ**と話を転換させるものが入ります。

　[　②　]の直前の **these cages**，そして直後の **They** はどちらも現在の動物園の檻をさしますので，[　②　]も檻の話です。さらに，次の文との関係が**抽象から具体へ**という流れになっています。

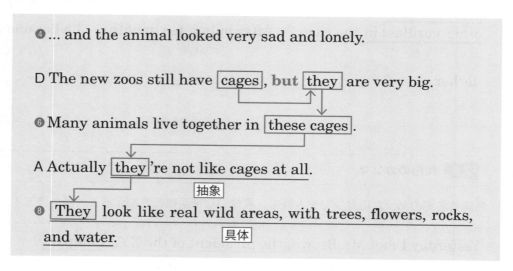

●[　③　]

　前の文の主語は **The new zoos**，後ろの文の主語も **They ＝ The new zoos** でよさそうです。[　③　]に B の **They show people how the animals really live.** を入れ，次の

ように**抽象から具体への階層構造**をつくります。

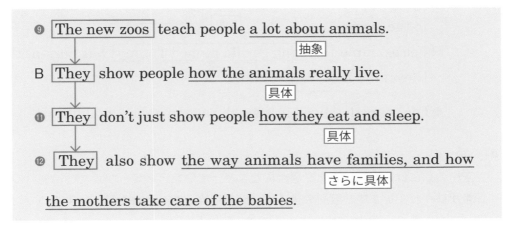

❾ The new zoos teach people a lot about animals.
抽象

B They show people how the animals really live.
具体

⓫ They don't just show people how they eat and sleep.
具体

⓬ They also show the way animals have families, and how
さらに具体

the mothers take care of the babies.

●[　④　]

　Are they really happy? が続きますので，**感情について触れているもの**が入ると予測できます。E の Besides, the animals in the new zoos don't look sad. が入ります。

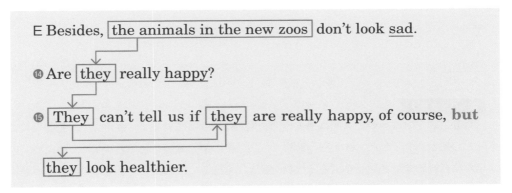

E Besides, the animals in the new zoos don't look sad.

⓮ Are they really happy?

⓯ They can't tell us if they are really happy, of course, **but**

they look healthier.

　Besides は「さらに，そのうえ」というように，**ちがった切り口で情報を追加する**はたらきがあります。このパラグラフでは，新しい動物園についての利点を人間側と動物側の両面から説明しています。

　人間の利点 **Besides** 動物の利点

●[　⑤　]

　空所の前では some animals と複数形でしたが，後ろでは he に変わり 1 匹のオスに具体化されています。ということで，**具体例の合図**である **For example** で始まる G が答えとなります。

⑯Zoo workers say that some animals change after they come to the big new cages.

抽象

G For example, a young gorilla named Timmy was born at the Cleveland Zoo.

具体

⑱ For years he lived in a small cage in a dark building.

● [　⑥　]

　空所の前には，当初，新たな環境にとまどっていたティミーがしだいに慣れていくようすが書かれています。空所の後ろに「父親になった」と書かれていますので，メスと親しくなったことがわかります。そこで，F の Later he became very friendly with the other gorillas in the cage. が入ります。C の But he never went near the other monkeys. はその前後の文脈と合いません。

解答

① D　② A　③ B　④ E　⑤ G　⑥ F

全文訳

第1パラグラフ

❶現在のアメリカの動物園は過去の動物園とは異なっています。❷かつての動物園にはたくさんの檻がありました。❸大型の動物ですら，檻の中で飼育されていました。❹たいてい，檻の中には動物1頭以外は何もなく，動物はとても悲しく孤独に見えました。❺新しい動物園にも檻はありますが，とても大きいものです。❻多くの動物は，これらの檻の中でいっしょに暮らしています。❼実際のところ，それらはまったく檻のようではありません。❽木や花や岩や水場があり，本物の野生地帯のようです。

第2パラグラフ

❾新しい動物園は，動物について多くのことを人々に教えてくれます。❿動物が実際にどのように暮らしているかを見せてくれます。⓫単にどのように食事をし，眠るかを見せるだけではありません。⓬どのように家族をもつのか，どのように母親が赤ちゃんの世話をするのかも見せてくれます。⓭そのうえ，新しい動物園の動物たちは悲しそうに見えません。⓮彼らは本当に幸せなのでしょうか？⓯もちろん，本当に幸せかどうかは教えてくれませんが，より健康そうに見えます。

第3パラグラフ

⓰動物園の職員は，大きな新しい檻に来たあとで，変化する動物がいると言います。⓱たとえば，ティミーという名の若いゴリラはクリーヴランド動物園で生まれました。⓲彼は数年間，暗い建物の中の小さな檻の中で暮らしました。⓳その後，彼はニューヨークのブロンクス動物園へ，つまり，屋外にある大きな檻へと移されました。⓴最初の数日間は同じ場所に

ただ座っていました。㉑彼は足もとの草の感覚が好きではなかったので，岩の上に座っていました。㉒そのうちに，たくさん動き始めました。㉓その後，檻の中のほかのゴリラたちととても仲良くなりました。㉔わずか数カ月後には父親になりました。

論理チャート

アメリカの動物園

| 過去 | 動物は多くの檻に１頭ずつ閉じこめられていた → 孤独で悲しげ |

⇅

| 現在 | 野生を再現した大きな檻でいっしょに暮らす → 健康そう |

- 人々は家族や子育ても観察できる
- 動物に変化が見られる　　例　ゴリラのティミーのエピソード

ボキャブラリー・リスト

□ zoo	名	動物園	□ if + S' + V'	接	〜かどうか
□ past	名	過去	□ healthy	形	健康な
□ cage	名	檻	□ gorilla	名	ゴリラ
□ except 〜	前	〜のほかは	□ name	動	名づける
□ sad	形	悲しい	□ dark	形	暗い
□ lonely	形	孤独な	□ outside	形	外の
□ actually	副	実際には	□ grass	名	草
□ wild	形	野生の	□ foot 単 - feet 復	名	足
□ the way + S' + V'		〜の仕方	□ friendly	形	仲の良い
□ take care of 〜		〜の世話をする			

論理と階層を意識すると，英語だけでなく国語の成績も上がりそう！

英語とマラソン

　本書初版の執筆が折り返し点に差しかかるころ，人生初のフルマラソンに挑戦しました。トレーニング開始にあたって，まずは本などでトレーニング方法を学びました。それまでは「3km走れたら，次は4km」のように徐々に距離をのばそうとしていましたが，マラソンのトレーニングはそうではなくウォーキングが基本だったのです。最初のうちは長時間歩き，慣れてきたら走る部分を増やしていく要領です。

「練習で2時間走りきれたら，フルマラソンは完走できる」ということばを信じ，計画を立てトレーニングを積み，当日を迎えました。30kmを越え，「足が棒になる」という慣用句はこのことか！ と思いながらも，ゴール直前に金メダリストでゲストランナーのQちゃん（高橋尚子さん）とハイタッチをして，無事にゴールすることができました。3km程度で息を切らしていた状態から，5カ月ほどのトレーニングで，42.195kmを完走できたことになります。

　それまで，スポーツは苦手でした。しかし，英語については，最初から「こんな勉強をすれば，こういう結果が出るはずだ」ということが，何となくわかっていました。この「知っていることを知っている（knowing about knowing）」という力をメタ認知といいます。

　最近，英語教育関係者のあいだで「どうやれば外国語を合理的に学べるか？（第二言語習得論）」についての議論が盛んです。これに照らし合わせると，私のやっていた英語学習は，理にかなったものだったようです。逆に，スポーツは合理的ではないことをやってきたのでしょう。どうやら私のメタ認知は，「英語は高く，スポーツは低い」ようです。

「やっているのに成果が出ない」場合，その方法が理にかなっていない可能性があります。メタ認知がはたらかない分野に関しては，本や専門家から学べばよいのです。そして，勝手な解釈をせずに，そのまま素直に取り組んでみる姿勢が大切です。

　成果を出すためには，正しい方向で必要な時間を費やす必要があります。以前見たインタビュー番組で，世界的に活躍するデザイナーの方が「成功の秘訣（ひけつ）は？」という質問に対し，しばらく考えたあと，こう答えていました。

「そうね，的を射た一生懸命かしら」

Lesson 4 ＞ パラグラフの原則を理解しよう！

「パラグラフ（paragraph）」は日本語で「段落」と訳されますが，完全にイコールとはいえません。パラグラフと段落は何がちがうのか？ について考えてみましょう。

ワン・パラグラフ＝ワン・トピックの原則

パラグラフには，いくつかの原則があります。

では，ここで質問です。次の **A** と **B** の文章で，「パラグラフ」と呼ぶのにふさわしいものはどちらでしょうか？

A

　今，私たちの社会は，高齢化によるさまざまな問題を抱えています。しかも，首相が毎年のように変わっています。将来へのエネルギー問題について，世論も分かれています。また，近隣諸国との領土問題への対応にも迫られています。

B

　今，私たちの社会は，高齢化によるさまざまな問題を抱えています。まず，介護施設の不足や介護職員の待遇改善の問題があります。そして，ますますふくらむ社会保障費の財源をどうするか，という問題があります。

パラグラフとしてふさわしいのは **B** です。では，**A** は何がいけないのでしょうか？ それは「話題を盛りこみすぎ」ということです。**A** と **B** の内容を箇条書きにして見てみましょう。

A	●高齢化問題	**B**	●高齢化問題
	●政治問題		― 介護施設・職員の問題
	●エネルギー問題		― 財源問題
	●領土問題		

　A は，じつに 4 つもの大きな問題を扱っています。これに対し，**B** は「高齢化問題」1 つに話題をしぼり，そのうえで深掘りしています。パラグラフには「**ワン・パラグラフ＝ワン・トピック（One Paragraph One Topic）の原則**」があります。1 つのパラグラフで扱う話題は 1 つにしぼるのが原則です。

首尾一貫の原則

続けてもう1題。

次の**C**と**D**の文章で,「パラグラフ」と呼ぶのにふさわしいものはどちらでしょうか?

C

　　英語は単に英米のことばではなく,もはや国際語です。近年,アメリカでは,ヒスパニック人口が増えています。ヒスパニックとは,スペイン語圏である中南米からの移民やその子孫のことです。スペイン語しか話せない人,英語しか話せない人,両方話せる人など,さまざまです。

D

　　英語は単に英米のことばではなく,もはや国際語です。アジアの多くの大学では,授業が英語でおこなわれています。商談の場においても,双方の言語を使わずに英語でおこなうことがあたりまえになりつつあります。

どちらの文も最初の1文は同じですが,以下のように続いています。

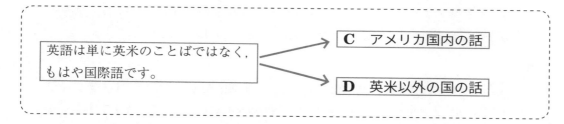

　Cの続きにも「英語」というキーワードは出てきますが,文脈上はまったく関係のない,アメリカ国内の話題です。**D**は1文目を踏まえたうえで,英米以外での英語の具体例が続いています。ということで,パラグラフと呼ぶのにふさわしいのは**D**です。

　同じパラグラフ内では,1つのトピックについて,最初から最後までつながりを保ちながら首尾一貫して書くことが原則です。

トピック・センテンスとサポーティング・センテンス

　実際にどのようにパラグラフが書かれるのかを見ていきましょう。次のページに示すように,パラグラフは**トピック・センテンス**と**サポーティング・センテンス**から成り立ちます。

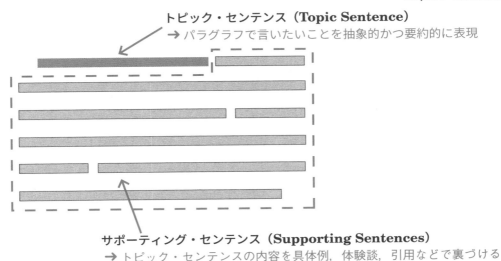

トピック・センテンス（Topic Sentence）
→ パラグラフで言いたいことを抽象的かつ要約的に表現

サポーティング・センテンス（Supporting Sentences）
→ トピック・センテンスの内容を具体例，体験談，引用などで裏づける

ではこれらのことを，英文で確認しましょう。

Swimming is one of the best forms of exercise. It can improve heart action. It also helps blood *circulate. Swimming will develop strong muscles. It will even *strengthen the lungs. People who are disabled and can't enjoy other sports can keep their bodies in better condition by swimming.

（注）circulate「循環する」　　strengthen「〜を強くする」

（巣鴨高）

この英文の内容を箇条書きにすると，以下のようになります。

トピック・センテンス	水泳は運動として最高の形の1つ
サポーティング・センテンス	① 心臓の動きを改善する ② 血液の循環を促進する ③ 筋肉を発達させる ④ 肺を強化する ⑤ 体が不自由な人でも取り組める

　トピック・センテンスとサポーティング・センテンスの関係を知ることで，たとえパラグラフの中に意味のよくわからない文があったとしても，その文の役割がわかります。

　たとえば，It will even strengthen the lungs. の lungs の意味がわからないとしても，「水泳のすばらしさについての具体例の1つだな」と認識できれば，文脈の理解に大きな影響はありません。

水泳は運動の最高の形の1つです。それは心臓の動きを改善することができます。それはまた，血液の循環を助けます。水泳は強い筋肉を発達させるでしょう。それは肺までも強化するでしょう。体が不自由で，ほかのスポーツを楽しめない人は，水泳によって体をより良い状態に保つことができます。

長文を読んでいて混乱する理由の1つが，「抽象と具体のどこにいるのかがわからなくなる」ことです。具体例の話に引きずりこまれて，肝心の大筋を見失ってしまうのです。**抽象と具体の関係をつかんで，「木を見て森を見ず」ではなく，「木も森も見る」**ことが大切です。

Q&A

Q トピック・センテンスの位置はいつもパラグラフの先頭なのですか？

A 英語は「抽象から具体へ」という原則で書かれることが多いため，「先頭」にくることが圧倒的に多くなります（約80％）。ただし，「真ん中」や「最後」に書かれることもあります。

Q トピック・センテンスはどうやって見つければよいのですか？

A 「抽象的に書かれているところを見つける」というのは，じつは難しいことです。発想を変えて，具体例を探して，それ以外の部分から探しましょう。また，逆接の後ろに大事なことが書かれますので，**But の後ろも要チェック**です。ただし，今回扱ったパラグラフの書き方はあくまでも原則です。「パラグラフ全部が具体例で，トピック・センテンスがない」という場合もあります。

さあ，問題演習！具体例を線で囲んでみようね！

標 準 問 題

❷ 英文の解説

> ### 第1パラグラフ

❶A smile is a very important thing / in life. ❷We all need a
　　ほほえみはとても大切なものだ　　人生において　私たちはみなほほえみが

smile / and we all want a smile. ❸We should also give a smile /
必要だ　そして私たちはみなほほえみがほしい　私たちはまたほほえみを与えるべきだ

but sometimes it is very difficult / to give one. ❹When you are
　　しかしときにそれはとても難しい　ほほえみを与えることは　　　疲れているとき

tired, / when you are angry, / or when you are sad, / it is difficult /
　　怒っているとき　　　　　または悲しいとき　　　それは難しい

to give a smile.
ほほえみを与えることは

☞今回から，英文中のサポーティング・センテンス（具体例）を□で示します。

> ### 文脈・論理

❸の **sometimes** を❹で具体化している流れに注目しましょう。

> | 抽象 | ときにほほえみを与えることは難しい |
> | --- | --- |
> | ↓ | |
> | 具体 | ①疲れているとき　②怒っているとき　③悲しいとき |

なお，❹のように **and** や **or** で3つ以上の語，句，節を並べるとき，次のように，まずはカンマでつなぎ，**and** や **or** は最後に列挙するものの直前でのみ使います。数が増えても同じです。

> ● *A*, *B*, **and** *C*　「AとBとC」
>
> ● *A*, *B*, **or** *C*　　「AまたはBまたはC」

見方を変えれば，たくさんのものが列挙されているときに **and** や **or** が見えたら，「次にくるものが列挙の最後」と予測できます。

❺Japanese often smile / when they don't know / what to do.
　　日本人はしばしばほほえむ　　　　わからないときに　　　　　何をすべきか

❻When I ask my students some questions / and they cannot
　　　　　私が生徒に質問するとき　　　　　　　　　　そして答えられないとき

answer, / they smile.　❼Sometimes / I go to the department store /
　　　　　彼らはほほえむ　　　ときどき　　　　　　　私はデパートに行く

and ask the clerk something / in English.　❽The clerk smiles / but
　　そして店員に何かたずねる　　　　　英語で　　　　店員はほほえむ　　　しかし

does not answer.
　答えない

〉 文脈・論理

　この段落も，抽象と具体の流れで書かれています。具体例はどこからどこまでか？ 具体例は何個あるのか？ という視点をもちましょう。

抽象　日本人はどうしたらいいのかわからないときにほほえむ
　↓
具体　① 生徒が質問に答えられないとき
　　　② 店員が英語の質問に対応できないとき

〉 文法 〈疑問詞 + to *do*〉

〈疑問詞 + to *do*〉で，以下のような名詞のカタマリをつくります。訳し方がいろいろありますので，文脈に合わせて適切なものを使ってください。

● **what** to *do* 「何をしたらいいのか，どうすべきか」

● **how** to *do* 「どのようにしたらいいのか，どのようにすべきなのか，〜の仕方」

● **when** to *do* 「いつしたらいいのか，いつすべきなのか」

● **where** to *do* 「どこでしたらいいのか，どこですべきなのか」

❺... when they don't know what to do.
　　　　　 S'　　 V'　　　　 O'
「彼らが何をすべきかわからないとき」

90

第3パラグラフ

❾Sometimes / Americans smile / when Japanese don't smile. ❿For
ときどき　　アメリカ人はほほえむ　　　日本人がほほえまないときに

example, / in Japanese restaurants, / waiters and waitresses don't
たとえば　　　　日本のレストランでは　　　ウェイターやウェイトレスはほほえまない

smile. ⓫Japanese waiters and waitresses / bow and bow deeply.
　　　　日本人のウェイターやウェイトレスは　　　何度も深々とおじぎする

⓬But in America, / waiters and waitresses smile. ⓭They smile / and
　　しかしアメリカでは　　ウェイターやウェイトレスはほほえむ　彼らはにっこり笑い　そして

they say, / "May I help you?" ⓮Then / they smile again.
言う　　「いらっしゃいませ」と　　そして　彼らは再びほほえむ

Lesson
4
パラグラフの原則を理解しよう！

> 文脈・論理

具体例を示すディスコース・マーカー，**For example** に注目しましょう。

抽象	日本人がほほえまない場合でもアメリカ人はほほえむ

↓

具体	レストランの例

【日　　本】ウェイターやウェイトレスはほほえまず，深くおじぎする
⇕
【アメリカ】ウェイターやウェイトレスはほほえむ

第4・5パラグラフ

⓯Americans smile / at people / they don't know. ⓰This smiling
アメリカ人はほほえむ　　人たちに　　彼らが知らない　　　このほほえみは

shows / that they are friendly. ⓱Usually, / Japanese don't smile /
示す　　彼らが友好的であることを　　　ふつう　　日本人はほほえまない

at strangers. ⓲When I was sitting / in a hotel lobby / with a
知らない人たちに　　　私が座っていたとき　　ホテルのロビーで　　　日本人の

Japanese friend / and was waiting for another friend, / a small
友人と　　　　　　　　　そして別の友人を待っていたとき

group of Americans came / into the lobby / and smiled at us.
アメリカ人の小集団が来た　　　　ロビーへ　　そして私たちにほほえみかけた

❶I smiled too / **but** my Japanese friend did not.　❷He said, / "Do you

　私もほほえんだ　　　　　しかし日本人の友人はしなかった　　　　彼は言った「あのアメリカ人

know those Americans?"

たちを知っているの？」

　　❷"No."　❷"How strange!" / my friend said.　❷"Then / why did

　　「いいえ」　　「不思議だ！」　　　私の友人は言った　　　「では　　　　なぜ

you smile at them?" / he said.　❷I answered, / "Because smiling

彼らにほほえんだの？」　　　　彼は言った　　　私は答えた　　　「なぜならアメリカでは

in America / is a part of good manners."

ほほえみは　　　　　良いマナーの一部だから」と

〉 文脈・論理

　やはり，このパラグラフもきちんと抽象と具体になっています。ここでは，より具体的に体験談を用いています。

> | 抽象 | アメリカ人は知らない人にほほえむが，日本人はほほえまない |
> |---|---|
> | ↓ | |
> | 具体 | ホテルのロビーにて |
>
> 【私＝アメリカ人】　知らないアメリカ人にほほえむ
>
> 　　　　　　　　　　　　↕
>
> 【友人＝日本人】　　知らないアメリカ人にほほえまない

　❷以降でパラグラフが変わっていますが，内容自体は具体例を引き継いでいます。同じパラグラフにおさめても問題はありませんが，話を結末に向かわせるために，いったん区切っているようです。パラグラフの原則を理解したうえで，柔軟にとらえましょう。

〉 文脈・論理

　同じことをあえて別の表現に置き換えることも，英語の特徴の1つです。「これとこれはいっしょだな」ということを考えながら読み進めましょう。

❶Americans smile at people they don't know.

❶Usually, Japanese don't smile at strangers.

❷ 設問の解説・解答

|解説|

問1　Why do American people smile? 「なぜアメリカ人はほほえむのですか」と聞かれていますので，Because 〜 . で答えましょう。ある程度，複数の解答パターンが考えられます。「該当箇所を本文中から見つけ，形を整える」という作戦でやってみましょう。

❷❹ Because smiling in America is a part of good manners. とあります。このままでも大丈夫ですが，内容が質問と重なる部分を少し省略して，次のようにします。

Because smiling is a part of good manners.

または，⓰ This smiling shows that they are friendly. を利用して，Because they want to show they are friendly. のようにも書けますね。

問2

ア　私たちは，幸せでないときにほほえむのは簡単ではない。
　　→❹に「疲れているとき，怒っているとき，悲しいときは難しい」とあります。

イ　アメリカ人の店員は，質問にどう答えたらよいかわからないときにほほえむ。
　　→第2パラグラフは，アメリカ人の店員ではなく日本人の店員の話です。

ウ　日本のデパートの店員は英語で質問されると，笑顔で答える。
　　→❽には「店員はほほえむものの，答えません」とあります。

エ　アメリカでは，ウェイターとウェイトレスは良い人なのでほほえむ。
　　→本文には，アメリカのウェイターやウェイトレスはほほえむとの記述がありますが，その理由が good people だから，とは書かれていません。

オ　日本人は，知らない人にほほえみかけることが良いマナーの一部だと考える。
　　→❷❹には「ほほえみはアメリカのマナー」とあります。

カ　アメリカ人は初対面の人にほほえむ。彼らはそれが友好的であることを示すと考えるからだ。
　　→⓯，⓰に同内容のことが書かれています。

キ　著者の友人は，ホテルのロビーにいたアメリカ人たちが，なぜ見知らぬ人にほほえみかけたのかわからなかった。
　　→㉒，㉓で，このことを疑問に思い，理由をたずねています。

ク　アメリカでのみ，ほほえみはとても大切なことだ。
　　→ only が極端すぎます。第1パラグラフで，「ほほえみは人生で大切だ」と国を問わず普遍的に言ったうえで，日米のちがいについて書いています。

|解答|

問1　|解答例|　Because smiling is a part of good manners.
　　　|別解|　Because they want to show they are friendly.

問2　ア　カ　キ

第1パラグラフ

❶ ほほえみは人生においてとても大切です。❷ 私たちはみなほほえみを必要とし，ほほえみを欲しています。❸ 私たちはまた，ほほえみを与えるべきですが，ときにはとても難しいこともあります。❹ 疲れているとき，怒っているとき，悲しいときには，ほほえみを与えるのは難しいことです。

第2パラグラフ

❺ 日本人はどうしたらいいのかわからないとき，しばしばほほえみます。❻ 私の生徒に質問をすると，彼らは答えられないときにほほえみます。❼ 私はときどきデパートに行って，店員に英語で何かをたずねます。❽ 店員はほほえむものの，答えません。

第3パラグラフ

❾ 日本人がほほえまないときに，アメリカ人がほほえむこともあります。❿ たとえば，日本のレストランでは，ウェイターやウェイトレスはほほえみません。⓫ 日本人のウェイターやウェイトレスは何度も深々とおじぎをします。⓬ しかしアメリカでは，ウェイターやウェイトレスはほほえみます。⓭ 彼らはほほえみ，「いらっしゃいませ」と言います。⓮ そして，再びほほえみます。

第4パラグラフ

⓯ アメリカ人は，知らない人に対してもほほえみます。⓰ このほほえみは友好的であることを示します。⓱ ふつう，日本人は知らない人にはほほえみません。⓲ 日本人の友人とホテルのロビーで座って別の友人を待っていたとき，数名のアメリカ人グループがロビーに入ってきて，私たちにほほえみました。⓳ 私もほほえみましたが，日本人の友人はほほえみませんでした。⓴「あのアメリカ人たちを知っているの？」と彼は言いました。

第5パラグラフ

㉑「いいえ」㉒ 友人は「不思議だ！」と言いました。㉓「それじゃあ，どうしてほほえみかけたの？」と彼は言いました。㉔「アメリカでは，ほほえみは良いマナーの一部だから」と私は答えました。

パラグラフの構造を意識すると，英文が理解しやすくなりますね！

論理チャート

ほほえみは大切

- 日本人はどうしたらいいかわからないときにほほえむ

  > 例 ① 生徒が質問に答えられないとき
  > ② 店員が英語の質問に対応できないとき

- 日本人がほほえまない場合でもアメリカ人はほほえむ

  > 例 レストラン
  >
  > 日 本 人 ウェイターやウェイトレスはほほえまない
  > ↕
  > アメリカ人 ウェイターやウェイトレスはほほえむ

  > 例 ホテルでの体験
  >
  > 日 本 人 知らない人にほほえまない
  > ↕
  > アメリカ人 知らない人にもほほえむ

Lesson
4
パラグラフの原則を理解しよう！

ボキャブラリー・リスト

□ tired	形	疲れた	□ waitress	名	ウェイトレス
□ angry	形	怒った	□ bow	動	おじぎをする
□ what to *do*		何をすべきか	□ deeply	副	深く
□ department store		デパート	□ lobby	名	ロビー
□ clerk	名	店員	□ wait for ～		～を待つ
□ restaurant	名	レストラン	□ strange	形	不思議だ
□ waiter	名	ウェイター	□ manners	名	マナー（複数形扱い）

❯ 英文の解説

第1パラグラフ

❶American and British people both speak English, / of course, /
アメリカ人とイギリス人は両方とも英語を話す　　　　　もちろん

but sometimes / it does not seem like the same language.　❷In fact, /
しかしときどき　　　　　同じ言語のようには思えない　　　　　実際に

there are 　some important differences 　/ between British English
　　重要なちがいがある　　　　　　　　　　イギリス英語とアメリカ英語の

and American English.
あいだには

❯ 文脈・論理

In fact には，次の2つの用法がありましたね。

- ●前文の内容を裏づける　　　→「実際に」
- ●前文とは別の真実を伝える　→「（ところが）実際は」

このパラグラフでは，次のように共通点と相違点について書かれています。

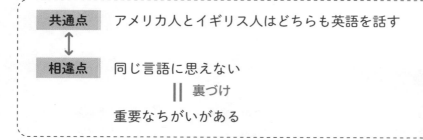

| 共通点 | アメリカ人とイギリス人はどちらも英語を話す |

相違点　同じ言語に思えない
‖ 裏づけ
重要なちがいがある

　In fact 以下で，「重要なちがいがある」と言っていますので，相違点を裏づけ，強調しています。ということは，次のパラグラフ以降ではアメリカ英語とイギリス英語のちがいについて語られるという方向性が予測できます。

第2パラグラフ

❸First of all, / they sound very different. ❹Often, / Americans
第一に　　　　それらはとても異なって聞こえる　　　　しばしば　　　アメリカ人は

don't say all the letters / in each word, / especially consonants / like
すべての文字を言うわけではない それぞれの単語の中の　　　とくに子音は

"t" and "d." ❺For example, / Americans may say "I dunno" /
"t" や "d" のような　　　たとえば　　　アメリカ人は "I dunno" と言うかもしれない

instead of "I don't know," / or they may say "Whaddya say?" /
"I don't know" の代わりに　　　また，彼らは "Whaddya say?" と言うかもしれない

instead of "What do you say?" ❻However, / the British usually
"What do you say?" の代わりに　　　しかし　　　イギリス人はたいてい

pronounce their consonants / more carefully.
子音を発音する　　　　　　　よりていねいに

Lesson 4

パラグラフの原則を理解しよう！

〉 文脈・論理

　トピック・センテンスはどれでしょう？ そう，❸ですね。❹〜❻が❸の具体例です。❺に
For example がありますが，これは❹についての具体例です。ということで，抽象・具体
が3つの階層から成り立っています。

> **抽象**　異なって聞こえる
> ↓
> **具体**　【アメリカ英語】すべての文字を発音するわけではない（とくに子音）
> 　　　　　　　　　　 "I dunno" / "Whaddya say?"
> 　　　　【イギリス英語】子音をていねいに発音する

第3パラグラフ

❼Also, / some letters have different sounds. ❽For example, /
また　　　いくつかの文字はちがう音をもつ　　　　　　たとえば

Americans say the "a" in "half" / like the "a" in "cat," / but the
アメリカ人は "half" の "a" を言う　　　"cat" の "a" のように　　　しかし

British say the "a" in "half" / like the "o" in "soft." ❾The "r" is
イギリス人は "half" の "a" を言う　　　"soft" の "o" のように　　　"r" の音も

sometimes said differently, too. ⑩When an American says "farmer," /
ときどきちがうように言われる　　　　　　　アメリカ人が "farmer" と言うと

you can usually hear the "r." ⑪But you can't hear the "r" / in
たいてい "r" の音が聞こえる　　　　　　しかし "r" の音が聞こえない

British English. ⑫The British say "fahmah."
イギリス英語では　　　　イギリス人は "fahmah" と言う

〉 文脈・論理

この段落のトピック・センテンスはどれでしょう？ そう，❼ですね。

抽象	文字の音が異なる

↓

具体	【アメリカ英語】 "**half**" の "**a**" の音が "**cat**" の "**a**"
	"**fa**r**mer**" の "**r**" が聞こえる
【イギリス英語】	"**half**" の "**a**" の音が "**soft**" の "**o**"
	"**fa**r**mer**" の "**r**" が聞こえない

↕

第4パラグラフ

⑬Sound is not │the only difference│ / between the two Englishes.
　　　音だけが唯一のちがいではない　　　　　　　　2つの英語のあいだの

⑭The two languages have different words / for some things.
　　　　　2つの言語は異なる単語をもつ　　　　　　　　いくつかの物に

⑮For example, / │the words│ for clothing / are different.
　　　たとえば　　　　衣服の単語は　　　　　　　異なる

⑯Americans use the word "sweater," / but the British say "jumper."
　アメリカ人は "sweater" という単語を使う　　　しかしイギリス人は "jumper" と言う

⑰Americans wear "vests" / over their shirts, / but in England /
　アメリカ人は "vest" を着る　　　　シャツの上に　　　　しかしイギリスでは

they wear "vests" / under their shirts. ⑱An American man wears
　"vest" を着る　　　　　　　シャツの下に　　　　アメリカ人男性は "tuxedo" を着る

a "tuxedo" / to a very fancy party, / but an Englishman wears a
　　　　　　とても豪華なパーティーに　　　　しかしイギリス人男性は

> "dinner-jacket." ⑲Americans talk about "pants" or "slacks," / but
> "dinner-jacket" を着る　　　アメリカ人は "pants" や "slacks" について話す　　　　しかし
>
> the British talk about "trousers."
> イギリス人は "trousers" について話す

〉 文脈・論理

　このパラグラフのトピック・センテンスはどれでしょうか？ ⓲は前のパラグラフの内容を繰り返しているだけなので，⓳がトピック・センテンスですね。

抽象 → **具体**

抽象　物の名称が異なる

具体　衣服の名称が異なる

【アメリカ英語】

sweater
vest はシャツの上
tuxedo
pants / slacks

【イギリス英語】

jumper
vest はシャツの下
dinner-jacket
trousers

アメリカの vest

イギリスの vest

〉 語彙　可算名詞と不可算名詞

　English は通常，I study English. のように，**an** をつけたり，複数形にしたりしない，数えられない名詞（不可算名詞）と習いました。では，なぜ，⓲の文では複数形になっているのでしょう？

> ⓲ Sound is not the only difference between the two **Englishes**.

　単語ごとに「この名詞は可算名詞で，あの名詞は不可算名詞だ」というように区別して覚えるよりも，次の原理・原則を理解するほうが応用が利きます。

| 可算名詞 | （数えられる名詞） | → | 輪郭や境界線がはっきりしている |
| 不可算名詞 | （数えられない名詞） | → | 輪郭や境界線があいまい |

たとえば，**language** という単語も，可算と不可算を使い分けます。

| 可算名詞 | →「個別の言語」 |

例　She can speak two **languages**.
　　「彼女は 2 カ国語を話せます」

| 不可算名詞 | →「手段や能力としての言語」 |

例　Humans have the ability to use **language**.
　　「人間は言語を使う能力をもっています」

　今回はイギリス英語とアメリカ英語を別の 2 つの言語と認識しているので，**Englishes** と複数形で表現しています。

〉 語彙 衣服の単数と複数

---

pants / slacks / trousers など下半身に着けるものは 1 着でも複数扱いされます。これは**2 本の脚にはくものなので複数と意識される**からです。腕も 2 本ありますが，上半身に着るものは腕よりも胴をおおうものととらえられるため，1 着ならば **a shirt / a sweater** と単数扱いです。

第 5 パラグラフ

⑳ Many ways of saying / are also different / in the two countries.
　　多くの言い回しも　　　　　また異なる　　　　　2 つの国では

㉑ In England, / if you are going to telephone friends, / you "ring them
　イギリスでは　　　もしあなたが友人に電話をかけようとすると　あなたは彼らに "ring up"

up." ㉒ In America, / you "give them a call." ㉓ The British use the
する　　　アメリカでは　　あなたは彼らに "give a call" する　　　イギリス人は

word "lovely" / to describe something they like. ㉔ Americans use the
"lovely" という単語を使う　何か好きなものを表現するために　　アメリカ人は "nice" や

word "nice" or "great."
"great" を使う

> 文脈・論理

このパラグラフは，冒頭の❷⓪がトピック・センテンスです。

抽象 | 言い回しも異なる
↓
具体

	アメリカ英語	イギリス英語
電話をかける	give a call	ring up
好きなものの表現	nice / great	lovely

Lesson **4**

パラグラフの原則を理解しよう！

第6パラグラフ

❷⑤ There are also some differences / in grammar. ❷⑥ For example, /
またいくつかのちがいがある　　　　　　　文法で　　　　たとえば

Americans almost always use "do" / with the verb "have." ❷⑦ They
アメリカ人はほとんどつねに "do" を使う　　動詞 "have" といっしょに　　彼らは

might say, / "Do you have an extra pen?" ❷⑧ The British often ask the
言うかもしれない　"Do you have an extra pen?" と　　　イギリス人はたいてい

question / in a different way. ❷⑨ They might say, / "Have you got an
質問する　　ちがう方法で　　　彼らは言うかもしれない　　"Have you got an

extra pen?"
extra pen?" と

> 文脈・論理

このパラグラフでも，冒頭の❷⑤がトピック・センテンスです。このようにトピック・センテンスが冒頭にくる確率は，文中や文末に比べ，かなり高くなっています。

抽象 | 文法にもちがいがある
↓
具体 | 【アメリカ英語】 **"do"** と **"have"** をいっしょに使う
　　　　↑　　　　　例 "Do you have an extra pen?"
　　【イギリス英語】 ちがう方法で言う
　　　　　　　　　例 "Have you got an extra pen?"

㉚ These differences can be confusing / if you are learning English.

これらのちがいは混乱させる可能性がある　　　もしあなたが英語を学んでいるならば

㉛ But there is a reason / for the differences. ㉜ Languages change /

しかし理由がある　　　　そのちがいには　　　　言語は変化する

over time. ㉝ When the same language is used / in different places, /

時を経て　　　　　　　同じ言語が使われると　　　　　異なる場所で

it changes differently / in each place. ㉞ This is what happened / to

それは異なって変化する　　それぞれの場所で　　　これが起こったことだ

English. ㉟ It also happened / to other languages , / such as French.

英語に対して　　それはまた起こった　　　ほかの言語に対して　たとえばフランス語のような

㊱ Many people in Canada / speak French, / but their French is

カナダの多くの人は　　　　　　フランス語を話す　　　　しかし彼らのフランス語は

different / from the French / spoken in France.

異なる　　　　　　フランス語と　　　フランスで話されている

> 文脈・論理

　このパラグラフのトピック・センテンスはどこでしょう？ 英語でも日本語でも逆接はその**後ろが大事**です。㉛では，ちがいの理由を言っていません。㉜で初めて理由をハッキリと言いました。ということで，㉜，あるいは，よりハッキリと説明している㉝がトピック・センテンスと言えるでしょう。しかしトピック・センテンスを1文に限定して厳密に考える必要はありません。大事なことは，**抽象と具体の関係**をつかみ，筆者の論理をしっかりと追うことです。

㉛ 「ちがいには 理由 がある」
　　　↓ 具体化
㉜ 「言語というものは時を経て変化する」
　　　↓ 具体化
㉝ 「同じ言語が異なる場所で使われると，それぞれの場所で異なって変化する」
　　　例　フランス語

❷ 設問の解説・解答

解説

問1　この設問は，トピック・センテンスとサポーティング・センテンスの抽象と具体の関係を問う問題です。各パラグラフの解説を読んでください。

問2

a　アメリカ人はふつう子音を言うことにあまり注意を払わない。

　　→ ❹に記述があります。

b　**イギリス英語はアメリカ人にとって理解しやすい。**

　　→ 本文に記述がありません。

c　**英語のいくつかの文字はふつうではない音をもつ。**

　　→ 本文に記述がありません。アメリカ英語とイギリス英語はちがいますが，そのことを unusual とは言えません。

d　**衣服のことばはアメリカとイギリスで同じだ。**

　　→ 第4パラグラフにさまざまなちがいの例があげられています。

e　**アメリカ人は質問するときに "do" を使わない**

　　→ アメリカ人は "Do you have an extra pen?" のように "do" を使います。

f　英語は場所によって異なるので，英語学習者は混乱する可能性がある。

　　→ ㉚に記述があります。

g　**イギリス英語こそが唯一の英語だ。**

　　→ 本文に記述がありません。アメリカ英語，イギリス英語，どちらも英語です。

h　カナダで話されているフランス語もまた，時を経て変化した。

　　→ 第7パラグラフで，「言語も時を経て変化する」ことの具体例として書かれています。

解答

問1　① d　　② a　　③ c　　④ b

問2　a f h

全文訳

第1パラグラフ

❶アメリカ人とイギリス人はもちろんどちらも英語を話すが，ときに同じ言語のようには思えないこともある。❷実際に，イギリス英語とアメリカ英語にはいくつかの重要なちがいがある。

第2パラグラフ

❸第一に，それらはとても異なって聞こえる。❹多くの場合，アメリカ人はそれぞれの単語のすべての文字を言うわけではなく，とくに "t" や "d" のような子音の場合はそうである。

❺たとえば，アメリカ人は "I don't know" ではなく "I dunno"，あるいは "What do you say?" の代わりに "Whaddya say?" と言うかもしれない。❻しかし，イギリス人はたいてい，子音をよりていねいに発音する。

第3パラグラフ

❼また，いくつかの文字は音が異なる。❽たとえば，アメリカ人は "half" の "a" を "cat" の "a" のように言うが，イギリス人は "soft" の "o" のように言う。❾"r" も異なって発音されることがある。❿アメリカ人が "farmer" と言うとき，たいてい "r" が聞こえる。⓫しかし，イギリス英語では "r" は聞こえない。⓬イギリス人は "fahmah" と言う。

第4パラグラフ

⓭2つの英語のちがいは音だけではない。⓮2つの言語はいくつかの物に対して，別の単語を用いる。⓯たとえば，衣服についての単語は異なる。⓰アメリカ人は "sweater" を使うが，イギリス人は "jumper" と言う。⓱アメリカ人はシャツの上に "vest" を着るが，イギリスではシャツの下に "vest" を着る。⓲アメリカ人男性はとても豪華なパーティーに "tuxedo" を着るが，イギリス人男性は "dinner-jacket" を着る。⓳アメリカ人は "pants" や "slacks" について話すが，イギリス人は "trousers" について話す。

第5パラグラフ

⓴多くの言い回しもまた2つの国では異なる。㉑イギリスでは，友人に電話をかける際に，"ring up" する。㉒アメリカでは彼らに "give a call" する。㉓イギリス人は好きなものを表現するのに "lovely" という単語を使う。㉔アメリカ人は "nice" や "great" を使う。

第6パラグラフ

㉕文法にもまたちがいがある。㉖たとえば，アメリカ人はほとんどつねに動詞 "have" といっしょに "do" を用いる。㉗彼らは "Do you have an extra pen?" と言うかもしれない。㉘イギリス人はたいてい別の言い方で質問する。㉙彼らは "Have you got an extra pen?" と言うかもしれない。

第7パラグラフ

㉚もしあなたが英語を学んでいるのなら，これらのちがいに混乱する可能性がある。㉛しかし，ちがいには理由がある。㉜言語というものは時を経て変化する。㉝同じ言語が異なる場所で使われると，それぞれの場所で異なって変化する。㉞これが英語で起きたことだ。㉟それはまたフランス語のようなほかの言語でも起こった。㊱カナダの多くの人がフランス語を話すが，彼らのフランス語はフランスで話されているものとは異なっている。

論理チャート

アメリカ英語とイギリス英語は異なる

① 子音の発音

② 文字の発音

③ 物の名前

④ 言い回し

⑤ 文法のちがい

↓

理由 言語は異なる場所で使われると，それぞれの場所で変化する

ボキャブラリー・リスト

☐ language	名	言語	☐ differently	副	ちがって
☐ difference	名	ちがい	☐ describe	動	描写する
☐ first of all		まず第一に	☐ grammar	名	文法
☐ sound	動	聞こえる	☐ verb	名	動詞
☐ letter	名	文字	☐ extra	形	余分な
☐ especially	副	とくに	☐ over time		時を経て
☐ consonant	名	子音	☐ place	名	場所
☐ instead of ~		~の代わりに	☐ French	名	フランス語
☐ pronounce	動	発音する	☐ Canada	名	カナダ
☐ carefully	副	ていねいに			

今までとちがった視点でパラグラフを見ることができるようになったかな？

アメリカ英語とイギリス英語

　以前，シンガポール人の方と話した際に「カルパ」ということばが出てきました。何のことだかサッパリわかりません。よくよく聞くと，car park「駐車場」のことでした。ちなみに，アメリカ英語では parking lot と言います。シンガポール英語はシングリッシュ（Singlish）として知られていますが，イギリス植民地だった経緯もあり，単語やそのつづりはイギリス英語です。

　日本の英語教科書はアメリカ英語で書かれていますので，アメリカ英語が世界を圧倒しているのかと思いがちですが，ヨーロッパ諸国やインドなどの旧イギリス植民地ではイギリス英語も優勢です。

　上級者になると，アメリカ英語とイギリス英語のどちらで学ぶべきか，迷うこともあります。しかし，一方をしっかりと身につけていれば，多少の慣れはいるものの，他方がわからないということはまずありません。ちなみに，アメリカ英語とイギリス英語では次のような単語のちがいがあります。

	アメリカ英語	イギリス英語
地下鉄	subway	underground
エレベーター	elevator	lift
サッカー	soccer	football
建物の1階	first floor	ground floor

　学習者の姿勢としては，「日本人英語でもいいじゃないか！」と開き直るのではなく，発音はアメリカ人またはイギリス人のどちらかをモデルにして，徹底的にまねることが大切です。それでも日本人らしさは必ず残るものです。そして，書くときにはつづりを一貫させ，リスニングでは幅広い発音で聴くことが大切です。TOEIC® テストのリスニング試験も，アメリカ，イギリス，カナダ，オーストラリア（ニュージーランドを含む）の4つの国の発音で出題されています。

　そういえば関西弁では，「駐車場」のことを「モーター・プール」と呼びます。駐車場は呼び名が変わりやすいものなのでしょうか？ ちなみに英語で motor pool / car pool というと，「自動車の相乗り」を意味します。

ライティングの原則を理解しよう！

今回は，「英文がどのように書かれているのか？」，その裏側を見てみましょう。

ファイブ・パラグラフ・エッセイとは？

英文の書き方を知っていますか？「型」と言ってもいいでしょう。えっ，起承転結？ちがいますよ。

文章を書くトレーニングに**ファイブ・パラグラフ・エッセイ**と呼ばれるものがあります。文字どおり5つのパラグラフからなるエッセイです。以下のような構成で書かれます。これを通じて，英文ライティングについて学んでいきましょう！

ファイブ・パラグラフ・エッセイの構成

Introduction（導入）➡背景や主張

Body ①➡理由や具体例①

Body ②➡理由や具体例②

Body ③➡理由や具体例③

Conclusion（結論）➡主張を繰り返す

通称，ハンバーガー・エッセイ

日本語で「エッセイ」というとやわらかめの随筆をさしますが，英語の場合は大学の小論文の課題（アカデミック・エッセイ）など，かためのものまで含めます。

ステップ❶：ブレーン・ストーミング

かりに「早期英語教育について，あなたはどう思いますか？」というお題でエッセイを書くとします。最初のステップは，ブレーン・ストーミング，略してブレストです。通常，会議など少人数で意見を自由に出し合うことをさしますが，1人でもおこなえます。紙に「早期英語教育」に賛成，反対の両方の理由を，思いつくかぎり書き出してみましょう。ここではいったん，日本語であげていきます。

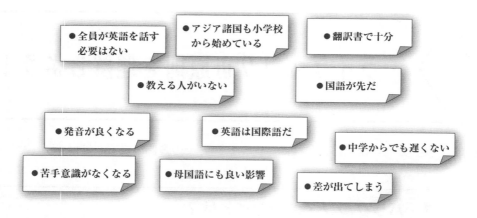

ステップ❷：草稿（ラフ・ドラフト）の作成

　アイデアを出しきったところで，自分の立場をハッキリさせます。「早期英語教育に賛成」あるいは「早期英語教育に反対」のどちらかに立場を決めましょう。そして，先ほど出したアイデアから，主張を支えるための理由を3つ選び，構成を考えて文章化します。ここで文章全体の基本的な骨組みが決まりますので，何度も何度も繰り返し書き直しましょう。

早期英語教育に賛成の例

　主張　I support the idea of early English education.
　　　　私は早期英語教育に賛成だ。

　理由　① The importance of English is increasing.
　　　　　英語の重要性は増している。
　　　　② To learn good pronunciation, we need to start early.
　　　　　良い発音を学ぶためには，早く始める必要がある。
　　　　③ Other Asian nations have already started early English education.
　　　　　ほかのアジア諸国は，すでに早期英語教育を始めている。

ステップ❸：書く！書く！書く！

　さあ，構想が固まったら，骨組みに肉づけしていきます。具体例を加えたり対比したりしながら，説得力をもたせていきます。通常は300〜500語程度ですが，今回はダイジェストバージョンです。

Early English education is a good idea

　In Japan, English education in elementary school has started. Some people think it is not a good idea, but I think early English education is a good idea.

First, the importance of English is increasing. In the past we studied English to communicate with people from English-speaking countries, like America or the U.K. Now, we can use English to communicate even with Asian people.

Moreover, English has many sounds that are not in Japanese. In order to learn good pronunciation, we need to start early.

Other Asian nations have already started early English education. In Korea, early English education has already been introduced and I hear their English skills are getting better.

With these reasons, I support the idea of early English education in Japan.

導入と結論では，同じ内容について，表現を変えて繰り返します。このことにより一貫性が保たれます。書き終えたら，誤字脱字やわかりにくい表現がないかなど推敲（すいこう）を重ねて，完成となります。

全文訳

早期英語教育は良い考えだ

日本で小学校での英語教育が始まった。それは良くない考えだと思っている人もいるが，私は早期英語教育は良い考えだと思う。

第一に，英語の重要性は増している。過去には，私たちはアメリカやイギリスのような英語を話す国からの人々とコミュニケーションをとるために英語を勉強した。今では，アジアの人々とコミュニケーションをとるためにも英語を使うことができる。

さらに，英語には日本語にはないたくさんの音がある。良い発音を学ぶためには，早く始める必要がある。

ほかのアジア諸国は，すでに早期英語教育を始めている。韓国では，早期英語教育がすでに導入され，彼らの英語のスキルは向上しているそうだ。

これらの理由から，私は日本における早期英語教育の考えを支持する。

ライティングの原則を知ることは，リーディングにもプラスになるよ。ハンバーガーのイメージをもって次の問題演習に取り組もう！

標 準 問 題

❷ 英文の解説

第1パラグラフ

❶The octopus may look strange / because of its eight legs and
タコは奇妙に見えるかもしれない　　　　　　　　8本の足と小さな体のために

small body, / **but** it is in fact / one of the smartest animals / in the
　　　　　　　しかし実際は　　　　　最も賢い動物の1つだ

world. ❷It is interesting / that the octopus is an animal / without
世界中で　　　それは興味深い　　　　　タコが動物だということは　　　　　

a backbone.　❸**Although** we know many smart animals / with
背骨がない　　　　　　私たちはたくさんの賢い動物を知っているが

backbones , / such as dogs or cats, / the octopus is the only animal /
背骨をもった　　　犬や猫のような　　　　　　タコは唯一の動物だ

without a backbone / that is so smart.
　　背骨がない　　　　　　とても賢い

> 文脈・論理

---

in fact には「実際に」と前の内容を裏づける用法と，「（ところが）実際は」と意外な事実を伝える用法があります。今回は後者です。

❶... , but it is **in fact** one of the smartest animals in the world.
意外な事実

第2パラグラフ

❹Scientists say / that octopuses can learn information / and then
　　科学者は言う　　　　　　　タコは情報を学ぶ　　　　　　そしてそれを使う

use it / in new ways. ❺For example, / they sometimes climb / inside
　　　　新しい方法で　　　たとえば　　　　　彼らはときどきのぼる

fishing boats /and hide / in tanks / full of crabs, / one of their favorite
漁船の中に　そして隠れる　水槽に　カニでいっぱいの　　彼らの好物の1つだ

110

<u>foods.</u> ❻They have also learned / how to steal fish / from traps.
　　　　　彼らはまた学ぶ　　　　どのように魚を盗むかを　　罠（わな）から

〉 文法 同格のカンマ

❺のカンマの後ろで，前の名詞 crab の補足説明をしています。

❺ ... in tanks full of <u>crabs,</u> <u>one of their favorite foods.</u>
　　　　　　　　　「カニ」　　　　「好物の１つ」
　　　　　　　　　　　　　　補足説明

Lesson
5
ライティングの原則を理解しよう！

第3パラグラフ

❼One famous example happened / about 100 years ago / at an
　ある有名な事例が起こった　　　　　　　約100年前に　　　　水族館で

aquarium / in England. ❽An octopus came / out of its tank / at
　　　　　　イギリスの　　　　　タコが来た　　　　水槽から出て　　　夜に

night, / climbed into another tank nearby, / ate the fish / that was
　　　近くのほかの水槽にのぼって入り　　　　　　魚を食べた　　　　その

in that tank, / and then moved back / into its own tank. ❾This
水槽の中の　　　　そして戻った　　　　自分の水槽の中に　　　　これは

happened several times / before aquarium workers discovered / what
数回起こった　　　　　　　　水族館の職員が発見する前に　　　　何が

was happening. ❿In another famous story, / Inky, / an octopus in
起こっているかを　　　　別の有名な話では　インキーという　ニュージーランドの

New Zealand, / got out of his tank, / went down a pipe, / and was
タコが　　　　　自分の水槽から出て　　　パイプを下りて

able to go back / to the sea / without help.
戻ることができた　　海へ　　　助けなしで

〉 文脈・論理

　第3パラグラフでは，**one 〜 , another ...** を使って2つの具体例を紹介しています。**another** ということは，「まだまだ例はほかにもあるよ」ということを暗示しています。

文法 and の列挙

日本語で列挙するときには「①と②と③」のように「と」でつなぎますが，英語の場合は「①，②，and ③」のように最後の前に 1 回だけ and を使います。逆にいえば，and があったら「次で最後だな」と予想ができます。

❽An octopus came out of its tank at night, climbed into another
　　　　　　　　　　①　　　　　　　　　　　　　　　　②
tank nearby, ate the fish that was in that tank, and then moved
　　　　　　　③　　　　　　　　　　　　　　　　　　　　④
back into its own tank.

❿... Inky, an octopus in New Zealand, got out of his tank, went down
　　　　　　　　　　　　　　　　　　　　　①　　　　　　②
a pipe, and was able to go back to the sea without help.
　　③

第4パラグラフ

⓫Octopuses are also able / to play.　⓬In one study, / scientists
　タコはまたできる　　　　　遊ぶことが　　　　1つの研究で　　　科学者たちは

wanted to know / if two octopuses would play together / just like
知りたかった　　　　2匹のタコがいっしょに遊ぶかどうかを　　　　ちょうど

dogs or cats. ⓭They put an empty bottle / into an octopus tank, / and
犬や猫のように　　　　彼らは空きビンを置いた　　　　タコの水槽に　　　そして

soon / the two octopuses were shooting water / at the bottle. ⓮They
間もなく　　　2匹のタコは水を噴射した　　　　　　ビンに　　　タコたちは

pushed the bottle / backwards and forwards / between them / just
ビンを押した　　　　　　後ろや前に　　　　　彼らのあいだを　　ちょうど

like kids / playing with a ball. ⓯This shows / that octopuses can use
子どものように　ボールで遊んでいる　　これは示す　タコは物を使えるということを

the things / around them / for reasons / other than survival.
　　　　　身のまわりの　　　理由で　　生存以外の

語彙 study の意味

研究や実験の場面で用いられる study は「研究，研究する」という意味です。「勉強する」と同じ単語ですが「探求心をもって追究する」というニュアンスがあります。

> 文法 「〜かどうか」を意味する接続詞 **if**

if は動詞の目的語として名詞節として使われるときには，「〜かどうか」という意味になります。

❷ ... scientists wanted to know if two octopuses would play together ... .
      S   V   O（名詞節）

また，**if** の代わりに **whether** を使うこともできます。**if** のほうが口語的です。後ろに **or not** が続くこともあります。

I don't know **if**[**whether**] I can join **or not**.
「私は参加できるかどうかわかりません」

> 語彙 ⟨**put** + モノ + 場所⟩

put はいろいろな場面で使える基本動詞です。「置く」と覚えている人も多いでしょう。基本動詞は英英辞典で調べるとニュアンスがよくわかります。ネットで無料公開されている *Cambridge Dictionary* によれば，"to move something to a place or position" とあります。**put** には「移動させて，ある場所に落ち着かせる」という 2 段階の動作があります。ですので，**put** を見たら「何を？」「どこに？」という意識で準備しましょう。

❸ They **put** an empty bottle **into** an octopus tank ... .
               モノ   場所

第5パラグラフ

⓰ These things may not sound special / to us humans. ⓱ For animals, /
これらのことは特別にきこえないかもしれない　　私たち人間には　　動物にとっては

however, / octopuses are / at about the same level / as many other
しかし　　　　タコはいる　　　　同じぐらいのレベルに　　　　多くのほかの動物と

animals / that are very smart.
とても賢い

> 文法 譲歩を表す **may**

may は譲歩の合図です。「〜かもしれない，しかし…」という展開を予想しましょう。予

ライティングの原則を理解しよう！

Lesson **5**

想どおり，後ろに **however** がありますね。筆者が言いたいことは逆接以下に書かれています。

❯ 設問の解説・解答

解説

問1　just like が「ちょうど～のように」という比喩を導く表現なので，子どもがボールで遊んでいるようすに似たようなもので，前にあるものを選びます。

---

⑭ <u>They</u> <u>pushed the bottle backwards and forwards between them</u>
　　　　　　　ビンを後ろや前に押し合う

just like <u>kids playing with a ball</u>.
≒　　　　　ボールで遊ぶ子ども

問2　「背骨のない動物でこれほど賢いのはタコだけだ」と同じ内容のものを選びます。なお，下線部①の that は関係代名詞で，the only animal without a backbone を修飾しています。

　　1　タコは犬や動物のような背骨がある動物よりも賢い。
　　2　タコは背骨がないほかの種類の動物と同じくらい賢い。
　　3　タコは背骨がないすべての動物の中で最も賢い。
　　4　タコはほかの背骨がない動物よりも賢くない。

問3　夜，タコが魚を食べてしまうので，それに合わせた表現を入れましょう。b は「消えてしまう」「いなくなる」と同意の表現であれば **OK** です。

問4　この文章では，第1パラグラフが導入（introduction），第5パラグラフが結論（conclusion）となっています。結論には，導入で書いた内容を，表現を変えてもう一度繰り返します。以下の文と同じ意味になるように空所を埋めましょう。

---

❸Although we know many smart animals with backbones, such as dogs or cats, the octopus is the only animal without a backbone that is so smart.

問5　本文の根拠を押さえて，選択肢を選びましょう。
　　1　人間が近づいてきたので，タコは船から逃げ出した。
　　　➡本文に記述がありません。
　　2　タコは水族館でほかの魚のために用意したカニを食べた。
　　　➡❺に「漁船のカニの水槽に隠れた」とあります。

3　タコがパイプを通って，自力で海にたどり着いた。

　→ ❿に「助けなしで，水槽から出て，パイプを通り，海に帰った」とあります。

4　タコはビンを自分の家まで押して，新しい家をつくった。

　→ 本文に記述がありません。

問6　タイトルには，部分的でなく**文章全体を包含する**ものを選びましょう。そして，それは導入と結論のパラグラフにまとめられています。

1　賢いタコ
2　**海の中のタコ**
3　なぜタコはそんなに賢いのか
4　タコと同じくらい賢い動物

Lesson
5

ライティングの原則を理解しよう！

| 解 答 |

問1　D　　問2　3　　問3　a　魚　b　消えている　　問4　2

問5　3　　問6　1

全文訳

第1パラグラフ

❶タコは8本の足と小さな体のため奇妙な存在に見えるが，じつは世界で最も賢い動物の1つだ。❷タコは背骨がない動物だということは興味深い。❸私たちは犬や猫のように背骨のある賢い動物をたくさん知っているが，背骨のない動物でこれほど賢いのはタコだけだ。

第2パラグラフ

❹タコは情報を知り，それを新しい方法で利用することができると科学者は言う。❺たとえば，タコはときどき漁船の中によじのぼり，好物の1つであるカニでいっぱいの水槽に隠れることもある。❻また，罠にかかった魚を盗む方法も知っている。

第3パラグラフ

❼ある有名な事例が，100年ほど前にイギリスの水族館で起こった。❽夜中に1匹のタコが水槽から出て，近くの別の水槽に入り，水槽の中の魚を食べ，また自分の水槽に戻ったのだ。❾このことは，水族館の職員が何が起こっているかを発見する前に，何度か起こった。❿別の有名な話では，ニュージーランドのタコのインキーが，助けなしで，水槽から出て，パイプを通り，そのまま海に帰ることができた。

第4パラグラフ

⓫また，タコは遊ぶこともできる。⓬ある研究で，研究者たちは2匹のタコが犬や猫のようにいっしょに遊べるかどうかを調べたかった。⓭彼らがタコの水槽に空のビンを入れると，2匹のタコはすぐにビンに向かって水を噴射した。⓮ちょうど子どもがボールで遊ぶように，2匹のタコのあいだでビンを後ろや前に押し合った。⓯このことは，タコが身のまわりのものを生存以外の目的に利用することができることを示す。

⓰ 私たち人間にとって，これらのことは特別なことではないかもしれない。⓱ しかし，動物として，タコは，多くのほかの非常に賢い動物とほぼ同じぐらいのレベルだ。

論理チャート

タコは賢い動物
- **最も賢い動物**
  - 背骨あり…犬や猫
  - 背骨なし…タコだけ

- **タコは情報を活用できる**
  - 例　漁船にのぼり，カニを食べる
  - 例　罠から魚を盗む

- **水族館の例**
  - 例　イギリス…隣の水槽の魚を食べて自分の水槽に戻る
  - 例　ニュージーランド…水槽から出て，海へ帰る

- **タコは遊ぶこともできる**
  - 実験　2匹のタコのいる水槽に空きビンを入れる
    - ・2匹のタコはビンに水を噴射した
    - ・ビンを前後に押し合った

↓

タコはほかの賢い動物と同程度に賢い

ボキャブラリー・リスト

□ octopus	名	タコ	□ nearby	形	近くの
□ strange	形	奇妙な	□ discover	動	発見する
□ in fact		実際に	□ get out of ～		～から逃げ出す
□ backbone	名	背骨	□ pipe	名	パイプ
□ hide	動	隠れる	□ study	名	研究
□ tank	名	水槽	□ empty	形	空の
□ full of ～		～でいっぱいの	□ bottle	名	ビン
□ crab	名	カニ	□ shoot	動	撃つ，噴射する
□ how to do		～の仕方	□ backwards	副	後ろへ
□ trap	名	罠	□ forwards	副	前へ
□ happen	動	起こる	□ reason	名	理由
□ aquarium	名	水族館	□ other than ～		～以外の

Lesson
5

ライティングの原則を理解しよう！

今回の文章は，まさにハンバーガー型！導入と結論で同じことを繰り返していますね。

❯ 英文の解説

❶The term "robot" was first used / in the 1920s, / and today /
「ロボット」という用語は初めて使われた　　　1920年代に　　　そして今日

there are │ millions of robots │ / in use / throughout the world, /
何百万台ものロボットがある　　　　　使用中で　　　　世界中で

according to the International Federation of Robotics.　❷In the health
国際ロボット連盟によれば　　　　　　　　　　　　　　健康産業で

industry, / robots are being used more / each day.
ロボットはさらに使われている　　　　　日々

〉 語彙 多義語 term

term にはさまざまな意味がありますが，中心となる意味は「区切られたもの」です。

┌───┐
① 「(専門)用語」 ⟶ 意味が限定されたもの
② 「期間，学期」　⟶ 期間が区切られたもの

　　例　The spring **term** begins in April. 「春学期は4月に始まります」
└───┘

このほかにも，③「条件」，④「関係・間柄」などの意味があります。
　ちなみに「ターミナル駅（terminal station）」も同じ語源です。路線が区切られる「終着駅」を意味します。しかし，terminal cancer となると「末期がん」という意味になります。これは命が区切られることを意味します。

〉 文法 受動態の進行形

　受動態の進行形は〈be ＋ being ＋│過去分詞│〉の形で表します。being は be 動詞の〜ing 形（現在分詞）です。

❷ Robots <u>are</u> <u>being</u> <u>used</u>.

進行形	be +	〜 ing		
受動態		be	+	過去分詞

第2パラグラフ

❸ Increasingly, / surgeons use robots / for remote surgery , / also
　　ますます　　　　　外科医はロボットを使う　　　　　遠隔手術に

called *telesurgery*. ❹In other words, / they operate on patients /
テレサージャリーとも呼ばれる　　言い換えると　　　彼らは患者を手術する

without having to be / in the same physical location: / in fact, / they
　　いる必要なしで　　　　　　　同じ物理的場所に　　　　　実際　　彼らは

may be far away. ❺**Although** it might seem scary / to have a robot
遠くにいるかもしれない　　　恐ろしく思えるかもしれないが　　　　　ロボットに

performing an operation / on you, / robotic surgery has many benefits.
　手術をおこなわせることが　　　あなたに　　　ロボット手術には多くの利点がある

❻Robots do not get distracted / or become bored / by repetitive tasks.
　　ロボットは気が散ったりしない　　　　飽きたりも　　　　繰り返しの仕事によって

❼In addition, / they are much more precise. ❽As a result, /a patient
　加えて　　　　それらはずっと正確だ　　　　　結果として　　　患者は

may feel less pain / during an operation / and recover more quickly.
痛みを少なく感じる　　　　手術のあいだに　　　　そしてより早く回復する

〉 語彙 　医師の呼び方

医師の呼び方をまとめました。入試問題では，より専門的な名称には注釈がつきます。

●**surgeon**「外科医」　●**physician**「内科医」　●**dentist**「歯科医」　●**vet**「獣医」

〉 文法 　使役動詞 have の 5 文型

have は「〜させる」という意味の使役の動詞になり，〈S ＋ V ＋ O ＋ C〉の形をとります。

❺Although it might seem scary to <u>have</u> <u>a robot</u> <u>performing</u> an
                                       V'   O'   C'

operation on you, … .

[ロボットが手術をおこなっている状態]をもつ ➡「ロボットに手術をおこなわせる」

OとCには「主語と述語の関係」があり，それによってCの形が変わります。また，have には「無理やり〜させる」という強制のニュアンスはありません。

- 〈S + V + O + C（原形）〉「O が C する」

例 <u>I</u> <u>had</u> <u>my father</u> **<u>fix</u> my bike**.
  S V   O   C   ➡ ［父が修理する］
「私は父に私の自転車を修理してもらいました」

- 〈S + V + O + C（現在分詞）〉「O が C している」

例 <u>I</u> <u>had</u> <u>my son</u> **<u>watching</u> TV**.
  S V   O   C   ➡ ［息子が見ている］
「私は息子にテレビを見させておきました」

- 〈S + V + O + C（過去分詞）〉「O が C される」

例 <u>I</u> <u>had</u> <u>my car</u> **<u>stolen</u>**.
  S V   O   C   ➡ ［車が盗まれる］
「私の車が盗まれました」

第3パラグラフ

❾Medical students also use robots / to learn about the human
医学生もまたロボットを使う   人体について学ぶため

body. ❿They practice / on *human simulators*, / mannequins / with
       彼らは練習する   人間シミュレータで   つまりマネキンである

the latest technology. ⓫These pieces of equipment / not only look
最新技術をともなった   これらの機器は   本物の人間に

like real people, / but they also act / like them. ⓬They can cry, / sweat, /
見えるだけでなく   それらはまたふるまう 人間のように   それらは泣き   汗をかき

produce saliva, / and open and close their eyes. ⓭They can make /
唾液を出し   目を開け閉めできる   それらはつくることができる

breathing and heartbeat sounds, / and they can bleed / and respond to
呼吸や鼓動の音を   そしてそれらは出血し   薬に反応できる

drugs. ⓮There are many varieties / of these mannequins: / male
      たくさんの種類がある   これらのマネキンには

and female versions, / teenage versions, / and even pregnant and
男性版と女性版　　　　　　　　　若者版　　　　　　そして妊婦と赤ちゃん版までも

baby versions. ❺Because they are so lifelike, / these robotic patients
　　　　　　　　　　それらはとても生きているようなので　これらのロボットの患者は

can prepare / future doctors / for the real-life scenarios / they might
準備させられる　将来の医師たちを　現実のシナリオに対して　彼らが直面するかもしれない

face / in their careers. ❻They can "suffer" / from almost any emergency
将来のキャリアで　それらは「苦しむ」ことができる　ほとんどどんな緊急事態からも

situation / possible, / like a heart attack or epileptic seizure. ❼This
可能性のある　　　　心臓発作やてんかん発作のような　　　　　　この

experience / of realistic "emergencies" / may help prevent medical
経験は　　　　　現実的な「緊急事態」の　　　医療ミスを防ぐ助けになるかもしれない

errors, / which unfortunately are all too common.
不幸にもあまりによくある

〉 文法 同格のカンマ

　名詞と名詞のあいだにカンマを入れて，専門用語などを具体的に説明することができます。音読するさいには，カンマのところで間をとって，読んでみてください。独特なリズムがあります。

❿They practice on *human simulators*, mannequins with the latest
technology.
　　　　　　　　　　　　名詞　　　　　　　　　　　名詞

「人間シミュレータ」＝「最新技術を搭載したマネキン」

〉 文法 **not only** A **but also** B

not only A **but also** B で「AだけでなくBも」という意味になります。Bのほうが大事な情報や新しい情報であることを意識しましょう。

⓫These pieces of equipment **not only** look like real people, **but** they
also act like them.
　　　大事な情報

文法 and の列挙

「①, ②, and ③」の形で列挙しています。数字を書きこむクセをつけましょう。

⑫ They can cry, sweat, produce saliva, **and** open and close their eyes.
　　　　　　①　　②　　　③　　　　　　　　　　　　　　　④

⑭ ... male and female versions, teenage versions, **and** even pregnant
　　　①　　　　　　　　　　②　　　　　　　　　　　③
and baby versions.

文法 関係代名詞の継続用法（非制限用法）

　関係詞の前にカンマがつく用法を継続用法（非制限用法）と呼びます。先行詞を限定的に修飾するのではなく，補足的に説明します。カンマがあったら，「名詞を補足説明するんだな」と意識しましょう。左から右へ素直に読めば OK です。

⑰ ... may help prevent medical errors, **which** unfortunately are all
　　　　　　　　　　　 先行詞　　　　　　　　　　補足説明
too common.

　　　　　「医療ミス」（そしてそれらは）「不幸にもあまりによくある」

第4パラグラフ

⑱ Robots can help nurses, too. ⑲ A common problem / in hospitals /
ロボットは看護師も助ける　　　　　よくある問題は　　　　　　病院で

is that nurses constantly have to move people / from one bed to another, /
看護師は絶えず患者を動かさなければならない　　　　ベッドからベッドへ

pick them up, / or put them into a wheelchair. ⑳ Robots are strong, /
彼らを持ち上げ　　あるいは彼らを車いすに乗せる　　　ロボットは強い

so they can help / with tiring tasks / like these. ㉑ Because they do
だから彼らは助けられる　疲れる仕事を　　これらのような　　　それらは

not get tired, / they can help / prevent injury, / and in addition, / they
疲れないので　　　助けられる　　ケガを防ぐことを　　そして加えて

never get angry, / bored, / or frustrated.
それらは怒らない　退屈しない または不満を感じない

＞ 文法 or の列挙

and と同様に or の場合も「①, ②, or ③」のように最後の前に 1 回だけ使います。長文を読むときには番号を振ることをお勧めします。

⑲ ... have to <u>move people from one bed to another</u>, <u>pick them up</u>, or
　　　　　　　　　　　　　　①　　　　　　　　　　　　　②
<u>put them into a wheelchair</u>.
　　　　　③

㉑ ... they never get <u>angry</u>, <u>bored</u>, or <u>frustrated</u>.
　　　　　　　　　　　①　　　②　　　　　③

Lesson
5
ライティングの原則を理解しよう！

＞ 語彙 形容詞 tiring / tired

tiring と **tired** は動詞 **tire**「（人を）疲れさせる」の現在分詞と過去分詞からできた形容詞です。もとの動詞の意味から理解する必要があります。

tire 動詞 「（人を）疲れさせる」

　tiring 現在分詞 （～している）
　　「（人を）疲れさせている」

　tired 過去分詞 （～される）
　　「（人が）疲れさせられる＝疲れる」

⑳ ... with **tiring** tasks　　「人を疲れさせる仕事」

㉑ ... they do not get **tired**　「彼らは疲れない」

第 5 パラグラフ

㉒ Finally, / robots can also improve life / for people / who have lost
最後に　　ロボットはまた生活を向上させられる　　人々の　　移動能力を失った

mobility.　㉓ Robotic pants allow paralyzed patients / to move around
　　　　　　　ロボットパンツは麻痺患者を許す　　　　　一人で動き回ることを

independently / instead of being confined / to a wheelchair.　㉔ The
　　　　　　　　閉じ込められるのではなく　　　　　車いすに

pants have advantages / that are not only physical.　㉕ One patient
そのパンツは利点がある　　　　　身体的だけではなく　　　　　一人の

commented: ㉖"I never dreamed / I would walk again. ㉗I forgot /
患者が言った　　私は今まで夢にも思わなかった　　再び歩くだろうと　　私は忘れていた

what it's like." ㉘He continued: ㉙"I have a 3-year-old daughter. ㉚The
それがどのようなものか　　彼は続けた　　私には3歳の娘がいる

first time she saw me walking, / she was silent / for the first few
初めて彼女が私が歩いているのを見たとき　　彼女は黙っていた　　最初の数分間

minutes / and then she said: / 'Daddy, you are tall.' ㉛It made me feel so
そして彼女は言った　　パパって背が高いのね　　それが私をとても気分よく

good, / like I was flying."
させた　　飛んでいるかのように

〉 文法 allow の語法

　動詞 **allow** は〈S＋V＋O＋to *do*〉という形をとり，「SはOが〜することを許す」という意味になります。

㉙Robotic pants **allow** paralyzed patients **to** move around ... .

「ロボットパンツが許す」　　　「麻痺患者が動き回ることを」

➡「ロボットパンツによって麻痺患者が動き回れるようになる」

〈S＋V＋O＋to *do*〉の形をとる動詞には **enable** や **encourage** などがあり，「間接的に〜させる」という意味になります。O と to *do* のあいだに「主語と述語の関係」があることを意識しましょう。

- **enable**「〜を可能にする」
  The internet **enables** us **to** get a lot of information easily.
  「インターネットは私たちが簡単に情報を得ることを可能にした」
  ➡「インターネットによって私たちはたくさんの情報を簡単に得ることができるようになりました」
- **encourage**「〜に勇気を与える」
  His advice **encouraged** me **to** try it again.
  「彼のアドバイスは私が再びそれに挑戦するように勇気を与えた」
  ➡「彼のアドバイスのおかげで私はそれに再び挑戦しようと思いました」

> 文脈・論理

㉔ The pants have advantages that are **not only** physical.

not only は **not only** *A* **but also** *B* の形で用いられますが，今回は **but also** がありません。しかし，そのあとに「娘のことばで飛んでいるような良い気持ち」という内容が続きます。以下のように続いているイメージで読みましょう。

The pants have advantages that are not only physical（**but also** mental）.

「そのパンツには身体的だけでなく精神的な利点もある」

> 文法 接続詞 the first time

the first time 〜は接続詞で，「初めて〜するとき」という意味です。

㉚ The first time she saw me walking, she was silent for the first
　接続詞　　　　S'　V'　O'　　C'　　　　S　　V　　C
few minutes ... .

「初めて彼女が私が歩いているのを見たとき，最初の数秒間彼女は黙っていた」

❷ 設問の解説・解答

|解説|

本文の内容一致問題です。「本文から解答根拠を探す」のが基本です。加えて，誤答選択肢も分析しましょう。

解法のポイント

誤答選択肢のパターン
① 本文内容と異なる → 一部だけ異なるものに注意！
② 本文中に記述なし → 常識的な内容に注意！
③ 極端 → only / all などに注意！
④ 部分的 → 要旨や題名問題は文章全体を包含するものを選ぶ！

問1　文章中でロボット手術について書かれていないものはどれか。
　ア　ロボット手術はあまり費用がかからない。
　　→ 本文中に記述がありません。
　イ　ロボットは集中力を失わず，疲れない。
　　→ ❻に「ロボットは気が散らず，飽きることがない」とあります。

ウ　ロボット手術は，患者へのダメージが少ない。

→ ❼❽に「ロボットは正確なので，手術中の痛みが少ない」とあります。

エ　医師が手術室にいる必要がない。

→ ❹に「物理的に同じ場所にいる必要がない」とあります。

問2　医学生が人間シミュレータでできることで，正しいのはどれか。

ア　遠隔手術の方法を直接見ることができる。

→ 第2パラグラフの遠隔手術の話題です。

イ　人をベッドから別のベッドに移す練習ができる。

→ 第4パラグラフの看護師の話題です。

ウ　ロボットの使い方を実際に体験できる。

→ 本文中に記述がありません。

エ　緊急事態に対応できるようになる。

→ ⓯〜⓱に「人間シミュレータを使うことで緊急事態への備えができる」とあります。

問3　看護師の代わりにロボットができることは何か。

ア　手術後の患者の痛みを軽減すること。

→ 第2パラグラフの遠隔手術の話題です。

イ　疲れることなく肉体労働をすること。

→ ⓴〜㉑に「ロボットは力が強く，疲れることなく作業をおこなう」とあります。

ウ　毎日，患者の状態を記録すること。

→ 本文中に記述がありません。

エ　入院する予定の人のベッドを移動させること。

→ ひっかけ問題です。「ベッドを移動させる」のではなく，「患者をベッドから移動させる」と書かれています。

問4　ロボットパンツについて正しいのはどれか。

ア　麻痺した患者の回復を助ける。

→ 本文中に記述がありません。

イ　車いすへの乗り降りを補助する。

→ 第3パラグラフの看護師についての話題です。

ウ　患者の身体的・精神的なサポートをする。

→ ㉔〜㉛で，ロボットパンツが身体的，精神的な助けになることが書かれています。

エ　麻痺の患者が高く跳べるようにする。

→ ㉛で「空を飛んでいる気持ち」とたとえているだけです。

問5　この文章の題名として最も適切なものはどれか。

ア　遠隔手術の大改良

→ 第2パラグラフのみの話題で「部分的」です。

イ　医療を向上させるさまざまなロボット

　　➡ 文章全体について扱っていて適切です。

ウ　優れた医療機器をもつ医師たち

　　➡ 医師ではなく，ロボットが話題の中心です。

エ　ロボット，マネキン，患者用特殊パンツ

　　➡ 具体例を並べているだけです。題名には，全体をまとめたものを選びます。

解答

問1 ア　**問2** エ　**問3** イ　**問4** ウ　**問5** イ

全文訳

第1パラグラフ

❶国際ロボット連盟によると，「ロボット」という用語が初めて使われたのは1920年代で，今日では世界中で何百万台ものロボットが使用されているという。❷健康産業においても，ロボットは日々ますます活用されている。

第2パラグラフ

❸外科医はますます，ロボットをテレサージャリーと呼ばれる遠隔手術に使うようになっている。❹つまり，物理的に同じ場所にいなくても，患者の手術ができるのだ。実際，医師は遠くにいるかもしれない。❺ロボットに手術されるのはこわいと思うかもしれないが，ロボット手術には多くの利点がある。❻ロボットは，繰り返しの作業に気をとられたり，飽きたりすることがない。❼さらに，それらはより正確だ。❽その結果，患者は手術中に痛みを感じることが少なくなり，より早く回復することができる。

第3パラグラフ

❾また，医学生はロボットを使って人体について学ぶことができる。❿彼らは，最新技術を搭載したマネキンである人間シミュレータで練習する。⓫これらの機器は，本物の人間のように見えるだけでなく，人間のように行動することもできる。⓬泣いたり，汗をかいたり，唾液を出したり，目を開いたり閉じたりすることができる。⓭呼吸音や心音も出せ，血を流すことができ，薬に反応させることもできる。⓮男性や女性版，若者版，妊婦や赤ちゃん版など，さまざまな種類がある。⓯これらのロボット患者はとても生きているようなので，将来の医師に，彼らが仕事で直面する可能性のある現実的なシナリオに備えさせることができる。⓰それらは心臓発作やてんかんの発作など，ほとんどあらゆる緊急事態に「苦しむ」ことができる。⓱この現実的な「緊急事態」を体験することで，不幸なことに多発している医療ミスを防ぐことができるかもしれない。

第4パラグラフ

⓲ロボットは，看護師にも役立つ。⓳病院では，看護師が患者をベッドから別のベッドに移したり，抱き上げたり，車いすに乗せたりしなければならないことがよくある。⓴ロボットは力があるので，このような疲れる作業にも対応できる。㉑疲れないからケガを防げ，加えて，怒らないし，飽きないし，イライラしない。

㉒最後に，ロボットは移動能力を失った人々の生活を向上させることもできる。㉓ロボットパンツは，麻痺のある患者が車いすに縛られることなく，自立して移動することを可能にする。㉔このパンツの利点は身体的なものだけではない。㉕ある患者さんはこう言う。㉖「また歩けるようになるとは夢にも思っていなかった。㉗どんな感じか忘れてしまっていた」　㉘さらにこう続けた。㉙「私には3歳の娘がいます。㉚私が歩いているのを初めて見たとき，最初の数分間は黙っていましたが，その後，『パパ，背が高いね』と言ってくれました。㉛まるで空を飛んでいるような，とても良い気分でした」

今回の文章の最後のパラグラフは具体例でした。でも基本の型を知っているから，応用できました！

論理チャート

医療現場のロボット

　　1920年代　ロボットという用語が登場

　　　　　　　↓

　　今　日　世界中で何百万台も使われる

- **外科医が遠隔手術で使用**

　　利点　反復作業で疲れない，正確

　　　　　　　↓

　　手術中の痛みが少なく，回復が早い

- **医学生が人体の学習に人間シミュレータを活用**

　・人間と同じ行動　例　泣く，汗をかく，唾液を出す，目を開け閉めする，
　　　　　　　　　　　　呼吸音，心音，血を流す，薬に反応

　・さまざまな種類　例　男女，若者，妊婦，赤ん坊

　　　↓

　　緊急事態に備え，医療ミスを防ぐ

- **看護師を助ける**

　　問題　患者をベッド間，車いすへ移動させる重労働

　　　　　　　↓

　　ロボットは力が強く，疲れ知らず

- **生活の質を向上させる**

　　ロボットパンツ

　・患者が自立して一人で移動できる

　・身体的だけではなく，精神的なメリットもある

□ term	名	用語	□ produce	動	つくり出す
□ millions of ～		数百万の～	□ breathe	動	呼吸する
□ throughout	前	～中を通して	□ heartbeat	名	心音，鼓動
□ according to ～		～によると	□ bleed	動	出血する
□ industry	名	産業，業界	□ respond	動	反応する
□ increasingly	副	ますます，急速に	□ pregnant	形	妊娠した
□ surgeon	名	外科医	□ prepare	動	準備する，用意する
□ remote	形	遠隔の	□ scenario	名	シナリオ
□ in other words		つまり，言い換えると	□ face	動	直面する
□ patient	名	患者	□ suffer from ～		～に苦しむ
□ physical	形	物理的な，身体的な	□ emergency	形	緊急の
□ location	名	場所	□ situation	名	状況
□ scary	形	こわい	□ heart attack		心臓発作
□ perform	動	おこなう	□ prevent	動	～を防ぐ
□ operation	名	手術	□ medical error		医療ミス
□ benefit	名	利点	□ unfortunately	副	不幸にも
□ distracted	形	気が散った	□ constantly	副	絶え間なく
□ repetitive	形	反復の，繰り返しの	□ wheelchair	名	車いす
□ task	名	仕事，作業	□ injury	名	ケガ
□ precise	形	正確な	□ frustrated	形	イライラした，不満がある
□ pain	名	痛み	□ improve	動	向上する，改善する
□ recover	動	回復する	□ paralyze	動	麻痺させる
□ medical	形	医療の	□ independently	副	独立して，ひとりで
□ the latest		最新の	□ instead of ～		～ではなく，～の代わりに
□ technology	名	技術	□ confine	動	制限する，閉じ込める
□ equipment	名	機具，設備，装備	□ the first time ＋ S'＋V'	接	初めて～したとき
□ act	動	行動する			

英語って必要ですか？

「英語って必要ですか？」

　これは英語の先生にとって，最も聞かれたくない質問です。「グローバル化だから」と抽象的に言われても，なかなか腑に落ちませんね。私も以前は，「一部の人ができればいいだろう」と思っていましたが，コロナ禍以降，考えが変わりました。

1　ネットで気軽に世界とつながれるようになった

　コロナ禍の副産物に，世界中が一気に Zoom などのビデオ会議システムでつながったことがあります。それまでも会議システムはありましたが，お互いソフトをダウンロードして，アカウントをとって，時間調整して…と面倒でした。ところが今では，"Can we have an online meeting in 10 munites?" とチャットでたずねて，即座にオンライン会議をおこなうことができるようになりました。また，あらゆる分野の国際会議がオンラインで開催され，一流の専門家と，直接やりとりすることも可能になりました。

2　英語の情報が翻訳されなくなった

　翻訳書は，原著者と翻訳者に対し二重に権利料がかかり，制作コストが高くなります。本離れと相まって，翻訳書の出版数は減少していて，厳選されたものしか店頭には並ばなくなっています。どんな分野でも翻訳書がある，というのは過去の話で，とくに専門性の高い本にアクセスするためには，英語が欠かせません。

3　情報が動画中心になってきた

　これまで情報は文字中心でしたが，タイムリーな情報は動画中心に伝達されるようになってきています。まだ，「書きことば」に比べると，「話しことば」の翻訳精度は高くありません。リスニング力と速読力をつけて，倍速で視聴すると，情報収集力が格段に上がります。

　そして，残念ながら，日本があらゆる分野で最先端の座から落ちてしまったという現状があります。今はまた，西欧文化を必死で取り入れようとした明治時代の先人のように，世界中から知識や技術をキャッチアップ（catch up）するために英語が必要な時代になっています。

　人生には，可能性を広げる時期と，絞りこむ時期があります。英語が不要な人生ももちろんありますが，しかし，いざ必要になったときに，語学習得には最低 2 〜 3 年はかかります。「幸運の女神は前髪しかない」と言われるように，チャンスは逃すとつかむことができません。将来，英語を使う可能性があるうちは，英語を学んでおくことをお勧めします。

Lesson 6 ＞ 列挙の文章に挑戦！

今回は，列挙を使った展開パターンを学びます。

列挙には算用数字を振る！

　相手に理由や手順を説明するとき，First / Second / Third などのディスコース・マーカーをつけると，すっきりと整理されて伝わります。読解のときに，「列挙だな」と思ったら，英文に①，②，③と算用数字で番号を振りましょう。

　では例題で確認しましょう。

【例題】次の英文の内容に合うものを下のア〜カから 2 つ選びなさい。（宮崎県）

　　　Listen to me, please. This park is famous for its *maple trees. You may have free time for two hours in the morning. I hope you'll enjoy walking around with your new friends. But there are a few things that you should be careful about. First, you should wear our group's T-shirt. This shows that you are a member of the group today. Second, you must not go into the river. The river has become a little deeper after the rain. Third, you should come back here at 11:30. Then we will make our lunch together. After lunch we will talk about our afternoon activities. Now, everyone, have a good time!

（注）maple「カエデ」

ア　歩いている途中で，木の枝を折らないこと。

イ　グループの T シャツを着たまま，過ごすこと。

ウ　雨が降り始めたら，休憩所に入ること。

エ　許可をもらうまでは，川に入らないこと。

オ　11 時半に，この場所にもどってくること。

カ　昼食後は，友達といっしょに片付けをすること。

First / Second / Third / Then / After lunch に注目して箇条書きにすると，次のようになります。

---

① 「グループのTシャツを着ること」
② 「けっして川に入らないこと」
③ 「11時半にもどること」 → 「いっしょに昼食をつくる」 → 「午後の活動について話し合う」

3点，あるいは③をさらに分けて5点になりました。答えは**イ，オ**です。

全文訳

　私の話を聞いてください。この公園はカエデの木で有名です。午前中に2時間の自由時間があります。新しい友達と散策を楽しんでほしいと思います。しかし，いくつかの注意点があります。1つめに，私たちのグループのTシャツを着てください。これによって今日，グループのメンバーだということを示します。2つめに，けっして川に入らないでください。雨のあとで川は少し深くなっています。3つめに，11時半にここにもどってきてください。そして，いっしょに昼食をつくります。昼食後に午後の活動について話し合います。では，みなさん，楽しい時間を過ごしてください。

Lesson
6
列挙の文章に挑戦！

算用数字を書きこんで，「何点列挙されているのか？」をハッキリさせて読んでみようね！

❷ 英文の解説

❶In many schools, / students learn / how to tell their ideas / to
多くの学校では　　　生徒たちは学ぶ　　どのように自分の考えを伝えるかを

others / and they may have chances / to make a speech. ❷It is very
他人へ　　　　そして彼らは機会をもつ　　　スピーチをする　　　それはとても

useful / because speaking well is important / in your life. ❸To make
役に立つ　なぜならばじょうずに話すことは重要だから　あなたの人生で　良いスピーチを

a good speech, / you should try to speak / in a big voice. ❹If you do
するために　　　　あなたは話そうとすべきだ　　　大きな声で　　もしあなたがそう

so, / it will be easier / for listeners / to hear you. ❺Choose the words /
すれば より簡単になるだろう　　聞き手が　あなたを聞くことが　言葉を選びなさい

you use / carefully / and listeners will understand you / better.
あなたが使う　注意深く　　そうすれば聞き手はあなたを理解するだろう　　より良く

❻Using your hands / is also nice. ❼Listeners will see / how you move
両手を使うことも　　また良い　　　聞き手は見るだろう　　どうあなたが両手を

your hands / and understand / what is important / in your speech.
動かすのかを　　　そして理解する　　何が重要なのか　　あなたのスピーチの中で

❽If you try these things, / you can improve your speech. ❾However, /
もしあなたがこれらのことを試せば　あなたはスピーチを改善できる　　　しかし

there is another way / to make a good speech.
別の方法がある　　　　良いスピーチをするための

> 文脈・論理

第1パラグラフでは，良いスピーチを行うポイントがあげられています。

① 大きい声で話す
② 言葉を注意深く選ぶ
③ 手を使う

ただし，これらはだれもが思い浮かべることです。❾の However 以降が，筆者が本当に言いたいことです。**逆接は後ろが大事**です。

〉 文法 〈 命令文 ＋ **and** ...〉

〈 命令文 ＋ **and** ...〉で「〜しなさい，そうすれば…」と，ある条件を満たすと**良い結果**が得られることを示します。

> ❺Choose the words you use carefully **and** listeners will understand
>   　　　　　　　 命令文 　　　　　　　　　　　　　　　　　　　良い結果
> you better.

なお，**and** の代わりに **or** を使うと「〜しなさい，さもないと…」のように，条件を満たさないと**悪い結果**になるという脅し文句になります。

> ● Wake up early, **and** you can catch the train.
>   命令文 　　　　　　　　　 良い結果
>
> 「早く起きなさい，そうすれば列車に乗れます」
>
> ● Wake up early, **or** you will miss the train.
>   命令文 　　　　　　　　　 悪い結果
>
> 「早く起きなさい，さもないと列車を逃します」

第2パラグラフ

❿Have you tried / to use a "pause" / while you make a speech?
あなたは試したことがあるか　「間（ま）」を使うことを　　　　スピーチをするあいだに

⓫It is a great way / to make your speech better. ⓬You don't say any
それはすばらしい方法だ　あなたのスピーチをより良くする　　　あなたはどんな言葉も

words / **but** listeners can still understand you. ⓭It is interesting, /
言わない　　しかしそれでも，聞き手はあなたを理解する　　　　おもしろいです

right? ⓮Then, / why is it effective?
そうでしょう　それでは　なぜそれが効果的なのか

〉 文脈・論理

スピーチを良くする別の方法とは「間（ま）」を置くことでした。

その後，⓬で but をはさみ，**矛盾する**ことを言っています。

> ⓬ You don't say any words **but** listeners can still understand you.
>
> 「どんな言葉も言わない」 ⟷ 「聞き手はあなたを理解する」

筆者には，この**矛盾を解消する責任**があります。以降の段落で「『間』が効果的である理由を説明するんだな」と心の準備をして読み進めましょう。

第3パラグラフ

⓯ First, / you can get attention / from listeners. ⓰ For example, /
第一に　　　　あなたは注意が得られる　　　　聞き手から　　　　　　たとえば

try to put a pause / before you start your self-introduction. ⓱ Your
　　間を置いてみなさい　　　　　　自己紹介を始める前に

listeners will pay / more attention / to you. ⓲ Even during a speech, /
聞き手は払うでしょう　　より多くの注意を　　あなたへ　　スピーチの最中でさえ

you should take a pause / before the things / you really want to say.
　　間を取るべきだ　　　　　　ものごとの前に　　　あなたが本当に言いたい

⓳ When you take a pause, / your listeners will wonder / why you
　　　間を取ると　　　　　　　　聞き手は不思議に思う　　　　なぜあなたが

stopped talking. ⓴ They will try / to listen to you / more carefully / to
話すのをやめたのかと　彼らは試みるだろう　あなたのことを聞こうと　より注意深く

know / what is spoken next.
知るために　次に何が話されるのかを

＞ 文脈・論理

「間」が効果的な1つめの理由は，聞き手からの注意が得られることです。2つのタイミングを例にあげています。

- ① 自己紹介の前
- ② 本当に言いたいことを言う前

＞ 語彙 「ピン」と張ることを表す語根 tent / tens

attention の **tent** は「ピンと張る」ことを意味します。対象に向けて，気持ちの糸が一

直線にピンと張っているイメージです。ちなみにキャンプで使うテント（tent）も張って使うものですね。

例　at　＋　tent　＋　ion　→　attention
　〜のほうへ　張る　名詞化　　　　　　　注意
　　　　　　　　　　　　　　　　　　　（〜へ向けて注意を張ること）

例　tens　＋　ion　→　tension
　　張る　　名詞化　　　　　　　緊張
　　　　　　　　　　　　　　　（〜へ向けて気を張ること）

例　ex　＋　tend　→　extend
　　外へ　　張る　　　　　延長する

Attention please!

> **文法** wonder の使い方

　wonder は，名詞で使うと「驚異」「奇跡」「不思議」という意味です。これを動詞で用いると「〜かと（不思議に）思う」という意味になります。why や if の節が続きます。

I **wonder why** you love me.「なぜあなたは私のことが好きなのですか」

I **wonder if** you could help me.「私を手伝っていただけないかと思いまして」

⑲ ... your listeners will **wonder why** you stopped talking.

「あなたの聞き手は，なぜ話をやめたのだろうと不思議に思うでしょう」

第4パラグラフ

㉑Second, / a pause can give listeners / time to think / and they
　第二に　　　　間は聞き手に与えられる　　考える時間を　　そして彼らは

will understand / what the speaker is saying / better. ㉒If your speech
理解するだろう　　話し手が言っていることを　　より良く　　もしあなたの

continues / without a pause, / it is difficult / for the listeners / to
スピーチが続けば　間がなく　　それは難しくなる　　聞き手が

understand your message well. ㉓However, / if you stop / and wait
あなたのメッセージをよく理解することが　しかし　もしあなたが止まり

for a little time / after you say an important thing, / the listeners can
そして少し待つと　　あなたが大事なことを言うあとに　　聞き手はあなたに

follow you / more easily.
ついていける　　　より簡単に

> 文脈・論理

　2つめの理由は，「間」によって聞き手に考える時間が生まれることです。具体的な説明ではIfを用いて，場合分けをしています。

```
「間」なし　→　メッセージをよく理解できない
「間」あり　→　聞き手はあなたについていける
```

第5パラグラフ

㉔Third, / putting a pause is good / for speakers, too. ㉕When you
　第三に　　　　間を置くことは良い　　　　　　話し手にも　　　　　　あなたが

speak / without pauses, / sometimes / it's hard / to remember / what
話すとき　　間なしで　　　ときどき　それは難しい　思い出すことが

you are going to say. ㉖If you keep worrying / about the thing / you
あなたが言おうとしていることを　もしあなたが心配し続けると　そのことについて　あなたが

are going to say next, / can you guess / what will happen? ㉗A good
次に言おうとする　　　推測できますか　　何が起こるかを　　　　　良い

speech will be / too difficult / to make. ㉘However, / when you speak /
スピーチは　　　あまりに難しくなる　成すことが　　しかし　　あなたが話すとき

with some pauses, / you don't have to feel / so nervous / and
間とともに　　　　あなたは感じる必要はなくなる　　とても不安に　そして

you may not forget / your message. ㉙Then, / you can speak /
あなたは忘れなくなるかもしれない　あなたのメッセージを　そうすれば　あなたは話せる

with confidence.
自信をもって

> 文脈・論理

　3つめの理由として，「間」の話し手へのメリットについて述べています。ここでもHoweverをはさんで対比的に述べられています。

「間」なし	→	何を言うか思い出すことが難しい
「間」あり	→	不安に思わずメッセージも忘れない

第6パラグラフ

㉚Some people think / that it's not good / to stop talking / while
　一部の人は考える　　　それは良くないと　　話すのをやめることが　ほかの

others are listening / to you. ㉛That may be true / in a conversation.
人々が聞いているあいだに　あなたを　　それは真実かもしれない　　会話では

㉜When you talk / with other people, / time is shared / with each
　あなたが話すときに　　ほかの人々と　　　時間は共有されている

person there. ㉝So, / it's difficult / to take a pause. ㉞**However,** /
そこにいる人と　　だから　それは難しい　　間を取ることが　　　しかし

when you make a speech, / you usually speak / to a group of people /
　あなたがスピーチをするとき　　あなたはたいてい話す　　　集団の人に

and the speaking time is given / only to you. ㉟That means / that
　そして話す時間は与えられる　　　あなただけに　　そのことは意味する

you can decide / how to take a pause / in your own way. ㊱So, /
あなたは決められる　　どのように間を取るかを　　　あなたのやり方で　　だから

using a pause / in an effective way / is one of the important parts /
間を使うことは　　　効果的に　　　　大事な部分の1つだ

of making your speech.
あなたがスピーチをする

> **文脈・論理**

　Some people think ～で始まりました。**Some people / Many people / People** は一般論の合図です。「一般論としては～だが，しかしじつは…」という展開を予想して，逆接を探しましょう。さらに，㉛**That may be true ～** . の may は「～かもしれない，でも…」というように，一般論から筆者の主張へとつなげる**譲歩**の合図です。予想どおり，㉞に However があります。一般論は自分の主張を際立たせるための，いわば「前フリ」です。**大事な内容は逆接の後ろにあります。**

第7パラグラフ

㊲To be a wonderful speaker, / it is necessary / to use a lot of
すばらしい話し手になるために　　　　それは必要だ　　　　　たくさんの異なる

different skills / for better communication / with people. ㊳How about
技能を使うことが　　より良いコミュニケーションのために　　人々と　　　　間を置いて

trying to put a pause / when you make a speech / next time?
みるのはどうか　　　　あなたがスピーチをするときに　　　次回に

> 文法 さまざまな勧誘表現

How about 〜 ? で「〜はいかがですか」という勧誘表現になります。

㊳**How about trying to put a pause … ?**「間を入れてみてはいかがですか」

これは，「なぜ〜しないのですか（いや，しますよね）」という反語的な表現でも言い換えられます。

Why **don't you** put a pause?
Why **not** put a pause?

❷設問の解説・解答

|解説|

問1

ア →❸に you should try to speak in a big voice とあります。

イ →❺に Choose the words you use carefully とあります。

ウ →❻に Using your hands is also nice. とあります。

エ →本文に記述がありません。

問2　間（pause）について言及している選択肢はウのみです。

ア　あなたはより速く話すことができ，聞き手は決してあなたについていけません。

イ　聞き手にあなたのことを理解してほしいときには，たくさん話さなければいけません。

ウ　あなたは何も言葉を言わないのに，聞き手はそれでもあなたのことが理解できます。

エ　もしあなたが黙っていると，聞き手はあなたが何を考えているか理解できません。

問3　同じ段落の❶ When you take a pause, your listeners will wonder **why you stopped talking**. ❷ They will try to listen to you more carefully to know **what is spoken next**. の訳を考えて解答しましょう。

問4　make a speech というフレーズを意識し，too ～ to … 「あまりに～で…できない」の構文で並べ替えます。

A good speech will (be **too** difficult **to** make).

問5

ア　生徒たちが学校で良いスピーチについて学ぶことは難しい。

→❶で「学校で生徒が良いスピーチを行う機会をもつかもしれない」とあります。

イ　自己紹介を始める前のみ，間を置くべきだ。

→ only という極端な表現はしていません。また，❸で「本当に言いたいことの前」にも間を置くことを勧めています。

ウ　スピーチの最中に間を取ることは話し手と聞き手の両方にとって良いことだ。

→第3・4パラグラフで聞き手にとって良いこと，第5パラグラフで話し手にとって良いことが書かれています。

エ　人々は会話のあいだは時間を共有していないので，しばしば間を置く。

→❷に「ほかの人と話すときは，そこにいる一人ひとりと時間を共有している」とあります。時間を共有していないのは，会話ではなくスピーチのときです。

オ　もしすばらしい話し手になりたいのならば，たくさんの種類の技能が必要である。

→❸に To be a wonderful speaker, it is necessary to use a lot of different skills for better communication with people. という同意の記述があります。

| 解答 |

問1　エ　　**問2**　ウ　　**問3**　1　なぜ話すのをやめた　2　何が話される

問4　be too difficult to make　　**問5**　ウ　オ

全文訳

第1パラグラフ

❶多くの学校では，生徒は自分の考えを人に伝える方法を学び，スピーチをする機会があるかもしれません。❷じょうずに話すということは，人生においてとても大切なことなので，それはとても役立ちます。❸良いスピーチをするためには，大きい声で話そうとすべきです。❹そうすれば，聞き手があなたのことを聞きやすくなるでしょう。❺使う言葉を注意深く選んで話すと，聞き手はより理解しやすくなります。❻また，両手を使うのも良いです。❼聞き手は，あなたが両手を動かすのを見て，あなたのスピーチの中で何が重要なのかを理解します。❽このようなことをやってみると，スピーチを改善することができます。❾しかし，もう1つ，良いスピーチをするための方法があります。

第2パラグラフ

❿スピーチをするときに「間」を使ってみたことはありますか。⓫これは，スピーチをより良くするためのすばらしい方法です。⓬何も言葉を言わないのに，聞き手はそれでもあなたのことが理解できる。⓭おもしろいですよね。⓮では，なぜそれが効果的なのでしょうか。

第3パラグラフ

⓯第一に，聞き手の注意を引くことができます。⓰たとえば，自己紹介を始める前に間を置いてみてください。⓱聞き手はあなたにより注目するでしょう。⓲また，スピーチの最中でも，本当に言いたいことの前に間を置くべきです。⓳間を置くと，聞き手は，なぜ話をやめたのだろうと不思議に思うでしょう。⓴彼らは次に何が話されるのか，あなたのことをより注意深く聞こうとするでしょう。

第4パラグラフ

㉑第二に，間があることで，聞き手は考える時間ができ，話し手の言っていることがよりよく理解できるようになります。㉒もし，あなたのスピーチが間を置かずに続くと，聞き手はあなたのメッセージをよく理解することが難しくなります。㉓しかし，重要なことを言ったあと，止まって少しのあいだ待つと，聞き手はより簡単にあなたの話についていけるようになります。

第5パラグラフ

㉔第三に，間を置くことは，話し手にとっても良いことです。㉕間を置かずに話すと，何を言おうとしているのかを思い出せなくなることがあります。㉖もし，次に何を言おうとしているのかを心配すると，何が起こるか想像できますか。㉗良いスピーチをすることが，とても難しくてできなくなります。㉘しかし，少し間を置いて話すと，それほど不安になる必要を感じず，伝えたいことを忘れないかもしれません。㉙そして，自信をもって話すことができます。

第6パラグラフ

㉚ほかの人が聞いているのに，話すのをやめるのは良くないと考える人がいます。㉛会話の中ではそうかもしれません。㉜ほかの人と話すときは，そこにいる一人ひとりと時間を共有しています。㉝それゆえ，間を取ることは難しいです。㉞しかし，スピーチの場合は通常，集団に向けて話すので，話す時間は自分だけに与えられています。㉟つまりそれは，自分のやり方で間の取り方を決められるということです。㊱ですから，間を効果的に使うことは，スピーチ

142

をするうえで大切なことの1つです。

第7パラグラフ

㊲すばらしい話し手になるためには，人々とより良いコミュニケーションをとるために，さまざまな技能を使うことが必要です。㊳次にスピーチをするときに，間を入れるようにしてはいかがでしょうか。

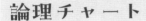

論理チャート

● 良いスピーチ → 人生で重要
  ① 大きな声で話す
  ② 言葉を注意深く選ぶ
  ③ 手を使う

● もう1つの方法 → 間を取ること

  利点

  ① 聞き手の注意を引ける
  ② 聞き手に考える時間を与える
  ③ 話し手が次に何を言うかを忘れない

  話すのをやめるのは良くないのでは？
    会話　　　…　相手と時間を共有しているので難しい
    スピーチ　…　時間はあなたに与えられている

● すばらしい話し手 → たくさんの技能が必要

Lesson
6
列挙の文章に挑戦！

ボキャブラリー・リスト

☐ make a speech		スピーチをする	☐ follow	動	ついていく，理解する
☐ carefully	副	注意深く	☐ keep 〜 ing		〜し続ける
☐ improve	動	改善する	☐ guess	動	推測する
☐ pause	名	間，一時停止	☐ nervous	形	不安な
☐ effective	形	効果的	☐ confidence	名	自信
☐ attention	名	注意	☐ conversation	名	会話
☐ self-introduction		自己紹介	☐ share with 〜		〜と共有する
☐ pay attention to 〜		〜に注意を払う	☐ decide	動	決める
☐ wonder why 〜		なぜ〜なのかと不思議に思う	☐ skill	名	技能，スキル

列挙して説明すると，相手にとってもわかりやすくなりますね！

144

応 用 問 題

❯ 英文の解説

第1・2パラグラフ

❶You are not born / with culture.　❷It is something / that you
　あなたは生まれない　　　　文化とともに　　　　それは何かだ　　　あなたが

learn / as you grow up.　❸You learn your native language / and
学ぶ　　　成長するにつれ　　　　　あなたは母国語を学ぶ　　　　そして

listen to local music.　❹You learn / how to behave / by watching /
その土地の音楽を聞く　　　あなたは学ぶ　どのようにふるまうかを　見ることによって

how other people communicate.　❺You feel comfortable / with this
どのようにほかの人が関わり合うかを　　　あなたは居心地がよい　　　　この文化に

culture / because you understand it well.
　　　　　なぜならばあなたはそれをよく理解しているからだ

❻Then / you decide to travel / to another country / that has a
そこで　あなたは旅に出る決心をする　　　ほかの国に　　　　　とても

very different culture.　❼You step / into a new world.　❽All the
異なる文化をもった　　　あなたは踏みこむ　　新しい世界に　　　人生における

familiar parts of your life, / the culture / which you have learned /
慣れ親しんだ部分のすべて　　　つまり文化は　　　あなたが学んできた

since you were born, / have gone / with a snap of the fingers.　❾It is
生まれたときから　　　行ってしまう　　　指をパチンと鳴らすと

no surprise / that many travelers experience culture shock.
驚きではない　　　多くの旅行者がカルチャーショックを経験するのは

〉 文法 挿入の処理の仕方

　カンマとカンマで囲まれた部分を挿入といいます。次ページのように2段階に分けて考えましょう。

Lesson 6 列挙の文章に挑戦！

① まず，カンマで囲まれた部分をかっこでくくって，いったん無視し，文の骨組みをつかみます。

All the familiar parts of your life, (the culture which you have
　　　　　　　　　　S
learned since you were born,) **have gone** with a snap of the fingers.
　　　　　　　　　　　　　　　　　　　V

「人生で慣れ親しんだすべての部分が消えてしまう」

② そのうえで，挿入部分とその前の箇所の関係を考えます。

All the familiar parts of your life, **the culture which you have learned ...**

　　「人生で慣れ親しんだすべての部分」　　　　　「生まれてから学んできた文化」

　　　　　　　　抽象　　　　　　　　　　　　　　　　　　具体

今回は，具体的に言い換えをしています。このように，挿入には言い換えや補足説明のはたらきがあります。慣れるまでは，この2段階の読み方で理解しましょう。

第3パラグラフ

⑩**Culture shock has some stages.** ⑪**The first stage is often called /**
カルチャーショックにはいくつかの段階がある　　最初の段階はしばしば呼ばれる

the "honeymoon" stage. ⑫**During this stage, /** everything around
「ハネムーン」段階と　　　　　　この段階では　　　　　あなたのまわりのすべてが

you / is new and exciting. ⑬**Everyone is kind /** to you. ⑭**Your host**
　　新しくて刺激的だ　　　　　　みんな親切だ　　　あなたに　ホストファミリー

family or friends take you / to lots of interesting places. ⑮**It's like /**
あるいは友人があなたを連れて行く　　たくさんのおもしろい場所へ　　それはまるで

being on vacation. ⑯**You are having a wonderful time.** ⑰**Culture**
休暇をとっているようだ　　あなたはすばらしい時間を過ごす　　　カルチャー

shock? ⑱**No way.**
ショック？　とんでもない

〉 文脈・論理

　カルチャーショックはいくつかの段階に分かれ，このパラグラフでは，第1段階である「ハネムーン」段階について書かれています。第2段階，第3段階へと展開されることを予想しましょう。

カルチャーショックの段階

第１段階 → ハネムーン段階

第２段階 → ？

第３段階 → ？

第4・5パラグラフ

❿At some point / of the honeymoon stage, / however, / reality
どこかの時点で　　　ハネムーン段階の　　　　　しかし　　　現実が

hits. ⓴This is the start / of the second stage / of culture shock.
ぶつかる　　これが始まりだ　　　第２段階の　　　　カルチャーショックの

㉑And this can be the most difficult. ㉒You find / you are not on
　　　そしてこれは最も困難になりうる　　　あなたは気づく　自分が休暇をとっている

vacation. ㉓You are going to live / in this new country / for a long
のではないことに　　あなたは暮らすのだ　　　この新しい国で　　　　長いあいだ

time. ㉔People around you / are less friendly. ㉕Your friends don't
　　　　周囲の人々は　　　　友好的でなくなる　　　友人はあなたに電話しない

call you / every day. ㉖Your host family has stopped / treating you /
　　　毎日　　　　ホストファミリーはやめる　　　　あなたを扱うのを

like a special guest. ㉗Life becomes more difficult.
特別ゲストのように　　　人生はますます困難になる

㉘In this second stage, / the new culture doesn't excite you / any
　　この第２段階では　　　　新しい文化はあなたを興奮させない　　　これ以

more. ㉙In fact, / nothing around you / is interesting. ㉚You are
実際に　　まわりの何もかもが　　　おもしろくない　　　あなたは

tired / of listening to the new language. ㉛You begin to think /
うんざりする　　　新しい言語を聞くことに　　　　あなたは考え出す

everyone is making life difficult / for you. ㉜You start to criticize /
みんなが人生を困難にしていると　　あなたに対し　　あなたは批判を始める

people around you: "People in this country / think about
周囲の人々への　　　　「この国の人々は　　　　自分のことしか

themselves." "I don't like them." ㉝This stage can be / a really hard
考えない」　　　　　「私は彼らがきらいだ」　　　　この段階はなりうる　　　　本当につらい

time.
時間に

〉 文脈・論理

　第4・5パラグラフでは，カルチャーショックの第2段階について説明されています。困
難にぶつかり，周囲の目新しさもなくなります。

カルチャーショックの段階
　第1段階　→　ハネムーン段階
　第2段階　→　困難な段階
　第3段階　　　？

第6パラグラフ

㉞Even when life is difficult, / it goes on. ㉟Just like you learned /
　たとえ人生が困難なときでも　　　それは続く　　ちょうどあなたが学んだように

your native culture / as you grew up / in your first country, / you
母国の文化を　　　　成長するにつれ　　　　最初の国で　　　　あなたは

begin to learn / the new culture. ㊱This is the beginning / of the
学び始める　　　新しい文化を　　　これが始まりだ

third stage. ㊲Life starts to get better. ㊳Your language skills get
第3段階の　　暮らしはより良くなり始める　　　語学の技術も向上する

better, / and everyday / things become more familiar and easier.
そして毎日　　　　物事にだんだん慣れ，容易になっていく

㊴You begin to know / people on the bus / you catch every day /
あなたは知り始める　　バスの人々を　　　　あなたが毎日乗る

to school. ㊵You learn / about the best stores. ㊶You stop giving
学校へ　　あなたは知る　　最も良い店を　　　あなたはドル札を

dollar bills / every time you buy something / because you can now
渡すのをやめる　　　　何かを買うごとに　　　　なぜなら今はもう小銭を

count change. ㊷In this stage, / you feel / you are beginning to

数えられるからだ　　　　この段階で　　あなたは感じる　　　　あなたが所属し始めて

belong. ㊸You may still have bad days, / **but** life is improving. ㊹You

いることを　　　まだ悪い日もあるかもしれない　　しかし生活は良くなっている　　あなたは

no longer feel / like a fish out of water.

もう感じない　　　　　水から出た魚のように

〉 文脈・論理

カルチャーショック第3段階では，生活が上向いてきます。

Lesson **6** 列挙の文章に挑戦！

```
カルチャーショックの段階
　第1段階　→　ハネムーン段階
　第2段階　→　困難な段階
　第3段階　→　新たな文化を学び始める段階
　第4段落　　　？
```

〉 文法 接続詞 every time

every time は「〜するたびに」という意味の接続詞のはたらきをしています。

㊶You stop giving dollar bills **every time** you buy something ... .
S　V　　　　　　　　　　　接続詞　S'　V'

「あなたは買い物をするたびにドル札を渡すことをやめる」

〉 文法 前置詞 like

like には動詞「好きである」とは別に，「〜のように」という意味の前置詞のはたらきがあります。

㊹You no longer feel **like** a fish out of water.

「あなたはもはや，水から出た魚のように感じない」

㊺In the final stage / of culture shock, / you feel / you belong to
最終段階で　　　カルチャーショックの　あなたは感じる　　あなたは場所に

the place / you are living in. ㊻This does not mean / you have
所属している　　あなたが暮らしている　　　　これは意味しない　　　　　あなたが

forgotten your country. ㊼It means / that you feel comfortable / in
自分の国を忘れたことを　　　　それは意味する　　　あなたが快適に感じる

the new culture. ㊽You can now see / both the good things and the
新しい文化の中で　　　　あなたは今見える　　　　　　良いことと悪いことの

bad things. ㊾Understanding the new culture / helps you / to think
両方を　　　　　　新しい文化を理解することは　　　あなたを助ける　　自分の

more about your own culture / and to understand more about
文化についてもっと考えることを　　　　　そして自分自身についてもっと理解

yourself.
することを

> 文脈・論理

　さあ，いよいよ最終段階です。筆者はカルチャーショックを4つに分類しています。

カルチャーショックの段階

第1段階 → ハネムーン段階

第2段階 → 困難な段階

第3段階 → 新たな文化を学び始める段階

第4段階 → 新たな文化への所属を感じる段階

> 文法 予測に役立つ相関語句

　both がきたら次に何がきますか？ そう，and です。**both A and B**「A と B の両方」と
いう形をよくとります。

㊽You can now see **both** the good things **and** the bad things.
「あなたは今，良いことと悪いことの両方を見ることができる」

　このような「こうきたら，次にこうくる」というものを相関語句といいます。では，

either / from / between があったら，次に何がきますか？

- **either** *A* **or** *B*　　「A か B かどちらか」
- **from** *A* **to** *B*　　「A から B へ」
- **between** *A* **and** *B*　「A と B のあいだ」

野球で一流外野手がフライをとるときに，すばやく落下点に入ってかまえるように，これらの相関語句を見たら，次にくるものを先回りして予測し，余裕をもって受けとめましょう。

> 文法　**文構造の理解**

㊾の文構造を把握しましょう。

㊾ <u>Understanding the new culture</u> <u>helps</u> <u>you</u>
　　　　　　S　　　　　　　　　　　　　V　　　O

　　　　　　to think more about your own culture
　　　　　　　　and
　　　　　　to understand more about yourself.
　　　　　　　　　　　　　　　　　　　　C

動詞 **help** は〈S＋help＋O＋(to) *do*〉という形をとり，O と **to** *do* のあいだには，〈主語＋述語〉の関係があります。

　直訳すると，「新しい文化を理解することが，自分の文化についてより考え，自分自身についてより理解することを助ける」となります。少し意訳すると，「新しい文化を理解することで，自分の文化をより考え，自分自身をより理解するようになる」となります。

第8パラグラフ

㊿ Culture shock can be really hard, / especially at the second
　カルチャーショックは本当に困難になりうる　　　　　　　　とくに第2段階で

stage. 51 However, / there are many good points / of traveling to
　　　　　しかし　　　　　　多くの良い点がある　　　　　　　　異なる文化に

different cultures / and learning about different ideas and customs.
　旅すること　　　　　　　　そして異なる考えや習慣について学ぶことの

52 If you understand / culture shock and its stages, / traveling
　もしあなたが理解すれば　　　カルチャーショックとその段階を　　　　　旅は

becomes more enjoyable.
ますます楽しいものになる

> **語彙** 「可能」を表す接尾辞 -able

単語の後ろに **-able** があると，「可能」という意味になります。

例 enjoy ＋ able → enjoyable
　　楽しい　　可能　　　　楽しめる

海外で食料品を買った際，「レンジでチンできるかな？　そういえばそもそも『チンできる』って英語でどう言うのだろう？」と思ってパッケージを見ると，**microwavable** と書かれていました。この単語を分解すると，以下のようになります。

例 microwave ＋ able → microwavable
　　電子レンジ　　可能　　　　電子レンジ可

❷ 設問の解説・解答

解説

問1

　1　直前の❻ Then you decide to travel to another country that has a very different culture. の言い換え表現を選びます。

　2　㉝ This stage can be a really hard time. と㊿ Culture shock can be really hard, especially at the second stage. を根拠に考えましょう。

　3　第2段階から第3段階への変わり目にふさわしいものを入れます。

問2　**No way** とは **No** を大げさに表す表現です。直前の「（ハネムーン段階で）カルチャーショック（は起こるだろうか）？」に対する答えを選びます。この段階は楽しくてしょうがない時期です。

問3　直前の **however** に注目しましょう。楽しかったハネムーン段階が終わり，あなたはどう思うのでしょう？

ア　あなたはこの新しい国でただ休暇をとっているだけだと理解する。
イ　あなたは新しい国での暮らしが自国の暮らしほどやさしくないだろうと気づく。
ウ　ハネムーン段階はあなたにとって本当のハネムーンのように感じる。
エ　ちがう国の人々の生活があなたにとっては現実のように見える。

問4

解法のポイント

　記述問題では，本文中に該当箇所を見つけて，字数に合わせ訳出する。感覚で訳出するのではなく，必ず根拠を踏まえてください。

a fish out of water とは「本来いるべきはずの場所の外へ出され，どうにもならない状態」のたとえです。㊹は，㊷… you are beginning to belong の比喩になっています。

問5 ㊾ Understanding the new culture helps you <u>to think more about your own culture and to understand more about yourself.</u> を字数に合わせ訳出しましょう。

問6

ア　あなたの両親は母国の文化のすべてをあなたに教える。
　　→ 本文に記述がありません。everything などの極端な表現は注意です。

イ　第1段階では生活が楽しすぎるので，カルチャーショックの問題をもたない。
　　→ 第3パラグラフで，ハネムーン段階では問題を感じないと書かれています。

ウ　カルチャーショックの第2段階で，周囲の人々がハネムーン段階のときほど友好的ではないと感じる。
　　→ ㉔に「周囲の人が（以前ほど）友好的でなくなる」とあります。

エ　カルチャーショックの第3段階がすべての段階で最も幸せなときだ。
　　→ 第3段階も悪くはありませんが，幸せなのはやはりハネムーン段階でしょう。

オ　カルチャーショックの最終段階では，新しい文化のほうが母国の文化よりも良いと感じる。
　　→ ㊽で「物事の良いことも悪いこともわかるようになる」と書かれています。つまり，客観的に自国と他国を見られるようになるということです。

カ　あなたはカルチャーショックのすべての段階でいくらかの困難なときをもつ。
　　→ ハネムーン段階では困難を感じません。

キ　外国に旅する前にはカルチャーショックについて学ぶとよい。
　　→ ㊾に「カルチャーショックを理解すれば旅はより楽しめる」とあります。

Lesson
6
列挙の文章に挑戦！

解答

問1　① ア　② ウ　③ イ

問2　エ

問3　イ

問4　自分が今暮らす国に所属していると感じ始めること。(24字)

問5　自国の文化について考え，自分自身についてより理解するようになること。(34字)

問6　イ　ウ　キ

第1パラグラフ

❶あなたは文化といっしょに生まれるわけではない。❷それは成長するにつれ学ぶものだ。❸あなたは母国語を学び，その土地の音楽を聞く。❹あなたはほかの人がどう関わり合うのかを見て，ふるまい方を学ぶ。❺この文化をとても快適に感じる，なぜならばよく理解しているからだ。

第2パラグラフ

❻そして，あなたはとても文化のちがう国へ旅する決意をする。❼あなたは新しい世界へと足を踏み入れる。❽指をパチンと鳴らすだけで，人生で慣れ親しんだすべての部分，生まれてから学んできた文化が消えてしまう。❾多くの旅行者がカルチャーショックを経験するのは驚きではない。

第3パラグラフ

❿カルチャーショックにはいくつかの段階がある。⓫最初の段階はしばしば「ハネムーン」段階と呼ばれる。⓬この段階では，周囲のすべてが新しく，刺激的だ。⓭みんなあなたに親切だ。⓮ホストファミリーや友人たちが，たくさんのおもしろい場所に連れて行ってくれる。⓯まるで休暇中のようだ。⓰あなたはすばらしいときを過ごす。⓱カルチャーショックだって？⓲とんでもない。

第4パラグラフ

⓳しかし，ハネムーン段階のどこかの時点で，現実にぶつかる。⓴これがカルチャーショックの第2段階の始まりだ。㉑そしてこれが最も困難になりうる。㉒休暇に来たわけではないことに気づく。㉓この新しい国で，長いあいだ暮らしていくのだ。㉔周囲の人は友好的でなくなってくる。㉕友人は毎日電話してくるわけではない。㉖ホストファミリーもあなたを特別ゲストのように扱うことをやめる。㉗人生がどんどん困難になる。

第5パラグラフ

㉘この第2段階では，新しい文化はもうあなたを興奮させない。㉙実際，まわりのものは何もおもしろくない。㉚あなたは新しい言語を聞くことにうんざりする。㉛みんながあなたの人生を困難にしていると考え始める。㉜あなたは周囲の人を批判し始める，「この国の人は自分のことしか考えない」「私は彼らがきらいだ」。㉝この段階は本当につらい時間になりうる。

第6パラグラフ

㉞たとえ人生が困難なときでも，それは続く。㉟ちょうどあなたが最初の国で成長するにつれて母国の文化を学んだように，あなたは新しい文化を学び始める。㊱これが第3段階の始まりだ。㊲暮らしは良くなり始める。㊳言語技術は向上し，日々物事になじみ，容易になっていく。㊴毎日の通学バスに乗る人たちを知り始める。㊵最高のお店を知る。㊶小銭も数えられるので，買い物をするたびにドル札を渡すこともやめる。㊷この段階では，あなたは所属し始めているように感じる。㊸まだ悪い日もあるかもしれないが，暮らしは良くなっている。㊹もはや水から出た魚のように感じることもない。

第7パラグラフ

㊺カルチャーショックの最終段階で，あなたは暮らしている場所に所属していると感じる。㊻これは自分の国を忘れたことを意味しない。㊼新しい文化の中で快適に感じることを意味する。㊽今は良いことも悪いことも見ることができる。㊾新しい文化を理解することで，自分の文化についてより考え，自分自身についてより理解できるようになる。

第8パラグラフ

㊿とりわけ第2段階において，カルチャーショックは本当に困難になりうる。51しかし，異なる文化へと旅をして，異なる考えや習慣を学ぶことには，多くの良い点がある。52カルチャーショックとその段階を理解すれば，旅はより楽しいものになる。

論理チャート

カルチャーショックの段階

● 外国の異なる文化へ

↓

● カルチャーショック

① ハネムーン段階

② 困難な段階

③ 新たな文化を学び始める段階

④ 新たな文化への所属を感じる段階

↓理解

旅がより楽しくなる

ボキャブラリー・リスト

□ culture	名	文化	□ guest	名	客
□ as + S' + V'	接	～するにつれて	□ any more		これ以上
□ grow up		成長する	□ *be* tired of ～		～にうんざりする
□ native language		母国語	□ begin to *do*		～し始める
□ how to *do*		～の仕方	□ criticize	動	批判する
□ comfortable	形	心地良い	□ just like ～		ちょうど～と同様に
□ familiar	形	よく知っている	□ skill	名	技量
□ traveler	名	旅行者	□ bill	名	紙幣
□ experience	動	経験する	□ every time + S' + V'	接	～するたびに
□ stage	名	段階	□ count	動	数える
□ honeymoon	名	ハネムーン	□ change	名	小銭
□ wonderful	形	すばらしい	□ belong	動	所属する
□ no way		とんでもない	□ improve	動	良くなる
□ reality	名	現実	□ no longer ～		もはや～でない
□ hit-hit-hit	動	ぶつかる	□ forget-forgot-forgotten	動	忘れる
□ for a long time		長いあいだ	□ custom	名	習慣
□ treat	動	扱う	□ enjoyable	形	楽しめる
□ like ～	前	～のように			

これから，文章を読む
ときに箇条書きをイ
メージします！

learn と unlearn

　一時期，翻訳教室に通っていました。講師は『ダ・ヴィンチ・コード』など多くの訳書で知られる越前敏弥先生です。毎回，事前課題を訳したうえで，授業に臨みます。「うまく訳せたぞ！」と自信満々で参加しても，先生に圧倒的な力の差を見せつけられ，自分の日本語の表現力の乏しさにもどかしさを覚えます。翻訳は英語というよりも，むしろ日本語の作業なのです。先生のことばを拝借すると，翻訳とは「原著者が，かりに日本語を知っていたら，そう書くにちがいないような日本語にすること」なのです。
「英文和訳」と「翻訳」では，いったい何がちがうのでしょう？

　英文和訳の場合，原文を知っている採点者が読者です。採点者が聞きたいのは，「この単語を知っていますか？」「構文はつかめていますか？」「代名詞は何をさしていますか？」ということです。この要求にしっかりとこたえる必要があります。

　これに対して，翻訳書では原文を読んでいない読者が対象ですので，まるで日本人作家が書いたかのような自然な日本語にする必要があります。翻訳の授業でも，「いちいち主語は訳さない」「過去形だからといって『〜た』と訳さない」「He を『彼』とは訳さない」など，これまで学校で学んだ内容を捨てることが要求されます。

「学び」には learn と unlearn の 2 つの段階があります。learn とは，与えられたことを型どおりにきっちりと学ぶことです。それに対して，unlearn は，身につけた型を意識的に捨てて，実践で求められる形につくりなおすプロセスです。「学びほぐし」とも訳されます。un- は「否定」を表す接頭辞です。

　英文和訳では learn の力が，そして翻訳では unlearn の力が求められます。

　みなさんはまだ learn の段階なので，与えられたマス目をぬりつぶしていくイメージでもよいかもしれません。しかし，本当の「学び」とは，learn と unlearn を繰り返しながら，のぼっていくイメージなのだと思います。

越前先生の訳書の数々
（資料提供：KADOKAWA）

二項対立の文章に挑戦！

今回は，入試頻出の展開パターンである二項対立の文章を集中的に学習します。

二項対立とは？

みなさんの手元には，どんな辞書がありますか？ 紙の辞書，それとも電子辞書？ 最近では電子辞書が優勢のようです。

では，紙の辞書と電子辞書の特徴を比較してみましょう。

	紙の辞書	電子辞書
携 帯 性	重くて携帯しづらい	コンパクトで携帯しやすい
一 覧 性	例文や派生語など一覧できる	画面の大きさに制限がある
操 作 性	慣れるまで時間がかかる	初心者でも比較的簡単
覚えやすさ	書きこみができる	単語カード機能などがある
価 格	1冊数千円	高機能なものは数万円

今，辞書について「紙の辞書か電子辞書か？」を比べてみました。このように「AかBか？」と2つの対立軸を明確にして論じることを「二項対立」と呼びます。漠然と語るよりも論点がハッキリします。

入試によく出る二項対立

じつは，ここまで学んできた文章の多くが二項対立で論じられていました。

- ●インターネットの良い点と悪い点
- ●アメリカ人と日本人のほほえみのちがい
- ●動物園の過去と現在
- ●アメリカ英語とイギリス英語

このように二項対立は入試頻出の論理展開パターンなのです。

逆接・対比のディスコース・マーカーに注目！

二項対立では当然，逆接・対比の論理展開がなされます。**but / however** 以外のディスコース・マーカーをまとめます。

- **although / though**「〜だが」

  例　**Although** he was sick, he went to work.

  「彼は具合が悪かったのですが，仕事に行きました」

- **while**「〜だが」

  例　**While** Japan is a small country, its economy is the third largest in the world.

  「日本は小さな国ですが，経済は世界で3番目の大きさです」

- **on the one hand** 〜, **on the other hand** …「一方では〜，他方では…」

  例　**On the one hand** the food was good, but **on the other hand** the service was bad.

  「食事は良かった一方で，サービスはひどかったです」

- **in contrast**「対照的に」

  例　Last year we had a lot of snow. **In contrast**, we have a mild weather this year.

  「去年は雪がたくさん降りました。今年は対照的に暖かいです」

「何と何を対立させているのか？」を意識して読んでみよう。逆接・対比表現は要チェック！

Lesson 7 二項対立の文章に挑戦！

標準問題

❷ 英文の解説

第1パラグラフ

❶Have you heard of SNS? ❷It is a tool / for communication / on
SNSを聞いたことがありますか　　それは道具です　コミュニケーションのための

the Internet / that people can use / to send and receive information /
インターネット上の　　　　人々が使える　　　　情報を送ったり受け取ったりするために

easily. ❸I think / a lot of junior and senior high school students /
簡単に　　私は思う　　　　　　　　多くの中高生が

enjoy it / because they can use it / to communicate / with each other.
それを楽しむ　彼らはそれを使うことができるから　コミュニケーションするために　　お互いに

❹For example, / Twitter is very popular / among young people. ❺I
たとえば　　ツイッターはとても人気がある　　　　若者のあいだで　　　　私は

use it / every day. ❻SNS is a very useful tool / in life, / but using it /
それを使う　毎日　　　SNSはとても便利な道具だ　　生活の中で　しかし，それを使うことは

can also make problems.
問題もつくりえる

> ▶ 文脈・論理

　この文章はスピーチ原稿です。書きことばと話しことばのちがいはありますが，基本的な構成はエッセイと同じです。第1パラグラフは「導入（introduction）」で，文章全体を要約的にまとめます。これから「SNSの利点，問題点」について述べられることがわかります。なお，SNSはSocial Networking Serviceの略ですが，英語では一般的にsocial mediaと呼ばれます。

> ▶ 文法　文構造の理解

　❷の文は，次の2文が目的格の関係代名詞thatでつながれていると考えましょう。関係代名詞には接続詞と代名詞の役割が含まれます。

It is a tool for communication on the Internet.

+ People can use it to send ... .

❷ It is a tool for communication on the Internet that people can
先行詞
use to send ... .

第2パラグラフ

❼ Now, / I am going to talk / about why SNS is useful. ❽ First, / it
では　　　　私は話すつもりだ　　　なぜSNSが役立つのかについて　　第一に それは

can be a good tool / for communicating / with our friends and many
良い道具になりえる　　　コミュニケーションするための　　友人やほかの多くの人々と

other people. ❾ We often take pictures, / make funny videos, / and
　　　　　　　　　私たちはよく写真をとり　　　おもしろい動画をつくり

put them / on SNS. ❿ People who read and watch them / can write
それらを置く　SNSに　　　　それらを読んだり見たりした人たちは　　　　コメントを

comments, / and that information can spread / all over the world.
書くことができる　　そしてその情報は広がることができる　　　世界中に

⓫ Second, / it can be a useful tool / for business. ⓬ Shopping on the
第二に　　　それは役立つ道具になりえる　　　ビジネスに　　　　　インターネットでの

Internet / is becoming more popular / these days. ⓭ Big companies, /
買い物が　　　　より人気になっている　　　　　最近　　　　　大企業

small companies, / and even one person / can increase their chances /
小企業　　　　　　そして個人でさえ　　　　機会を増やすことができる

of selling goods / by using SNS. ⓮ Information and comments / about
商品を売る　　　　SNSを使って　　　　情報とコメントが

goods / can be spread and shared / all over the world / through SNS.
商品についての　　広がって共有される　　　　世界中に　　　　SNSを通して

⓯ Third, / SNS is useful / in emergencies. ⓰ People can check SNS /
第三に　　　SNSは役に立つ　　　緊急の際に　　　　人々はSNSを確認する

to know / if their family and friends are safe. ⓱ This happened / when
知るために　　家族や友人が安全かどうかを　　　このことが起こった

the Great East Japan Earthquake hit / the Tohoku area / in 2011.
東日本大震災が襲ったとき　　　　　　　　　　東北地方を　　　　2011年に

Lesson
7
二項対立の文章に挑戦！

SNS の利点が **First / Second / Third** と列挙されています。以下のような箇条書きでとらえましょう。

SNS が役立つ理由

① 友人や多くの人とのコミュニケーションツールとなる

② ビジネスでも役に立つ

③ 緊急時にも役に立つ

第3パラグラフ

⑱However, / we need to be careful / when we use SNS. ⑲Have
しかし　　私たちは注意深くなる必要がある　　SNS を使うときに

you ever heard / of surprising news / about SNS? ⑳I was shocked /
あなたは聞いたことがあるか　驚くべきニュースを　SNS について　私はショックを受けた

to hear / that some young Japanese workers / at a convenience store
聞いて　　　一部の日本の若い従業員が　　　　コンビニやすし店で

or a sushi restaurant / took bad videos / in their workplace / and put
　　　　　　　　　　　悪質な動画をとって　彼らの職場で　そしてそれらを

them / on Twitter. ㉑These videos quickly spread / on the Internet /
上げた　ツイッターに　　これらの動画はすぐに広がった　　インターネット上に

and became big problems / on the news. ㉒There are also some other
そして大問題になった　　　ニュースで　　　　またほかの問題もある

problems / with using SNS. ㉓One of them / is health problems.
　　　　　SNS を使うことで　それらの1つは　　健康問題だ

㉔For example, / if you spend too much time / using SNS / at night, /
たとえば　　もしあなたが時間を使いすぎたら　SNS を使うことに　夜に

you cannot get enough sleep. ㉕It is not good / for your health.
あなたは十分な睡眠がとれない　　　それは良くない　　あなたの健康にとって

㉖Actually, / some students are late for / or cannot go to school /
実際　　　　一部の生徒は遅れる　　　　あるいは学校に行けない

because they are too tired. ㉗Another problem is / bullies at school /
なぜならあまりに疲れているから　　もう1つの問題は　　学校でのいじめだ

using SNS. ㉘It may be difficult / for some students / to come to
SNS を使った　難しいかもしれない　　一部の学生が　　学校に来ることが

school / if they have troubles / with bullies / on the Internet.
もし彼らが問題を抱えていたら　　いじめの　　インターネット上での

> 文脈・論理

この段落では SNS の問題点があげられています。

> SNS には注意が必要
> ① 問題のある動画が拡散
> ② 健康問題
> ③ いじめ問題

> 文法 感情の原因を表す不定詞の副詞的用法

不定詞の副詞的用法には，感情を表す形容詞を修飾する用法もあります。

⑳ I was shocked to hear that …. 「私は…を聞いてショックを受けました」
　　　　　感情　←　　原因

> 不定詞で用いられる感情を表す形容詞
>
> 形容詞
>
> glad（うれしい）/ happy（うれしい）/ sad（悲しい）/ sorry（残念だ）
>
> 形容詞化した過去分詞
>
> surprised（驚いた）/ pleased（喜んだ）/ disappointed（がっかりした）/
>
> shocked（ショックを受けた）

> 文法 spend の語法

動詞 spend は，以下のように使われます。

〈S + spend + 時間［お金］ (in) ～ ing〉「S は～するのに 時間［お金］ を費やす」

㉔ … if you spend too much time using SNS ….

「もしあなたが SNS を使うことにあまりに多くの時間を費やすと」

㉙ SNS has become / a very useful tool / for communication / these
SNS はなった   とても便利な道具に   コミュニケーションのための   最近

days. ㉚ We can communicate / with people / all over the world / by
     私たちはコミュニケーションできる   人々と   世界中の

using SNS. ㉛ We may have trouble / with using SNS / sometimes.
SNS を使って   私たちは問題をもつかもしれない   SNS を使うことで   ときどき

㉜ However, / if it is used / in a good way, / it will be a great tool /
   しかし   もしそれが使われれば   良いやり方で   それはすばらしい道具になるだろう

to make life better. ㉝ Thank you.
人生をより良くするための   ありがとう

〉 文脈・論理

　ここまで，メリット・デメリットの両論が出されました。第4パラグラフは結論（conclusion）です。最後に **may** があり，これは譲歩の合図です。「～かもしれない，しかし…」という展開になります。逆接の後ろが筆者の言いたいことです。両論をあげたうえで，「SNS はすばらしいツールだ」と締めくくっています。

㉛ We **may** have trouble with using SNS sometimes.
　　　　譲歩　　反対意見にも理解を示し歩み寄る
㉜ **However**, if it is used in a good way, it will be a great tool to make
　　　　　　　　　　　　主張　　筆者が真に言いたいこと
life better.

❷ 設問の解説・解答

解説
問1　代名詞 it は原則，前に出てきたものをさします。

❶ Have you heard of SNS?　❷ It is a tool for communication on the
Internet ... .

問2　第2パラグラフが「SNS の利点」，第3パラグラフが「SNS の問題点」と対立しているので，逆接を示す **However** が答えとなります。

164

問3 パラグラフに対応させて並べかえると，以下のようになります。

第1パラグラフ　　B　若者に人気のコミュニケーションツール

↓

第2パラグラフ　　A　どのように SNS が役立つ道具になるのか

↓

第3パラグラフ　　C　SNS を悪用すると何が起こるか

↓

第4パラグラフ　　D　SNS を使ってどのように人生を良くできるか

問4

ア　SNS は人々が買い物をするときに役に立つ。

→ ⑫ 〜 ⑭ に「SNS でネットショッピングが促進される」と書かれています。

イ　SNS は学校でいじめが起こったときに先生の役に立つ。

→ ㉗ ㉘ には，SNS がいじめの原因として書かれています。

ウ　若者は動物の動画を見るために SNS を使う。

→ 本文中に動物の動画についての記述はありません。

エ　インターネット上での買い物は老人のあいだでは人気がない。

→ 本文中に老人の買い物についての記述はありません。

オ　一部の若者が悪い動画をインターネット上に投稿した。

→ ⑳ ㉑ に同内容が書かれています。

ウと**エ**はあてはまる場合もあるでしょうが，本文中に根拠がないので間違いです。

問5

ブラウン先生　：美樹さんのスピーチで最も重要な点は何ですか。1 文で言ってください。

生徒　　　　　：(　　　　　　　　　　)

ブラウン先生　：そのとおり。それが重要な点です。

ア　SNS はときどき問題を起こすが，とても役立つものになりえる。

→ 第 4 パラグラフで同内容が書かれています。

イ　多くの生徒はコミュニケーションにとって危険な道具だと考えるので SNS を使わない。

→ ❸ で「多くの中高生が使っている」とあります。

ウ　大企業だけが商品を売るチャンスを得られるので，SNS はビジネスにとってすばらしい道具である。

→ ⑬ には「大企業だけでなく，小企業や個人にも機会を与える」とあります。

エ　一部の学生は十分な睡眠をとるために SNS を良い方法で使います。

→ ㉔ 〜 ㉖ に「SNS のせいで睡眠不足になる」とあります。

Lesson
7

二項対立の文章に挑戦！

問1 イ　**問2** イ　**問3** ウ　**問4** ア　オ　**問5** ア

全文訳

第1パラグラフ

❶SNS を聞いたことがありますか。❷それは簡単に情報を送ったり受け取ったりすることができるインターネット上のコミュニケーションツールです。❸SNS を利用してコミュニケーションをとることができるので，多くの中高生が楽しんでいると思います。❹たとえば，ツイッターは若い人たちにとても人気があります。❺私も毎日それを使っています。❻SNS は生活の中でとても便利なツールですが，使うことで問題が起こることもあります。

第2パラグラフ

❼では，なぜ SNS が便利なのか，その理由をお話しします。❽まず，それは友人やほかの多くの人とコミュニケーションをとるための良いツールになります。❾私たちはよく写真をとったり，おもしろい動画をつくったりして，SNS に載せます。❿それらを読んだり見たりした人はコメントを書くことができ，その情報が世界中に広がっていきます。⓫第二に，ビジネスにも役立つ道具になりえるということです。⓬最近，インターネットでの買い物がますます盛んになっています。⓭大企業，中小企業，そして個人でさえも SNS を活用することで，商品を売る機会を増やすことができます。⓮商品に関する情報やコメントは，SNS を通じて世界中に広まり，共有することができます。⓯第三に，SNS は緊急時に役立ちます。⓰家族や友人が無事かどうか，SNS で確認することができます。⓱2011 年に東北地方を襲った東日本大震災のときにこのことが起こりました。

第3パラグラフ

⓲しかし，SNS を利用する際には注意をする必要があります。⓳SNS に関する驚くべきニュースを聞いたことはありますか。⓴私は，コンビニやすし店で一部の若い日本の従業員が，職場で撮影した悪質な動画をツイッターに投稿したと聞いて，ショックを受けました。㉑これらの動画はまたたく間にインターネット上で拡散され，ニュースで大問題になりました。㉒また，SNS を利用することによる問題もあります。㉓その1つが健康問題です。㉔たとえば，夜中に SNS を使いすぎると，十分な睡眠がとれなくなります。㉕それは健康に良くありません。㉖実際，疲れすぎて遅刻したり，学校に行けなかったりする生徒もいます。㉗もう1つの問題は，SNS を利用した学校でのいじめです。㉘インターネット上のいじめに悩んでいると，一部の生徒は学校に来るのが難しくなるかもしれません。

第4パラグラフ

㉙SNS は，いまやコミュニケーションのためのとても便利なツールです。㉚SNS を使うことで世界中の人とコミュニケーションをとることができます。㉛ときには SNS を使ううえで問題があるかもしれません。㉜しかし，じょうずに使えば，人生をより良くしてくれるすばらしい道具になると思います。㉝ありがとうございました。

論理チャート

SNS の利点と問題点

SNS ・インターネット上のコミュニケーションツール
・多くの中高生が利用
- 例 ツイッター

利　点
① 友人や多くの人とのコミュニケーションツールとなる
② ビジネスでも役に立つ
- 例 インターネットショッピング
③ 緊急時にも役に立つ
- 例 東日本大震災

問題点
① 悪質な動画が拡散　例 コンビニ，すし店の従業員
② 健康問題　例 睡眠不足
③ いじめ問題

SNS はうまく使えば，人生をより良くする

Lesson
7
二項対立の文章に挑戦！

ボキャブラリー・リスト

□ tool	名	道具	□ increase	動	増加する，増加させる
□ receive	動	受け取る	□ chance	名	機会
□ information	名	情報	□ goods	名	商品
□ easily	副	簡単に	□ share	動	共有する
□ useful	形	役に立つ	□ emergency	名	緊急事態
□ comment	名	コメント	□ careful	形	注意深い
□ spread	動	広がる	□ workplace	名	職場
□ these days		最近	□ quickly	副	すばやく，すぐに
□ company	名	会社	□ health	名	健康
□ even	副	～さえも	□ bully	名	いじめ

❯ 英文の解説

第1パラグラフ

❶In the United States, / it is important / to be on time / for an
アメリカでは　　　　　　それは重要だ　時間どおりであることが

appointment, a class, a meeting, etc. ❷However, / this may not be
待ち合わせ，授業，会議などで　　　　しかし　このことはあてはまらない

true / in all countries. ❸An American professor discovered this
かもしれない　すべての国で　　　　　　あるアメリカ人教授がこのちがいを

difference / while teaching a class / in a Brazilian university. ❹The
発見した　　　　授業で教えているときに　　　　ブラジルの大学で

two-hour class was scheduled / to begin at 10 a.m. / and end at 12 p.m.
2時間授業が組まれていた　　　　　　　10時に始まり　　　　そして12時に終了する

❺On the first day, / when the professor arrived on time, / no one was
初日　　　　　　　　教授が時間どおりに到着したとき　　　　　だれも

in the classroom. ❻Many students came / after 10 a.m. ❼Several
教室にいなかった　　　　多くの学生が来た　　　　10時過ぎに　　　　数名が

arrived / after 10:30 a.m. ❽Two students came / after 11 a.m.
到着した　　10時30分過ぎに　　　　2人の学生が来た　　　　11時過ぎに

❾Although all the students greeted the professor / as they arrived, /
すべての学生が教授にあいさつしたものの　　　　　　　着いたときに

few apologized / for their lateness. ❿Were these students rude?
謝った者はほとんどいなかった　遅れについて　　　　この学生たちは無礼だったのか

⓫He decided / to study the students' behavior.
彼は決めた　　　　学生たちの行動を研究することを

❯ 文脈・論理

今回の文章は，アメリカ人とブラジル人の時間に対する感覚についての二項対立です。

> **語彙** 「否定」を表す接頭辞 **dis-**

discover の **dis-** は「否定」を表します。
cover が「覆う」という意味なので,「覆われて
いるものを外す」ということから,「発見する」
という意味が導かれます。右の絵のようなイ
メージです。

> 例 **dis** + **ease** = **disease**　病気とは「安らげない状態」ですね。
> 　　否定　　安らぎ　　病気

Lesson
7
二項対立の文章に挑戦!

> **文法** 〈**while** + S' + *be*〉での〈S' + *be*〉の省略

while の後ろの主語と **be** 動詞はしばしば省略されます。省略されたものをもとに戻す
と,次のようになります。

> ❸ ... while teaching a class ... .
>
> 　　　　　　　↓
>
> ... while (**he was**) teaching a class ... .

> **文法** **few** と **a few** のちがい

little と **a little** と同様に, **few** と **a few** も意味が異なります。

> ●**few** → ほとんどない
>
> 　例　**Few** students could answer the question.
>
> 　　「ほとんどの学生がその質問に答えられませんでした」
>
> ●**a few** → 少しはある
>
> 　例　**A few** students could answer the question.
>
> 　　「数名の学生がその質問に答えられました」

> ❾ ... **few** apologized for their lateness.
>
> 　「遅れについて謝った者はほとんどいなかった」

ちなみに,❾の **few** は代名詞として使われています。

研究や実験の場面で用いられる **study** は「研究する」と訳しましょう（☞ p.112）。

❶He decided to **study** the students' behavior.

「彼は学生たちの行動を研究することを決めた」

第2パラグラフ

❷The professor talked / to American and Brazilian students /
　教授は話した　　　　　　　　アメリカ人とブラジル人の学生に

about lateness / in both an informal and a formal situation /: lunch
　遅れについて　　　　形式ばらない状況とあらたまった状況の両方で

with a friend and a university class.　❸He gave them an example /
つまり友人との昼食と大学の授業で　　　　　教授は学生たちに例を与えた

and asked them / how they would react.　❹If they had a lunch
そして彼らにたずねた　　彼らがどう反応するのか　　　　　　もし彼らが昼食の

appointment / with a friend, / the average American student
約束をしていたら　　　友人と　　　　　　　平均的アメリカ人学生は遅れを

defined lateness / as 19 minutes / after the agreed time.　❺On the
定義した　　　　　　19分と　　　　約束の時間のあと　　　　　一方

other hand, / the average Brazilian student felt / the friend was
　　　　　　平均的ブラジル人学生は感じた　　　　　友人が遅れたと

late / after 33 minutes.
　　　　33分後に

〉 文法 具体化のコロン

❷... in both an informal and a formal situation : lunch with a friend
　　　　　　　　　　　　　　抽象　　　　　　　　　　　　　具体
and a university class.

コロン〈:〉をはさんで，抽象と具体の関係になっています。対応関係をつかみましょう。

抽象	形式ばらない状況	あらたまった状況
	↓	↓
具体	友人との昼食	大学の授業

> 文脈・論理

on the other hand をはさんで，「友人との待ち合わせの遅れへの認識」を対比しています。

平均的アメリカ人学生	19分後
⇕	
平均的ブラジル人学生	33分後

Lesson 7 二項対立の文章に挑戦！

> 語彙 「否定」を表す接頭辞 **in[im]**-

informal の **in-** は「否定」を表す接頭辞です。

in ＋ formal → **in**formal
否定　　公式の　　非公式の

例　dependent「依存した」 ⟷ **in**dependent「独立した」
　　possible 「可能な」 ⟷ **im**possible 「不可能な」

> 語彙 〈動詞 ＋ *A* **as** *B*〉

　p.28で，〈動詞 ＋ *A* **as** *B*〉の形は「AをBとして見なす」という意味になると学びました。⓮の define の意味がわからなくても，そのとらえ方ができれば問題ありません。**define** *A* **as** *B* で「AをBとして定義する」という意味になりますが，「AをBとして見なす」ととらえても，文脈上まったく問題ないですね。

⓮ ... the average American student **defined** lateness **as** 19 minutes ... .
　「平均的アメリカ人学生は遅れを19分後と定義した」

第3パラグラフ

⓰ In an American university, / students are expected / to arrive /
　　アメリカの大学では　　　　　学生は期待される　　　到着することを

at the appointed hour. ⑰ **In contrast,** / in Brazil, / neither the teacher
定刻に　　　　　　　　　　対照的に　　　ブラジルでは　　　　　　　教師も学生も

nor the students arrive / at the appointed hour. ⑱ Classes not only
到着しない　　　　　　　　　　　　　　　定刻に　　　　　　授業が始まるだけでなく

begin / at the scheduled time / in the United States, / **but they also**
　　　予定の時間に　　　　　　アメリカでは　　　　　授業はまた終わる

end / at the scheduled time. ⑲ In the Brazilian class, / only a few
　　予定の時間に　　　　　　　ブラジルの授業では　　　ほんの数名の

students left the class / at noon / ; many remained past 12:30 / to
学生だけが教室を去った　　　正午に　　　多くは 12 時 30 分過ぎまで残った

discuss the class / and ask more questions. ⑳ **While** arriving late is
授業について議論するために　　そしてもっと質問するために　　遅れて到着することが問題に

no problem / in Brazil, / neither is staying late.
ならない一方で　ブラジルでは　遅くまでいることも問題ではない

> **文脈・論理**

　アメリカとブラジルの大学のちがいについて整理しておきましょう。逆接をしっかりとマークして，「何と何が対比されているのか？」をつかみましょう。

アメリカの大学	学生は定刻に到着し，授業も定刻に終わる
↕	
ブラジルの大学	学生も教師も定刻に到着しない，授業も定刻に終わらない

> **文法** not only A but also B

　not only A but also B で「A だけでなく B も」と情報を追加する表現です。新たな情報，意外な情報は **but also** 以下に書かれますので，**but also** 以下に注意を払いましょう。

⑱ Classes **not only** <u>begin at the scheduled time</u> in the United States,
　　　　　　　　　　　　　既知の情報

but they **also** <u>end at the scheduled time.</u>
　　　　　　　　新たな情報

「アメリカでは，授業が定刻に始まるだけでなく，定刻どおりに終了する」

〉 文法 対比のセミコロン

セミコロン〈;〉の役割の1つが対比です。

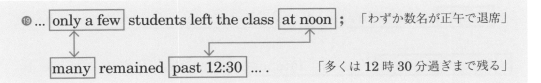

⑲ ... [only a few] students left the class [at noon] ; 「わずか数名が正午で退席」

[many] remained [past 12:30] ... . 「多くは12時30分過ぎまで残る」

　コロン〈:〉，セミコロン〈;〉，ダッシュ〈―〉はいずれも，ピリオドとカンマのあいだのニュアンスを出したいときに使われるもので，複数の役割があります。役割を暗記するよりも，そのつど，前後の関係性を確認することが大切です。

〉 文法 「…も〜でない」を表す neither

　前述の否定内容を受けて，「…も〜でない」と言いたいときに，〈neither + V + S〉という形で表せます。neither の後ろは倒置されます。

例 **He is not good at math and <u>neither</u> am I.**
　　 否定内容 　　　　　　　　　 〈neither + V + S〉

　「彼は数学が得意ではなく，私も得意ではありません」

⑳ **While <u>arriving late is no problem in Brazil</u>, <u>neither</u> is staying late.**
　　　　　 否定内容

　　　　　　　　　　　　　　　　　　　‖

　　　　　　　　　　 staying late is no problem either

　　　　　　　　　　 「遅くまでいることも問題ではない」

　ちなみに，肯定内容を受けて「…も〜だ」と言いたいときには，〈so + V + S〉という形で表せます。

例 **<u>My mother is a teacher</u>, <u>so</u> is my father.**
　　 肯定内容 　　　　　　　　 〈so + V + S〉

　「私の母は教師で，父もそうです」

Lesson
7

二項対立の文章に挑戦！

㉑ **The explanation** for these differences / is interesting.
これらのちがいの説明は　　　　　　　　　　　　　　　　興味深い

㉒ **People** / from Brazilian and North American cultures / have
人々は　　　　　　　ブラジルと北米の文化からの

different feelings / about lateness. ㉓ In Brazil, / the students
異なる感情をもつ　　　　　遅れについて　　　　　ブラジルでは　　　　　　　学生は

believe / that **a person** / who usually arrives late / is probably
信じる　　　　人は　　　　　　いつも遅れて着く　　　　　おそらく

more successful / than **a person** / who is always on time. ㉔ In fact, /
より成功している　　　人より　　　　　いつも時間どおりの　　　実際に

Brazilians expect / **a person** with high position / to arrive late, /
ブラジル人は予期する　　　高い地位の人が　　　　遅く到着することを

while in the United States / lateness is usually considered / to be
一方アメリカでは　　　　　　　遅れはつねに見なされる　　　　無礼で

rude and unacceptable. ㉕ Therefore, / if a Brazilian is late / for **an**
受け入れられないものだと　　　それゆえ　　もしブラジル人が遅れると　　約束に

appointment / with a North American, / the American may not
北米人との　　　　　　　　　アメリカ人は理由が

understand **the reason** / for the lateness / and become angry.
わからないかもしれない　　　　　遅れの　　　　そして腹を立てる

〉 **文脈・論理**

第4パラグラフは，文化によって遅刻がどう見なされるか？ についてです。

┌─────────────────────────────────────┐
　ブラジル　遅刻する人のほうが成功している
　　　↕
　アメリカ　遅刻する人は無礼である
└─────────────────────────────────────┘

〉 **文法** 〈S + V + O + **to** *do*〉の考え方

㉔の文で **expect** が出てきました。O と **to** *do* のあいだに〈主語＋述語〉の関係を見つけることがポイントです。この形をとるおなじみの動詞には **want** などがあります。

例 <u>I</u> <u>want</u> <u>you</u> <u>to come</u>.　私は欲する　[あなたが　　来ることを]
　　S　V　　O　　to do　　　　　　　　主語　　　　述語

　　　　　　　　　→「私はあなたに来てほしいのです」

㉔ ... <u>Brazilians</u> <u>expect</u> <u>a person with high position</u> <u>to arrive late</u>, ...
　　　　　S　　　　　V　　　　　　　O　　　　　　　　　　　to do

　ブラジル人は予期する　[高い地位の人が　遅れて到着することを]
　　　　　　　　　　　　　　主語　　　　　　述語

　　　→「ブラジル人は，高い地位の人は遅れて到着するものだと予期している」

第5パラグラフ

㉖As a result / of his study, / the professor learned / that the
　　　研究の結果として　　　　　　　　教授は学んだ　　　　ブラジル人の

Brazilian students were not rude / to him.　㉗Instead, / they were
学生は無礼ではないと　　　　　　　彼に対して　そうではなくて　　　彼らは

simply behaving / the way / a Brazilian student usually did / in
単にふるまっていた　　やり方で　　　ブラジル人の学生がたいていする

Brazil.　㉘Finally, / the professor was able / to change his attitude /
ブラジルで　　ついに　　　教授はできた　　　　態度を変えることが

so that he could feel comfortable / in the new culture.
　　　　心地よく感じられるように　　　　　　新しい文化で

＞ 文脈・論理

研究の結果を踏まえ，教授はどうしたのでしょうか？ ㉘の **so that** の後ろは**目的**です。

ブラジル人学生　→　┌ 無礼ではない　　　→　　教授が態度を変える
　　　　　　　　　　└ ブラジル流　　　　目的　心地よく感じるため

175

◐ 設問の解説・解答

[解説]

[問1] 第5パラグラフの内容をまとめましょう。

[問2] ◎ p.173
ア　遅くまでいることは許される
イ　遅くまでいることは時間がかかる
ウ　遅くまでいると人を怒らせる
エ　遅くまでいることが大問題を引き起こす

[問3] ◎ p.174-175

[問4] 事実と目的という関係になるように，so that 構文で並べましょう。

❷❽Finally, the professor was able to change his attitude <u>so that +</u>
S' + V' … .　　　　　　　　　　　　　　　　　事実
目的

[問5] アメリカとブラジルの大学の対比なので，(A)には **In contrast** が入ります。
In an American university …　↔　(A), in Brazil …
対比

(B)の前後は次の関係です。

> ブラジルでは遅く到着する人は成功していると考え，アメリカでは遅れは無礼で受け入れられない

↓

> ブラジル人が約束に遅れると，アメリカ人は理由がわからず腹を立てる

順接なので **Therefore** が入ります。

[解答]

[問1] 学生は教授に対し無礼なのではなく，単にブラジル人のやり方でふるまっただけだということ。(43字)

[問2] ア

[問3] 実際に，ブラジル人は高い地位の人は遅れて到着するものだと思い，一方，アメリカでは遅れはたいてい無礼で受け入れられないものと見なされる。

[問4] so that he could feel comfortable in the new culture

[問5] イ

全文訳

第1パラグラフ

❶アメリカでは，待ち合わせ，授業，会議などで時間を守ることが大切だ。❷しかし，これはすべての国にはあてはまらないかもしれない。❸あるアメリカ人教授がブラジルの大学の授業で教えているあいだに，このちがいを発見した。❹午前10時に始まり12時に終了する，2時間の授業が組まれていた。❺初日，教授が時間どおりに到着したとき，だれも教室にいなかった。❻多くの学生は10時を過ぎてからやってきた。❼数名が10時30分を過ぎてから到着した。❽2人の学生は11時を過ぎてやってきた。❾すべての学生が，着いたときに教授にあいさつしたものの，遅刻をわびた者はほとんどいなかった。❿この学生たちは無礼だったのか？⓫教授は学生たちの行動について研究することを決めた。

第2パラグラフ

⓬教授は形式ばらない状況とあらたまった状況，つまり友人との昼食と大学の授業での遅刻について，アメリカ人とブラジル人の学生と話した。⓭教授は例をあげ，彼らならどう反応するかたずねた。⓮もし友人と昼食の約束をする場合，平均的アメリカ人学生は約束の時間よりも19分遅れた場合に遅刻と見なした。⓯一方，平均的ブラジル人学生は33分後に，友人が遅刻したと感じた。

第3パラグラフ

⓰アメリカの大学では，学生は定刻に到着することを期待されている。⓱対照的にブラジルでは，教師も学生も定刻には着かない。⓲アメリカでは授業が定刻に始まるだけでなく，定刻どおりに終了する。⓳ブラジルの授業では，わずか数名の学生だけが正午に退席し，多くは授業内容について議論したり，たくさん質問をしたりするために，12時30分過ぎまで残っていた。⓴ブラジルでは，遅れて到着しても問題にならない一方，遅くまで居残ることも問題にならない。

第4パラグラフ

㉑これらのちがいについての説明がおもしろい。㉒ブラジル文化の人と北米文化の人は，遅刻に対して異なる感情をもっている。㉓ブラジルでは，いつも遅れてやってくる人は，いつも時間どおりの人に比べて，おそらく，より成功していると，学生は信じている。㉔実際に，ブラジル人は高い地位の人は遅れてやってくるものだと予期している。一方，アメリカでは，遅刻はたいてい無礼で受け入れられないものだと見なされる。㉕それゆえ，ブラジル人が北米の人との約束に遅れると，アメリカ人は遅れの理由を理解できずに腹を立てるかもしれない。

第5パラグラフ

㉖研究の結果として，教授はブラジル人学生が彼に対して無礼なわけではないことを学んだ。㉗そうではなく，彼らは単に，ブラジル人学生がブラジルでいつもするやり方でふるまっていただけだった。㉘ついに，教授は新しい文化の中で心地よく感じられるように，自分の態度を変えることができた。

Lesson
7

二項対立の文章に挑戦！

論理チャート

アメリカとブラジルの時間感覚のちがい

アメリカ 時間を守ることが大切

↕

すべての国がそうではない

ブラジル

● アメリカ人教授の体験

> ブラジル人学生は時間どおりに出席しないが，あいさつはする
> ↓
> 「学生は無礼？」

● 学生の行動の研究

> 例 友人とのランチの待ち合わせに何分遅れたら遅いと感じるか
> アメリカ人 19分
> ↕
> ブラジル人 33分

> 例 大学の講義時間
> アメリカの大学 定刻に開始，定刻に終了
> ↕
> ブラジルの大学 定刻に開始せず，定刻に終了せず

● 「遅れ」に対する感覚の違い

ブラジル人 成功している人は遅れる

↕

アメリカ人 遅れる人は失礼な人

ボキャブラリー・リスト

□ on time		時間どおりに		□ on the other hand		一方で
□ appointment	名	約束		□ expect	動	期待する
□ professor	名	教授		□ in contrast		対照的に
□ discover	動	発見する		□ neither A nor B		A も B も～でない
□ Brazilian	形	ブラジルの		□ not only A but also B		A だけでなく B も
□ university	名	大学		□ remain	動	残る
□ schedule	動	予定する		□ discuss	動	議論する
□ greet	動	あいさつする		□ while ＋ S' ＋ V'	接	～する一方で
□ apologize	動	謝る		□ explanation	名	説明
□ lateness	名	遅れ，遅刻		□ person	名	人
□ rude	形	失礼な		□ successful	形	成功した
□ behavior	名	ふるまい		□ position	名	地位
□ informal	形	非公式の，形式ばらない		□ consider	動	～と見なす
□ formal	形	公式の，あらたまった		□ unacceptable	形	受け入れられない
□ example	名	例		□ as a result of ～		～の結果として
□ react	動	反応する		□ instead	副	そうではなくて
□ average	形	平均的な		□ simply	副	単に
□ define	動	定義する		□ attitude	名	態度

Lesson
7

二項対立の文章に挑戦！

「読解技術編」はこれで終了！ここまでをしっかり復習して，「ジャンル別対策編」もがんばろうね！

令和時代の外国語学習

　中国の武漢で謎のウイルスがはやりだしたころ，韓国出張を控えていました。そこで「基本会話をインプットしておこう」と，韓国語の勉強を始めました。そのころは，日本中のだれもがコロナを対岸の火事だと思っていました。しかしその後，世界中に拡大し，やむなく出張は延期に。「まあ，2〜3か月すれば正常化されるだろう」と高をくくっていましたが，その後も長期化。延期された出張とともに，韓国語もやめるタイミングを失い，気がつけば3年以上継続しています。

　私の学生時代，インターネットはまだ普及しておらず，英語学習はラジオやカセットテープが中心でした。昨今の充実したネット環境を見ると「この環境があれば，あっという間に習得できるのに」と思います。そこで，韓国語学習について次の2つの目標を設定しました。

「インターネットと言語習得理論を駆使して学ぶ」
「なるべくお金をかけずに学ぶ」

　結果ですが，2年後にはハングル検定3級（英検と同様のレベル設定）に合格し，ニュースやドラマは半分くらい聞き取れ，K-POPの曲も歌詞を理解して楽しめるまでになりました。この経験をもとに，学習のポイントをあげてみます。

① 参考書・問題集はきちんと紙の本を購入して徹底する
② 検定試験は定期的に受験する
③ 言語学習SNSを有効に活用する

　とくに，言語学習SNSを有効に利用すると，学習が加速します。毎朝，ルーティーンとして，韓国語ニュースを音読し，SNSにアップしています。すると必ず，韓国人ネイティブの方がコメントやアドバイスをしてくれます。（ただし，出会い目的の人もいるので要注意！）

　結論としては，インターネット環境と少しのお金さえあれば，今は何でも学べます。また，理にかなった学習法であれば，年齢も関係なく身につきます。必要なのは夢や目標に向かって「一歩踏み出す勇気」と，自分の意思と責任で学習する「学びのオーナーシップ（ownership）」をもつことです。
　また，ほかの学習者を見ると，アイドルなどの「推し」のいる人は上達が速いようです。

Chapter 2

ジャンル別対策編

物　語　文

　物語文は，論説文などの説明的文章とは異なる視点が必要です。物語文読解のポイントを学びましょう！

入試で出る物語文の種類

　国語の入試では，長編小説の一部抜粋という素材が多いと思います。この場合，ストーリー全体を扱っていないので，ある場面での心情変化が出題の中心となります。

　では，英語の場合はどうでしょうか？ もちろん，長編小説の一場面という場合もありますが，多くの場合，短編小説が扱われます。理由としては，

①　長編小説の細かい描写を読み取るには，中学生レベルの語彙力では不十分である。

②　長編小説だと，文字数の制約上，内容が中途半端になってしまう。

③　英語の小説では，短編小説というジャンルが確立している。

ということがあげられます。

　さらに，短編小説の入試問題は読み物としてもおもしろくできていますので，出題者のサービス精神のあらわれともいえます。

　短編小説では，多くの場合オチがあります。「オチは何？」という期待感をもって読みましょう。また，100 パーセント近い確率で，そのオチが問われます。

人物相関図を書こう！

　小説を読む際の難しさの１つが，人間関係の混乱です。そこでおすすめなのが，人物相関図（ p.196）を書くことです。登場人物の名前を覚えるのは脳に負担がかかる行為です。問題用紙の隅に書くことで，その負担が減り，頭の中がスッキリします。

視点を意識する

　小説はおもに，次の2つの視点で書かれます。視点を意識することで，人間関係の把握がさらにスッキリします。

1人称小説 → 語り手の視点を通して書かれます。主語はもちろん "I" です。語り手の心情を強く反映することができます。その反面，語り手がいない場面の描写には不向きです。

3人称小説 → まるで隠しカメラでとらえるかのように，客観的に場面を描写する視点です。複数の登場人物や場面を書き分けるのに向いています。

　1人称小説と3人称小説のちがいを日本語の例で表すと，以下のようになります。

1人称の視点

　彼女と喫茶店に入り，コーヒーを2つ注文すると，彼女はぼくのほうをじっと見つめた。ぼくは幸せ者だ。しかし，次の瞬間……。

3人称の視点

　若い男女が喫茶店に入り，コーヒーを注文すると，お互い見つめ合った。幸せそうな二人。しかし，次の瞬間……。

Lesson
8
物語文

解説を読んで内容が理解できたら，情景がイメージできるまで，気持ちをこめて音読してみてね！

実 践 問 題

❷ 英文の解説

❶One day in September, / Terry Schafer was shopping / for a
　　　9月のある日　　　　　テリー・シェイファーは買い物をしていた

present / for her husband. ❷That year, / she knew / just what to
プレゼントのため　夫のための　　　　その年　彼女は知っていた　彼に何を買えば

get him / for Christmas. ❸She thought / that she would buy / and
よいかをちゃんと　クリスマスに　　　彼女は考えた　　　それを買って

give it to him / early that year, / months before Christmas Day.
彼にあげようと　　　その年は早めに　　　クリスマスの日よりも数カ月前に

> 文脈・論理

　物語文の読解でまず大切なことは，「いつ，どこで，だれが，どうした？」をつかむことです。

　文頭に副詞が置かれると，場面設定がなされます。

❶<u>One day in September</u>,<u>Terry Schafer</u> <u>was shopping</u> ... .
　　文頭の副詞　　　　　　　　　S　　　　　V

「9月のある日」 だれがどうした？ 「テリー・シェイファーは買い物をしていた」

　文頭の副詞を見たら，まず自分なりにその情景をイメージしてください。「9月のある日」ですので，「秋の始まり」「空の青さ」……。

　頭のなかに場面がイメージできたところで，「で，だれがどうした？」という意識で読み進めます。

> 文法　具体化のカンマ

　この本で何度か，名詞と名詞のあいだにカンマ〈,〉を置いて，具体的に言い換えたり，補足したりするという説明をしてきました（☞ p.39，79）。副詞と副詞のあいだのカンマにも同様の用法があります。

❸ ... give it to him <u>early that year</u>, <u>months before Christmas Day</u>.

「その年の早めに」 「クリスマスの数カ月前に」

抽象 具体

第2パラグラフ

❹She found / what she wanted / on │her first day│ of shopping.

彼女は見つけた 欲しいものを 買い物の初日に

❺There, / in │a small shop│ on 5th Avenue, / she saw it / in a window.

そこで 五番街の小さな店で 彼女はそれを見た ショーウィンドウで

❻She went to the counter / and asked to see it. ❼The clerk showed

彼女はカウンターへ行き そしてそれを見せてくれるように頼んだ 店員はそれを

it to her / and explained / that it was │the very best│ / money could

彼女に見せた そして説明した それは最高のものだ お金で

buy.

買える

Lesson
8
物
語
文

〉 文法 **具体化のカンマ**

❺もまた，カンマをはさんで，**抽象から具体へ**と書かれています。

❺<u>There, in a small shop on 5th Avenue</u>, she saw it in a window.

「そこで」 「五番街の小さな店で」

抽象 具体

たとえるならば，ビデオカメラで離れたところから映して，ズームで徐々にショーウィンドウへと寄っていくイメージです。

〉 文法 **関係代名詞の分析**

設問にもなっている❼の後半を分析しましょう。

❼ ... it <u>was</u> the very best money <u>could buy</u>
　　　 V 　　　　　　　　　　　 V

Vが2つあります。これらをつなぐためには，接続詞または関係詞が1つ必要です。

buy は目的語が必要です。目的語になれる品詞は，名詞か代名詞です。

以上より，この文では関係代名詞が省略されていることがわかります。2 文に分けると，以下のようになります。

- It was the very best. + Money could buy it.

- It was the very best (that) money could buy.
  「お金で買うことのできる最上のものだった」

第3パラグラフ

❽After he told her the price, / however, / Terry looked disappointed.
彼が彼女に値段を伝えると　　　しかし　　　テリーは落胆したようだ

❾It was too expensive.　❿She asked the clerk / to hold it / for her /
それはあまりに高すぎた　　彼女は店員に頼んだ　それを取り置くことを　彼女のために

and told him / that she would come back / in early December.　⓫It
そして彼に言った　　　　彼女が戻ってくると　　　12月の初めに　　　それは

would become a good Christmas present / after all.
良いクリスマスプレゼントになるだろう　　　　　なんだかんだ言っても

> 文脈・論理

第1・2パラグラフでは，クリスマスプレゼントを探し，お目当てのものを見つけてワクワクするプラスの気持ちでした。しかし，このパラグラフで状況が変わります。❽のdisappointed，❾の expensive がやや難しい単語ですが，逆接に注目すれば意味を推測できます。

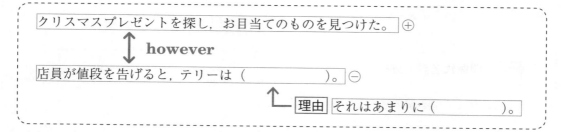

disappointed は「落胆した」，expensive は「高価な」という意味ですね。逆接に注目し，気持ちの変化，そして，その変化の理由をつかみましょう。

第4・5パラグラフ

⑫No, / the clerk answered, / he would not hold it / for her. ⑬He
いいえ　　店員は答えた　　彼はそれを取り置かない　彼女のために　彼は

smiled and said / that he would wrap it / for her. ⑭Terry protested /
ほほえんで言った　　彼はそれを包もうと　彼女のために　テリーは拒んだ

but the clerk insisted. ⑮He told her / that she could come back /
しかし店員は強く言った　彼は彼女に言った　彼女が戻ってきて

and pay for it / when she had the money.
払ってくれればよいと　　お金ができたときに

　⑯With her gift wrapped, / Terry left the shop / to go home. ⑰She
贈り物を包んでもらい　　テリーは店を離れた　家へ帰るため　彼女は

could not wait / to give it / to her husband. ⑱**Although** David had
待てなかった　それを与えることを　夫に　デイヴィッドはしたがっていたが

wanted / to exchange presents / on Christmas Day, / Terry could not
プレゼントを交換することを　クリスマスの日に　テリーは待てなかった

wait / so long. ⑲She wanted / her husband to have his present / early.
そんなに長く　彼女は欲した　　夫がプレゼントをもつことを　　早く

Lesson
8
物語文

> 文法 **付帯状況の with**
> ふたい

〈with ＋ 名詞 ＋ 過去分詞〉で「名詞が〜された状態で」という意味を表します。文法的には**付帯状況**と呼ばれます。用語はさておき，大切なことは，with の後ろに〈主語＋述語〉の関係ができているということです。状況描写に便利なので，物語文でよく使われます。

　⑯**With** her gift wrapped .... 「彼女の贈り物が包まれた状態で」
　　　　 名詞　 過去分詞

　また，過去分詞以外にもいろいろなものが使われますが，with の後ろの「名詞が〜である / 名詞が〜する」という〈主語＋述語〉の関係を見抜けばすっきり理解できます。

現在分詞
　例　**with** tears running down　涙が 走り落ちている状態で → 「涙を流して」
前置詞句
　例　**with** his hand in his pocket
　　　手が ポケットの中にある状態で → 「ポケットに手を入れて」

> **文法**　〈S + V + O + **to** *do*〉の意味上の主語

次の2つの文には，どのような意味のちがいがあるでしょうか？

A　She wanted to sing.

B　She wanted her to sing.

たとえば，主語 **She** が **Jenny** という女の子だと仮定し，もう1人 **Kathy** という女の子がいたと仮定します。すると，次のような関係になります。

A　She wanted to sing.

= Jenny wanted to sing.

B　She wanted her to sing.

= Jenny wanted Kathy to sing.

B の文では，**She** と **her** は別人で，**Kathy** と **sing** に〈主語＋述語〉の関係があります。このように文の要素としては主語(S)にならなくても，意味的には主語の役割をするものを**意味上の主語**といいます。小説では「だれがどうした？」をつかむことが大切ですので，意味上の主語もしっかりと把握しましょう。

❿ <u>She</u> <u>wanted</u> <u>her husband</u> <u>to have his present</u> … .
　　S　　V　　　　O　　　　　　　to *do*

彼女は欲した [夫が プレゼントをもつことを]

↓

「彼女は夫にプレゼントを受け取ってほしかった」

〈S + V + O + **to** *do*〉というように不定詞を用いるものには共通点があります。**to** は「未来への方向性」を表します。「まだ実現していないことをだれかに～してほしい」という動詞に共通して用いられる形です。次の例で確認しましょう。

例 <u>I</u> <u>asked</u> <u>her</u> <u>to dance</u> with me.
   S   V   O   *to do*

僕はたずねた［<u>彼女が</u>僕と<u>踊ることを</u>］

→「僕と踊りませんかと彼女にたずねました」

例 <u>The teacher</u> <u>told</u> <u>us</u> <u>to be</u> quiet.
     S   V O   *to do*

先生は言った［<u>私たちが</u>静かになることを］

→「先生は私たちに静かにするよう言いました」

第6パラグラフ

⑳A couple of weeks later, / a police car pulled up / in front of the
    数週間後   警察の車が止まった   家の前に

house. ㉑An officer got out / and began walking / toward her house.
       1人の警官が出て   歩き始めた   彼女の家へ

㉒Panic gripped Terry. ㉓Her husband was also a policeman / and
  パニックがテリーを襲った   彼女の夫もまた警官だった   そして

this was his partner. ㉔Where was David?
  この人は夫の相棒だった   デイヴィッドはどこ？

Lesson
8
物語文

> 文脈・論理

⑳A couple of weeks later … .
    文頭の副詞 → 場面設定

「数週間後」と場面転換がなされました。「何がどうした？」という期待感をもちましょう。

> 文法 **a / an と the の区別**

⑳… a police car pulled up … .「警察の車が止まった」

police car に a がついているということは，この警察の車はまだ，筆者と読者のあいだで共通認識ができていないということを表します。つまり，初登場ということです。

㉑**An officer** got out … .「1人の警官が出てきた」

同様に，an officer も「この警官も初登場ですよ」ということを示します。共有ができる

と，a は the に変わります。

　ひと通り読み終わった文章の a / an と the に，「これは共有ができているから **the** だな，これは初登場だから **a** だな」と考えながらマーカーでぬってみましょう。日本人には難しい冠詞のセンスがみがかれます。

> **語彙 pull up の意味**

---

　pull up は「（車を）止める」という意味です。交通手段が馬だった時代の手綱(たづな)を引く動作が語源といわれています。

第7・8パラグラフ

㉕His partner took off his hat / and spoke calmly. ㉖There had
　　　　　彼の相棒は帽子をとり　　　　　　　落ち着いて話した　　　　　　事件が

been an accident. ㉗"We got a call / on our radio. ㉘A liquor store
起こっていた　　　　　「私たちは連絡を受けた　　　　無線で　　　　　　　　酒店が

was being robbed / on the other side of town. ㉙So we raced over
襲われていた　　　　　　　　　町の反対側の　　　　　　　そこでわれわれは急いでそこへ

there / and found / the criminal running / for his car. ㉚David
向かった　そして見つけた　　　犯人が走っていくのを　　　　車へ　　　デイヴィッドは

shouted at him / to stop / **but** he didn't."
男に叫んだ　　　　　止まるように　しかし男は止まらなかった」

　㉛"David got into his car / and took off / after him. ㉜Three blocks
　　「デイヴィッドは自分の車に乗り込み　　出発した　　　男を追って　　　3ブロックの

later, / the criminal pulled over. ㉝David got out / and started
のち　　　犯人は車を止めた　　　　デイヴィッドは降りて　　　歩き出した

walking / toward the car. ㉞Just then / the door of the other car /
男の車へ　　ちょうどそのとき　　　男の車のドアが

flew open. ㉟Terry, / the driver fired two shots / and one of them
急に開いた　　テリー　　その運転手は2発撃った　　　そしてそのうちの1発が

hit / your husband."
あたった　あなたのご主人に」

190

〉 文法 過去の 2 つの出来事の時間差を表す過去完了形

❷ There **had been** an accident. で過去完了形が使われ，過去の 2 つの出来事のあいだの時間差を表現しています。

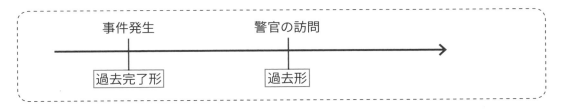

〉 文法 知覚動詞の第 5 文型〈S + V + O + C〉

see / hear / feel などの「見る，聞く，感じる」という意味をもつ動詞を知覚動詞といいます。第 5 文型〈S + V + O + C〉の形をとり，補語(C)の形が以下のパターンになります。大切なことは O と C のあいだにある〈主語＋述語〉の関係です。

原　形 →「O が C する」

例　 I saw her swim.
　　 S　V　 O 　 C

　　 私は見た［彼女が 泳ぐのを］→「私は彼女が泳ぐのを見ました」

現在分詞 →「O が C している」

例　 I saw her swimming.
　　 S　V　 O 　　 C

　　 私は見た［彼女が 泳いでいるのを］→「私は彼女が泳いでいるのを見ました」

過去分詞 →「O が C される」

例　 I heard my name called.
　　 S 　V 　　 O 　　 C

　　 私は聞いた［私の名前が 呼ばれるのを］→「私は自分の名前が呼ばれるのを聞きました」

原形よりも現在分詞のほうが，あるシーンが目の前で起きている動的な印象を与えます。

❷ So we ... found the criminal running for his car.
　　 S　　 V 　　　 O 　　　 C

　私たちは…見つけた［犯人が自分の車へ 走っていくのを］

　→「そこで，私たちは…犯人が自分の車へ走っていくのを見つけた」

犯人が走っていくようすを頭の中で再現しながら語っています。

Lesson

8

物
語
文

㊱Tears began to form / in Terry's eyes.　㊲This was her biggest
　　涙が浮かびだした　　　　　　テリーの目に　　　これは彼女の最大の恐れだった

fear / about her husband's job.　㊳His partner, / however, / noticed
　　　　　夫の仕事について　　　　　　夫の相棒が　　　しかし　　　テリーの

Terry's misunderstanding / and immediately said, / "There is
誤解に気づいた　　　　　　　　　　　　そしてすぐに言った　　　　　「何もない

nothing / to worry about / ― your husband is fine.　㊴Anyway, / we
　　　　心配することは　　　　　　ご主人は無事だ　　　　とにかく　われわれは

ran after the guy / and caught him.　㊵He shot David / in the chest, /
　男のあとを追い　　　　　　つかまえた　　　男はデイヴィッドを撃った　　　胸に

but when we got him / to the hospital / the doctors found / nothing
しかし，われわれが彼を連れて行ったとき　　病院に　　　医者は見つけた　　何も悪いところが

wrong / with him.　㊶I think / you know why. "
ないことを　　　彼に　　　私は思う　あなたはなぜだか知っていると」

　　　　㊷Tears of joy poured down / Terry's cheeks.　㊸"I'm so glad!
　　　　喜びの涙があふれ落ちた　　　　　テリーのほほを　　　「私はとてもうれしい！

㊹I'm so, so glad / that I couldn't wait / to give him his present /
私はとてもとてもうれしい　　　待てなかったことを　　　　　彼にプレゼントをあげるのを

early!　㊺I just knew / it would come in handy."
早く！　　私はちゃんとわかっていた　　それが役に立つだろうと」

　　　　㊻Terry had still paid / for only part of that Christmas present, /
　　　　テリーはまだ払っていた　　　　　クリスマスプレゼントの一部だけを

but now / she had given him a second present / ― his life.　㊼What
でももう　　　　　彼女は２つめのプレゼントを彼に渡した　　　そう，彼の命を　　最初の

was his first Christmas present?
クリスマスプレゼントは何だったのか？

　　　　㊽Terry had bought him / the very best bulletproof vest.
　　　　テリーは彼に買っていた　　　　　　最高級の防弾チョッキを

〉 文脈・論理

　短編小説の最後は「どんでん返し」で終わることが多いので，逆接の **however** や **but**
に注意しましょう。

> **文法** 言い換えのダッシュ

今回のダッシュ〈―〉は「つまり」と言い換えている気持ちで読みましょう。

> ❹ ... but now she had given him <u>a second present</u> — <u>his life</u>.
> 　　　　　　　　　　　　　 2 つめのプレゼント ＝ 彼の命

❯ 設問の解説・解答

|解説|

問1 ☞ p.185 ～ 186

問2 　会話の流れは次のとおりです。

　　テリー：　取り置きを頼む

　　店員　：　"No" と言う → （ 2 ） → 包んであげよう

　店員は取り置きを断ったうえで，「包んであげます」と粋なはからいをしました。No に続くものとしては，いったん取り置きを断る **b** がふさわしいです。

a　店員はテリーにそれを与えない

　　→ ⓭で「包んであげよう」と提案しています。

b　店員はテリーのためにそれを取り置かない

c　それはテリーの夫への良いプレゼントにならない

　　→ よけいなお世話です。文脈にも合いません。

d　それはそんなに高価ではない

　　→ ❾で too expensive とあるので高価です。

問3 ☞ p.188 ～ 189

問4 　テリーの家に来たのは夫の相棒の警官ただ 1 人でしたので，これに対する反応としては a の **Where was David?** がふさわしいでしょう。

問5 　デイヴィッドと相棒の警官は，犯人が自分の車に走っていくのを見ます。それに続く文は〈S ＋ V ＋ O ＋ to *do*〉で，O と to *do* のあいだに〈主語＋述語〉関係があるようにとらえるとわかりやすくなります。また，didn't の後ろには stop が省略されています。

> ㉚ <u>David</u> <u>shouted at</u> <u>him</u> <u>to stop</u> but he didn't（**stop**）.
> 　　 S　　 V　　 O　 to *do*
>
> デイヴィッドは叫んだ ［男が 止まるように］
>
> 　→ 「デイヴィッドは男に止まれと叫んだが，男は止まらなかった」

当然，止まらないのは犯人ですので，答えは d となります。

問6 〈辞書的な意味〉＋〈文脈上の意味〉の両面で考えます。

問7 夫が撃たれたことを聞いて，㊱で涙を流します。どのように誤解したのでしょう？

問8 come in handy の主語 it は防弾チョッキのことです。これがデイヴィッドに対してどうなったか？ を考えましょう。

問9 １つめのプレゼントは防弾チョッキでした。２つめのプレゼントはそれによって救われたものです。

問10

a　テリーが夫に渡したかったクリスマスプレゼントは思ったよりも高価だった。
　→ ❾に too expensive と書かれています。

b　テリーは店から家へ戻り，あるだけのお金をもってきた。
　→ 本文に記述がありません。

c　テリーはクリスマスの数カ月前に夫にクリスマスプレゼントを渡した。
　→ ❶で買い物に行ったのは One day in September とあり，第5パラグラフに「クリスマスまでプレゼントを渡すのを待てない」と書かれています。

d　デイヴィッドと相棒はテリーの家の前で強盗を見た。
　→ 本文に記述がありません。㉘によれば，強盗事件は町の反対側の酒屋で起こりました。

e　テリーがデイヴィッドの車を運転しているときに，デイヴィッドは撃たれて死んだ。
　→ 本文に記述がありません。

f　警察は犯人をつかまえられなかったので，テリーの安全を心配した。
　→ ㊴に犯人をつかまえたという記述があります。

┌─────┐
│ 解 答 │
└─────┘

問1　それはお金で買える最上のものだった。

問2　b

問3　wanted her husband to have his present

問4　a

問5　d

問6　ア　c　　イ　b　　ウ　a

問7　夫が撃たれて亡くなったと思ったこと。（18字）

問8　c

問9　life

問10　a　c

全文訳

第1パラグラフ

❶9月のある日, テリー・シェイファーは夫へのプレゼントを買いに出かけていた。❷その年はクリスマスに夫に何を渡すべきか心得ていた。❸その年は早めに, クリスマスより数カ月前にそれを買って, 彼に渡そうと思っていた。

第2パラグラフ

❹彼女は買い物の初日にほしいものを見つけた。❺五番街の小さな店のショーウィンドウの中で, 彼女はそれを見つけた。❻カウンターへ向かい, 見せてくれるようお願いした。❼店員はそれを見せ, お金で買える最上のものですよ, と説明した。

第3パラグラフ

❽しかし, 店員が値段を告げると, テリーは落胆したように見えた。❾あまりに高価すぎた。❿彼女は店員に取り置いてくれるよう頼み, 12月初旬にまた戻ってくると告げた。⓫なんだかんだ言っても, すてきなクリスマスプレゼントになるのだ。

第4パラグラフ

⓬いいえ, 取り置くことはできません, と店員は言った。⓭彼はほほえんで, 包んであげましょうと言った。⓮テリーは拒んだが, 店員はぜひとも, と言った。⓯お金ができたときに, 来て払ってくれればいい, と店員は言った。

第5パラグラフ

⓰贈り物を包んでもらい, テリーは家に帰るために店を離れた。⓱夫に渡すのが待ちきれなかった。⓲デイヴィッドはクリスマスの日にプレゼントを交換したがっていたが, テリーはそんなに長く待てなかった。⓳夫にプレゼントを早く受け取ってほしかった。

第6パラグラフ

⓴数週間後, 1台の警察の車が家の前に止まった。㉑1人の警官が出てきて, 彼女の家へ向かって歩き始めた。㉒パニックがテリーを襲った。㉓夫もまた警官で, この人は夫の相棒だった。㉔デイヴィッドはどこに?

第7パラグラフ

㉕彼の相棒は帽子をとり, 落ち着いて話した。㉖事件が起こっていた。㉗「われわれは無線で連絡を受けました。㉘町の反対側の酒店が強盗にあいました。㉙そして, われわれはそこへ急行し, 犯人が自分の車へ走っていくのを見つけました。㉚デイヴィッドは止まるように叫びましたが, 男は止まりませんでした」

第8パラグラフ

㉛「デイヴィッドは自分の車に乗りこみ, 男のあとを追い, 出発しました。㉜3ブロック行ったところで, 犯人は車を止めました。㉝デイヴィッドは外へ出て, 男の車に向かって歩き出しました。㉞ちょうどそのとき, 男の車のドアがパッと開きました。㉟テリー, その運転手は2発撃って, そのうちの1発がご主人にあたったのです」

第9パラグラフ

㊱テリーの両目に涙が浮かび出した。㊲これは夫の仕事で最も恐れていたことだった。

㊳しかし，相棒はテリーの誤解に気づき，すぐに言った。「何も心配することはありません。ご主人は無事です。㊴とにかく，われわれは男のあとを追い，とらえました。㊵男はデイヴィッドの胸を撃ちましたが，われわれが病院に連れて行ったとき，医者は何も悪いところを見つけられませんでした。㊶あなたなら，なぜかわかりますよね？」

第10パラグラフ

㊷喜びの涙があふれ，テリーのほほをつたい落ちた。㊸「本当によかった！㊹彼にプレゼントを早く渡すことが待ちきれなくて，本当に，本当によかった！㊺役に立つと思っていたのよ」

第11パラグラフ

㊻テリーはまだクリスマスプレゼントの支払いを一部しかしていないけれど，もう彼に2つめのプレゼントを渡していた。そう彼の命を。㊼1つめのクリスマスプレゼントは？

第12パラグラフ

㊽テリーは彼に最高級の防弾チョッキを買ってあげたのだ。

人物相関図

この話は3人称の視点で書かれていました。犯人についての言い方がいろいろと変化しているところに気をつけましょう。

ボキャブラリー・リスト

□ husband	名	夫	□ rob	動	襲う
□ counter	名	カウンター	□ criminal	名	犯人
□ price	名	値段	□ block	名	区画
□ disappointed	形	がっかりした	□ pull over		（車が）止まる
□ after all		なんだかんだ言っても	□ fly open		パッと開く
□ wrap	動	包む	□ tears	名	涙
□ protest	動	反対する	□ form	動	形づくる
□ insist	動	言い張る	□ fear	名	恐怖
□ exchange	動	交換する	□ notice	動	気づく
□ pull up		（車が）止まる	□ misunderstanding	名	誤解
□ panic	名	恐怖	□ chest	名	胸
□ grip	動	（不安・恐怖が）襲う	□ joy	名	喜び
□ partner	名	相棒，同僚	□ pour	動	あふれる
□ take off		脱ぐ，出発する	□ cheek	名	ほほ
□ calmly	副	落ち着いて	□ come in handy		役に立つ
□ liquor store		酒屋	□ bulletproof	形	防弾の

Lesson
8

物語文

「視点」を意識したら，情景が生き生きと浮かびました。繰り返し音読してみます！

転移する読む力

　野球選手がオフシーズンにゴルフをすると，みなさんじょうずです。これは野球のバットとゴルフクラブのスウィングに共通する部分があり，野球の技術をゴルフに活用できるためです。このように，ある分野のスキル（技術）をほかの分野で活かすことを，スキルの転移と呼びます。

　読解力も，母国語から外国語へ転移するといわれています。英語学習者の目標の1つが，原書の分厚いペーパーバックを読むことです。しかし，たとえ英字新聞を読む力があったとしても，日本語で書かれた長編小説を読みきれない人が英語の長編を読みきれることはありません。「英語力」と「物語を読む力」は必ずしもイコールではないようです。

　毎年，年末に『このミステリーがすごい！』（宝島社）という国内外のミステリー小説を紹介するランキング本が出版されます。そこで，「『このミス』の海外編ベスト10を原書で読むぞ！」という目標を立て，読み始めました。ところが，最後まで読みきれない本が出てきました。そのころの日本語での読書は，ノンフィクション中心で，そもそも小説自体あまり読んでいなかったのです。そこで，原書の前にまず日本語で書かれた翻訳小説を読み始めました。

　また，翻訳教室ですすめられた「翻訳ミステリー読書会」にも参加しました。数カ月に一度，ミステリー好きが集い，課題本をめぐりあれこれ語り合います。翻訳者や司書など，本に関わるプロの方も多く参加しています。参加を重ねて，いろいろな知識を得たり，アドバイスを受けたりするうちに，ようやく楽しみ方がわかってきました。エンターテインメントには，だれでも気軽に楽しめるものと，楽しむためには一定の知識が要求されるものがあるのです。このように一度，日本語で読む力をつけたうえで，再び原書を読んでみると，英文からいきいきとした描写がイメージできるようになりました。

　英語長文が苦手な場合，「英語」が苦手なのか，それとも「読むこと」自体が苦手なのか，問題を切り分けて考える必要があります。読むこと自体が苦手な場合は，遠回りでも日本語での読書をおすすめします。外国語の力が母国語の力を上回ることはありません。

歴史

入試では，歴史の文章もよく出題されます。次のポイントを頭に入れましょう。

歴史の文章の論理展開パターン

歴史の文章の中では「今でこそ〜だが，じつはもともとは…」という展開が頻出パターンです。以下の構成を確認してください。

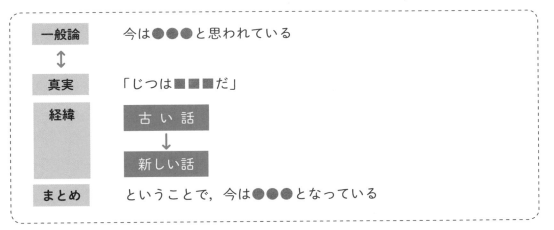

Lesson

9

歴史

現在との対比を表すディスコース・マーカー

歴史の文章でよく登場する，現在と過去との対比表現を紹介します。これらを見たら「あっ，対比だな」と推測しましょう。

● **at first**「最初は〜」

例 I didn't like Ken **at first**. **But** now, I like him.

「最初はケンのことが好きではありませんでした。でも今，彼のことが好きです」

- **originally**「もともとは〜」

  例　**Originally** the Internet was developed for military purposes.
    Later it was used among researchers.

  「インターネットはもともと軍事目的で開発されました。その後，研究者のあいだで使われるようになりました」

- **used to** *do*「以前は〜した」

  例　I **used to** live in New York.　**Now** I live in Tokyo.

  「以前はニューヨークで暮らしていました。今は東京で暮らしています」

　いずれも，「今はちがう」というニュアンスを含みます。そして，その後ろに逆接や時間経過を示すディスコース・マーカーが続くことを予測しましょう。

　このほかにも，年代や時間経過を示す **in 1973** / **after**〜 / **before**〜 / **later** などの表現もマークしてください。

年代や時間経過を示す表現をチェックして，頭の中に年表をつくる感覚で読んでみよう！

実 践 問 題

❯ 英文の解説

第1パラグラフ

❶Do you like tomatoes? ❷A newspaper says / that tomatoes are /
あなたはトマトが好きか？　　　　新聞は言う　　　　　トマトは

one of the most popular vegetables / in Japan. ❸When you hear
　　最も人気のある野菜の1つだと　　　日本で　　　　トマトという

the word tomato, / what word comes to mind? ❹You may say
ことばを聞いたとき　　　どんなことばが心に浮かぶか？　あなたは「健康的」とか

"healthy" or "delicious." ❺But about three hundred years ago, /
「おいしい」と言うかもしれない　　　　しかし約300年前

many people did not even try / to eat tomatoes. ❻Why?
　多くの人は試みようとすらしなかった　　トマトを食べることを　なぜか？

Lesson

9

歴
史

> 文法 名詞の同格

❸When you hear <u>the word</u> <u>tomato</u> ... .
　　　　　　　　抽象　　　具体

「あなたがトマトということばを聞いたとき」

　名詞が2つ並んで，同格の関係になっています。the word ＝ tomato で，抽象と具体の
関係です。音読して，同格のリズムを確認してください。

> 文脈・論理

❹You **may** say "healthy" or "delicious."
　　　　　　　譲歩

❺**But** about three hundred years ago, ...

　❹で **may** が出てきました。もう，ピンときましたね。そう，譲歩の合図です。逆接を探
しましょう。すると，❺の冒頭に **But** がありました。次の関係になります。

一般論	トマト → 「健康的」「おいしい」
↕	
真実	約300年前 → トマトを食べようとすらしなかった

　すると，この続きは，「300年前には人々が見向きもしなかったトマトが，どのように現在のイメージに変化したのか？」について説明されることが予測できます。

第2パラグラフ

❼Before people started to grow tomatoes / in their fields, / wild
　　　人々がトマトを育て始める前に　　　　　　　　畑で　　　　野生の

tomatoes grew / in the Andes.　❽There was a lot of sunshine / and
トマトが育っていた　　アンデス山脈で　　　　たくさんの太陽の光があり　　　そして

the air was dry there.　❾It was warm / during the day, / and it was
そこは空気が乾燥していた　　　　暖かった　　　　　日中は　　　そして涼しかった

cool / during the night.　❿The weather was really good / for tomatoes.
　　　夜のあいだは　　　　その天候はじつに良かった　　　トマトにとって

⓫Later / they spread / to Central America.　⓬ People there grew
　のちに　　トマトは広がった　　中央アメリカに　　　　　そこの人々はトマトを

tomatoes / and ate them.　⓭Actually, / they called the plants / tomatl.
育てた　　　　そして食べた　　　じつは　　　彼らはその植物を呼んだ　　トマトルと

⓮It means / a swelling fruit.　⓯This word was used / by people /
それは意味する　　ふくらむ果実を　　　このことばは使われた　　　人々に

who lived in Mexico.
メキシコに住んでいた

> 〔文脈・論理〕

　旧情報から新情報へという流れが，英語の語順の大きな原則の1つです。英文の右側に，どんどん新しい情報が追加されていく感覚です。新情報だったものが次の文では旧情報になり，リレーのように情報を渡していく感覚を確かめましょう。

⓫Later <u>they</u> spread to <u>Central America</u>.
　　　　旧　　　→　　　　新

⑫People <u>there</u> <u>grew tomatoes and ate them</u>.
　　　　　　旧　　　→　　　新

⑬Actually, <u>they</u> called the plants *tomatl*.
　　　　　　旧　　　　　→　　　　　新

⑭<u>It</u> means <u>a swelling fruit</u>.
　旧　　→　　新

⑮<u>This word</u> was used by <u>people who lived in Mexico</u>.
　　　旧　　　　　→　　　　　　　新

　この情報の流れを意識すると，**左から右へ読む**という英語本来の読み方が可能になります。

〉 文法 **call** の第 5 文型〈S＋V＋O＋C〉

---

call は〈S＋V＋O＋C〉の形をとる動詞です。O＝C の関係に注意しましょう。

⑬... <u>they</u> <u>called</u> <u>the plants</u> *tomatl*.　　(the plants = *tomatl*)
　　　 S　　 V　　 　O　　　 C

「彼らはその植物をトマトルと呼んだ」

第3パラグラフ

⑯In 1492, / ┃some people┃ in Europe / started to go west / in a boat.
　　1492 年に　　ヨーロッパの一部の人たちが　　　　西へ行き始めた　　　船に乗って

⑰They wanted / to get to India, / and get gold and spices.　⑱**But** they
　　彼らは欲した　　インドに着くこと　　そして金や香辛料を得ることを　　しかし彼らは

arrived / in Central America.　⑲There / they found new plants, / and
着いた　　中央アメリカに　　　　そこで　　彼らは新しい植物を見つけた　　そして

brought them back / to Europe.　⑳┃One┃ of them / was the tomato.
それらをもち帰った　　ヨーロッパへ　　　それらの 1 つが　　　トマトだった

㉑It was in ┃the first half┃ / of the 16th century.　㉒There were no
　それは前半のことだった　　　　16 世紀の　　　　　トマトはなかった

tomatoes / in Europe / before that time.　㉓Tomatoes were new / to
　　　　　ヨーロッパには　　そのとき以前には　　　　トマトは新しかった

203

people there, / and many of them believed / that tomatoes made
そこの人々には　　　　　　そして彼らの多くが信じた　　　　　トマトは彼らを

them sick. ㉔ Tomatoes were things to see. ㉕ They were not for eating.
病気にすると　　　　　トマトは見るためのものだった　　　それらは食べるものではなかった

㉖ Many people didn't eat tomatoes / perhaps because they had /
多くの人々がトマトを食べなかった　　　　おそらくそれらがもっていたから

a stronger smell and a stronger taste / at that time. ㉗ About three
もっと強烈なにおいと味を　　　　　　　当時は　　　約300年が

hundred years passed / before many people in Europe started / to eat
過ぎた　　　　　　　　ヨーロッパの多くの人々が始める前に　　　トマトを

tomatoes.
食べることを

〉 文法 無生物主語の文

㉗ About three hundred years passed before many people in Europe
　　　　　　　　S　　　　　　　　　 V
started to eat tomatoes.

直訳すると，「ヨーロッパの多くの人々がトマトを食べ始める以前に約300年が過ぎた」
となります。

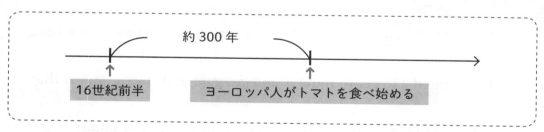

これを自然な日本語にすると，「ヨーロッパの多くの人がトマトを食べ始めるまでに，約
300年かかりました」となります。この文の主語は About three hundred years です。人
ではないものが主語になる無生物主語の文が多いことが，英語の特徴の1つです。

〉 文法 使役動詞 make の第5文型〈S + V + O + C〉

make は「～させる」という使役の意味になり，〈S + V + O + C〉の形をつくることが
できます。O = C の関係です。

㉗ ... tomatoes made them sick.
　　　　　S'　　V'　　O'　　C'

トマトはつくった［彼らが病気である状態］を　→「トマトは彼らを病気にした」

第4パラグラフ

㉘Tomatoes came to Japan / in the 17th century. ㉙Maybe / Dutch
　トマトは日本に来た　　　　17 世紀に　　　　おそらく　オランダ人が

people brought them / to Nagasaki. ㉚In 1668 / Kano Tan-yu
それらをもちこんだ　　　　長崎に　　　　1668 年に　　狩野探幽が

painted / a picture of tomatoes. ㉛It was the first picture / of
描いた　　　トマトの絵を　　　　　　　それは最初の絵だった

tomatoes / in Japan. ㉜Most Japanese people did not eat tomatoes /
トマトの　　日本での　　　　ほとんどの日本人はトマトを食べなかった

at that time, either. ㉝In 1854, / Japan opened its doors / to foreign
当時, 同様に　　　　1854 年　　　日本は門戸を開いた　　　　外国に

countries, / and then / people came to Japan / from Europe and
　　　　　　そして　　　　人々が日本に来た　　　　　ヨーロッパや

America. ㉞But it was difficult / to get Western vegetables, / so some
アメリカから　しかしそれは難しかった　西洋の野菜を手に入れるのが　　だから

people started / to grow them. ㉟One of those people / was Tsuda
一部の人々が始めた　それらを育てることを　それらの人々の1人が　　津田仙で

Sen. ㊱He traveled / to the United States / in 1867, / and studied
あった　彼は渡った　　アメリカへ　　　　1867 年に　　　そして

modern agriculture. ㊲After he came back / to Tokyo, / he worked
近代農業を学んだ　　　彼が戻ったあと　　　東京へ　　　彼はホテルで

for a hotel. ㊳He knew / that there were only a few Western
働いた　　　彼は知っていた　　　わずかな西洋野菜しかないことを

vegetables / for his hotel, / and so he decided / to grow tomatoes
　　　　　　ホテルには　　　　だから決めた　　　トマトやほかの西洋野菜を

and other Western vegetables. ㊴He himself ate tomatoes, / and
栽培することを　　　　　　　　彼自身はトマトを食べた　　　そして

recommended Japanese people around him / to eat them. ㊵But
まわりの日本人にすすめた　　　　　　　　それらを食べるように　しかし

many people did not / because tomatoes did not taste good. ㊶ Then
　　多くの人々は食べなかった　　　　なぜならトマトはおいしくなかったから　　　　　そこで

farmers tried / to change the taste / and they tasted better.
　農家の人たちは試みた　　　　　味を変えることを　　　　そしてトマトはおいしくなっていった

㊷ Gradually / people began to eat them. ㊸ Around 1925 / a lot of
　　　徐々に　　　　　人々はトマトを食べだした　　　　1925 年ごろに　　　　日本の

people in Japan / ate tomatoes.
　多くの人々が　　　　　トマトを食べた

> 文脈・論理

　歴史の文章では，頭の中で年表をつくる感覚で読んでいきます。年代のほかに，**After** 〜 / **Then** / **Gradually** のような時間経過を表す表現もマークしながら読みましょう。

17世紀	トマトが日本に伝来
1668年	狩野探幽がトマトの絵を描く
1854年	開国
1867年	津田仙が渡米

↓

帰国後ホテルで働き，西洋野菜の栽培開始

↓

農家がトマトを改良

| 1925年 | 多くの日本人がトマトを食べる |

第5パラグラフ

㊹ Tomatoes are now eaten / in many parts of the world. ㊺ People
　　トマトは今や食べられている　　　　　　世界の多くの場所で　　　　　　イタリアの

in Italy / eat spaghetti and pizza / with tomato sauce. ㊻ People in
　人々は　　　　スパゲティとピザを食べる　　　　　トマトソースで　　　　　　中国の

some parts of China / eat fried tomatoes / with eggs. ㊼ Many
ある地域の人々は　　　　　いためたトマトを食べる　　卵といっしょに　　　　多くの

Japanese people / like to eat tomatoes / without cooking them.
日本人は　　　　　トマトを食べるのが好きだ　　　　　それらを調理せずに

㊽ Americans eat hot dogs / with tomato ketchup. ㊾ Tomatoes are
アメリカ人はホットドッグを食べる トマトケチャップで トマトは
used / in a variety of ways / like these.
使われる さまざまな方法で このように

〉文脈・論理

このパラグラフから，時制が再び現在形へ戻りました。また，**トピック・センテンスとサポーティング・センテンスの関係**がハッキリしています。**抽象と具体の関係**をしっかり見抜きましょう。

トピック・センテンス	トマトは世界中で食べられている
サポーティング・センテンス	**イタリア** スパゲティとピザをトマトソースで
	中国 トマトをいためて卵といっしょに
	日本 調理せずに
	アメリカ ホットドッグにトマトケチャップをかけて

第6パラグラフ

(50) You have read / that tomatoes grew / only in a small part / of
あなたは読んだ トマトが育ったと 一部でのみ
South America / at first. (51) **But** as time went by, / they spread / all
南アメリカの 最初は しかし時が過ぎるにつれ トマトは広がった
over the world. (52) Today / tomatoes have become / one of the most
世界中に 今日 トマトはなった 最も人気のある
popular vegetables / in the world. (53) Can you think of anything /
野菜の１つに 世界で 何か考えられるか
that spread around the world / like tomatoes?
世界中に広がった トマトのように

〉文脈・論理

at first を見たら，**現在と過去との対比**を意識しましょう。

㊿You have read that tomatoes grew only in a small part of South America **at first**.

�51 **But** as time went by, they spread all over the world.

�52 **Today** tomatoes have become one of the most popular vegetables in the world.

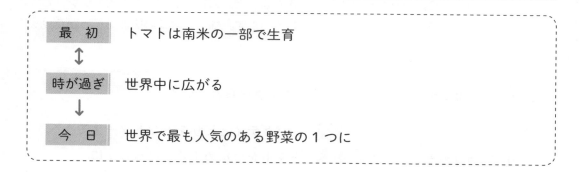

最　初	トマトは南米の一部で生育
時が過ぎ	世界中に広がる
今　日	世界で最も人気のある野菜の1つに

❷ 設問の解説・解答

|解説|

問1　まず，　(1)　はパラグラフの始まりです。その後ろに One of them とあるので，この them が何をさしているのかを考えます。

解法のポイント

「文の並べかえ問題」が成立するためには，選択肢となる各文に何らかの鍵が隠されているはずです。それはズバリ，ディスコース・マーカーと指示語と代名詞です。これらに注目しましょう！

次に選択肢を見て，次の点に注目します。
① **But** は何と何を対比させているのだろう？ they とはだれだろう？
② **They** はだれ？
③ **In 1492** と副詞で始まっているので，新たな場面設定がなされている。
④ **There** はどこ？ they はだれ？ them は何？
以上を踏まえて並べかえると，次のページの順になります。情報の流れを確認してください。

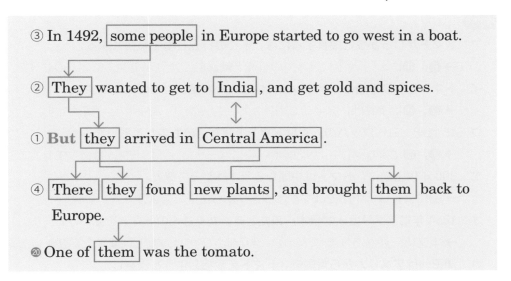

③ In 1492, some people in Europe started to go west in a boat.

② They wanted to get to India, and get gold and spices.

① **But** they arrived in Central America.

④ There they found new plants, and brought them back to Europe.

❷⓿ One of them was the tomato.

問2

ア　ヨーロッパの多くの人はトマトを食べなかった。

　　→ ㉑によれば，「ヨーロッパにトマトが渡ったのが16世紀前半」で，㉗に「トマトを食べ始めたのは，それから300年後」という記述があります。

イ　ヨーロッパにはトマトがなかった。

　　→ **ア**の理由参照。

ウ　メキシコの人々がトマトをヨーロッパにもちこんだ。

　　→ ⑯〜⑳に，「ヨーロッパの人が船で大陸に渡り，トマトをもち帰った」と書かれています。

エ　ヨーロッパの多くの人がトマトを食べ始めた。

　　→ **ア**の理由参照。

問3　㊳の因果関係を表す接続詞 **so** に注目します。

「彼はホテルには西洋野菜が　　　　　　ことを知っていた」

↓ だから

「トマトやほかの西洋野菜を育てることを決意した」

　選択肢を見ると，**ア，イ，ウ**は「多い」という意味，**エ**だけが「ほんのわずか」という「少ない」という意味です。西洋野菜がたくさんあれば，あえて自分で育てる必要はないので，答えは**エ**となります。

問4

(4)−a　**問2**の**ア**の理由参照。

(4)−b　㉚ In 1668 Kano Tan-yu painted a picture of tomatoes. ㉛ It was the first picture of tomatoes in Japan. を根拠にしましょう。

ア　トマトがしっかりと成長するには，多くの日光と雨を必要とする。

　　→ ❽〜❿に，「トマトには多くの日光と乾燥した空気が適する」とあります。

イ　トマトという単語は，メキシコに住む人々が話すことばに由来する。

　　→ ❸〜❺によれば，メキシコの人たちが呼んだ「トマトル」が語源です。

ウ　15世紀，ヨーロッパの人々はトマトを観賞用のものだと思った。

　　→ ㉑，㉒によれば，16世紀前半以前にはヨーロッパにトマトはありませんでした。

エ　300年以上前に，トマトは中国から日本へやって来た。

　　→ ㉙によれば，中国ではなくオランダから伝来したようです。

オ　1854年にアメリカ人が日本へ来たとき，たくさんのトマトを見つけた。

　　→ 本文に記述がありません。逆に津田仙がアメリカで近代農業を学びました。

カ　津田仙はアメリカから帰国後，トマトを栽培しようと決意した。

　　→ ㊲，㊳に記述があります。

キ　1925年ごろには，日本では一部の人がトマトを食べ始めた。

　　→ ㊸には，a few ではなく a lot of と書かれています。

ク　中国の一部の地域の人々は，調理せずにトマトを食べることを好む。

　　→ ㊻，㊼には，中国人はトマトをいため，日本人が生で食べると書かれています。

ケ　今やトマトは，世界で最も人気のある野菜の1つだ。

　　→ ㊼に Today tomatoes have become one of the most popular vegetables in the world. とあります。

解答

問1　イ　　**問2**　ア　　**問3**　エ　　**問4**　(4)−a　ウ　(4)−b　エ

問5　イ　カ　ケ

全文訳

第1パラグラフ

❶あなたはトマトが好きですか？ ❷新聞によれば，トマトは日本で最も人気がある野菜の1つです。❸トマトということばを聞いて，どんなことばが思い浮かびますか？ ❹「健康的」あるいは「おいしい」と言うかもしれません。❺でも約300年前には，多くの人はトマトを食べてみようとすらしませんでした。❻なぜでしょうか？

第2パラグラフ

❼人々がトマトを畑で育て始める前に，野生のトマトがアンデス山脈で生育していました。❽そこはたくさんの日光があり，空気は乾燥していました。❾日中は暖かく，夜は涼しかったのです。❿その天候は，じつにトマトに良いものでした。⓫のちに，トマトは中央アメリカに広がりました。⓬そこの人々はトマトを育て，食べました。⓭じつは，彼らはその植物を「トマトル」と呼んでいました。⓮それは「ふくらむ果実」を意味します。⓯このこ

とばはメキシコに住む人々によって使われました。

第3パラグラフ

⑯1492年に，ヨーロッパの一部の人たちが船で西へ向かい始めました。⑰彼らはインドに行って，金や香辛料を得たかったのです。⑱しかし，彼らは中央アメリカにたどり着きました。⑲そこで彼らは新たな植物を見つけ，ヨーロッパへもち帰りました。⑳そのうちの1つがトマトでした。㉑それは16世紀前半のことでした。㉒それ以前にヨーロッパにはトマトはありませんでした。㉓トマトはヨーロッパの人たちには目新しいもので，彼らの多くはトマトによって病気になると信じていました。㉔トマトは見るためのものでした。㉕トマトは食べるものではありませんでした。㉖多くの人々はトマトを食べませんでした。おそらく当時は強烈なにおいと味があったからです。㉗ヨーロッパの多くの人がトマトを食べ始めるまでに約300年かかりました。

第4パラグラフ

㉘トマトは17世紀に日本へ伝来しました。㉙おそらくオランダの人々が長崎にもちこみました。㉚1668年に狩野探幽がトマトの絵を描きました。㉛日本で最初のトマトの絵でした。㉜当時，ほとんどの日本人はトマトを食べませんでした。㉝1854年，日本は外国に門戸を開き，そしてヨーロッパやアメリカから，人々が日本へやってきました。㉞しかし西洋野菜を入手することは難しかったので，一部の人々が栽培を始めました。㉟その中の1人が津田仙でした。㊱彼は1867年にアメリカに渡り，近代農業を学びました。㊲東京へ戻ったのち，彼はホテルで働きました。㊳ホテルにはわずか数種類の西洋野菜しかないことがわかっていたので，トマトやほかの西洋野菜を育てることを決意しました。㊴彼自身はトマトを食べ，まわりの日本人に食べるようにすすめました。㊵しかしトマトはおいしくなかったので，多くの人は食べませんでした。㊶そして，農家の人たちは味を変えようと試み，トマトはおいしくなっていきました。㊷徐々に人々はトマトを食べ始めました。㊸1925年ごろには，多くの日本人がトマトを食べました。

第5パラグラフ

㊹今では世界の多くの地域で，トマトが食べられています。㊺イタリアの人々はスパゲティとピザをトマトソースで食べます。㊻中国のある地域の人々は，いためたトマトを卵といっしょに食べます。㊼多くの日本人は，トマトを調理せずに食べるのが好きです。㊽アメリカ人はホットドッグにトマトケチャップをつけて食べます。㊾トマトはこのようにさまざまな方法で使われています。

第6パラグラフ

㊿みなさんは，トマトが最初，南アメリカのほんの小さな地域でのみ育っていたことを読みました。51しかし時が過ぎるにつれ，トマトは世界中に広がりました。52今日，トマトは世界で最も人気のある野菜の1つになりました。53トマトのように世界中に広がったものを何か思いつきますか？

Lesson
9
歴史

論理チャート

トマトの歴史

| 現　在 | 人気の野菜 |

↕

| 300年前 | 食べようとすらしなかった |

● ヨーロッパで広まるまで

> 野生のトマトがアンデスで生育
> ↓
> 中央アメリカへ広まる
> ↓
> | 16世紀前半 | ヨーロッパ人がトマトをもち帰る
> ● 観賞用
> ● 強烈なにおいと味のため食べない
> ↓
> 300年後に食べ始められる

● 日本で広まるまで

> | 17世紀 | トマトが日本へ
> | 1668年 | 狩野探幽がトマトの絵を描く
> | 1854年 | 開国
> | 1867年 | 津田仙がアメリカで近代農業を学ぶ
> ↓
> 帰国後，ホテルで働き，西洋野菜を育てる
> ↓
> 農家が味を改良
> | 1925年 | 多くの日本人がトマトを食べる

● 世界での人気

トマトは今や世界中で食べられている

> | イタリア | スパゲティとピザをトマトソースで
> | 中　国 | 卵といためる
> | 日　本 | 生で食べる
> | アメリカ | ホットドッグにケチャップをつける

ボキャブラリー・リスト

☐ newspaper	名	新聞	☐ foreign	形	外国の
☐ delicious	形	おいしい	☐ Western	形	西洋の
☐ grow-grew-grown	動	育つ，育てる	☐ modern	形	近代の
☐ field	名	畑	☐ agriculture	名	農業
☐ sunshine	名	日光	☐ work for ～		～で働く
☐ dry	形	乾燥した	☐ recommend	動	すすめる
☐ weather	名	天候	☐ gradually	副	しだいに
☐ spread-spread-spread	動	広がる	☐ Italy	名	イタリア
☐ plant	名	植物	☐ spaghetti	名	スパゲティ
☐ spice	名	香辛料	☐ pizza	名	ピザ
☐ century	名	世紀	☐ sauce	名	ソース
☐ sick	形	病気の	☐ China	名	中国
☐ perhaps	副	たぶん	☐ fry	動	いためる
☐ smell	名	におい	☐ ketchup	名	ケチャップ
☐ taste	名	味	☐ a variety of ～		さまざまな～
☐ maybe	副	おそらく	☐ at first		最初は
☐ Dutch	形	オランダの	☐ go by		過ぎる

Lesson

9

歴史

箇条書きで年表に書き出しながら読んでみたら，すっきり理解できました！

質か量か，それが問題だ

勉強に必要なものは質でしょうか？　それとも量でしょうか？
「天才」と称される偉大な音楽家やスポーツ選手，起業家たちはその名声を得るまでに，例外なく「1万時間の法則」と呼ばれる膨大な練習を積んでいたそうです。

> 複雑な仕事をうまくこなすためには最低限の練習量が必要だという考えは，専門家の調査に繰り返し現れる。それどころか専門家たちは，世界に通用する人間に共通する"魔法の数字"があるという意見で一致している。つまり一万時間である。
>
> 『天才！　成功する人々の法則』マルコム・グラッドウェル著（講談社）

塾で教え始めて，発見した事実があります。それは，「できる生徒ほど努力している」ということです。東大，京大，医学部など最難関大学を目指し，合格を勝ち取る生徒は，いったん自習室に入ると数時間は出てきません。そのうちに「○○は自習室に住んでいる」と周囲からささやかれる存在になります。「できる生徒は，陰ではやっている」というあたりまえの事実を目にして，何だかホッとしました。

また，ある年に最難関クラスの生徒の手もとを見ると，全員が正しい鉛筆のもち方をしていました。長時間の勉強に耐えられる生徒は，長時間の勉強に耐えられる姿勢もできているのでしょう。

成績はまっすぐな右肩上がりではなく，Nの文字のような上がり方をします。たとえば，水を温めるとしばらくは液体であり続け，沸点に達した瞬間に気体へと変化するように，量が質へと変化する瞬間があるのです。ブレイク・スルーと呼ばれる，壁を突き破るイメージです。

中高生の場合，毎日しっかりと勉強すれば，およそ2〜3カ月単位で，レベルアップが感じられるはずです。そして，最後の模擬試験から入試当日までにも，もう一度ブレイク・スルーのチャンスがあるはずです。このことを頭に入れて，入試逆算スケジュールを組んでください。

Lesson 10 〉 伝記

　伝記もまた入試頻出のジャンルです。伝記には「物語」と「歴史」の２つの要素があります。

伝記は「物語」

　伝記は偉業を達成した人物の「物語」です。伝記の文章では，**「偉業達成への転機は何なのか？」**あるいは**「どんな困難を乗り越えたのか？」**という意識をもって読みましょう。また，その物語を追体験する気持ちで読むと，さらに深く読むことができます。

　☞ フローレンス・ナイチンゲールは，子どものころに参加した慈善活動で貧しい農民の生活を目のあたりにし，しだいに人々に奉仕する仕事につきたいと思うようになり，看護の道に進みました。クリミア戦争に従軍し，兵士の看護や病院の衛生管理に努力したことは有名です。のちに，専門知識をもった看護師の養成の必要性を説き，ナイチンゲール看護学校を創設しました。

伝記は「歴史」

　また，伝記は「歴史」でもあります。時系列のディスコース・マーカーをチェックし，頭の中で（あるいは簡単なメモをしながら）**年表をつくる感覚**をもちながら読んでいきましょう。

近年の入試で登場した人物

　歴史上の人物や，起業家，作家など幅広く出題されています。背景知識があるとかなり読みやすさが変わってきます。

　ふだんの生活の中で，いろいろなことに興味をもちましょう。

> **近年の高校入試で扱われた人物**
> ●アルベルト・アインシュタイン（相対性理論などを提唱）
> ●ハインリッヒ・シュリーマン（トロイアの遺跡を発掘）
> ●ヘンリー・フォード（T型フォードを世に出す）
> ●J・K・ローリング（「ハリー・ポッター」シリーズの著者）
> ●ノーマン・ロックウェル（アメリカの国民的画家）
> ●マララ・ユスフザイ（パキスタン出身の人権活動家）
> ●ココ・シャネル（フランスのファッションデザイナー）

「何が転機になったのか？」を意識して読んでみよう！

実　践　問　題

❯ 英文の解説

第1パラグラフ

❶ The headline in the newspaper announced / the death of Alfred
新聞の見出しが知らせた　　　　　　　　アルフレッド・ノーベルの死を

Nobel / on April 13, 1888. ❷ The reporter wrote: / "*The salesman* of
1888年4月13日に　　　　記者は書いた　　　　「死の商人が

death was dead." ❸ He was so called / because he invented the
死んだ」と　　　　　　　彼はそう呼ばれた　　　　なぜなら強力な爆薬を

powerful explosive: / dynamite. ❹ The paper went on to say, / "The
発明したので　　　　　ダイナマイトを　　　新聞はさらに続けた　　　「男が

man / who made big money / by finding ways / to kill more people /
　　　　大金をつくった　　　方法を見つけることで　より多くの人々を殺すための

faster than ever before / was dead." ❺ In fact, / Nobel became very
かつてないほどの速さで　　　死んだ」　実際に　　ノーベルはとても金持ちに

rich / thanks to his business. ❻ The newspaper story also gave /
なった　　　彼の事業のおかげで　　　　　新聞の話はまた与えた

Alfred Nobel's age, / his birth country, / and other information
アルフレッド・ノーベルの年齢　　　生まれた国　　　　そして彼の事業に関する

about his business. ❼ However, / the words / "*The salesman of*
ほかの情報を　　　　　　しかし　　そのことばが　　　「死の商人」

death" / were all / that the 55-year-old man from Sweden / read.
という　すべてだった　　　　スウェーデン出身の55歳の男が　　　読んだのは

〉 **文法** 具体化のコロン

コロン〈:〉の前後が抽象と具体の関係になっています。「つまり」という感覚で読みましょう。

❸ ... he invented the powerful explosive: dynamite.

「強力な爆薬」＝「ダイナマイト」
抽象　　　　　具体

❹の引用箇所の S と V はどこでしょうか？

❹ ... "**The man** who made big money by finding ways to kill more
　　　　　S

people faster than ever before **was** dead."
　　　　　　　　　　　　　　　　　　 V　　 C

　長い主語の文です。中心となる主語は The man で who ～ before が後置修飾となって
います。このように，**主語は後置修飾されるものだという意識を，**あらかじめもっておきま
しょう。
　次に❼です。

❼ ... the words "*The salesman of death*" were all that the 55-year-old
　　　　S　　　　　　　　　　　　　　　　 V　　 C

man from Sweden read.

　the words と "*The salesman of death*" が同格で，後置修飾の関係です。中心となる主
語は the words です。複数形なので were と対応していますね。骨組みだけ見ると，次の
ようになります。

the words were all 「そのことばがすべてだった」
　 S　　　 V　 C

　さらに，all 以下をくわしく見てみましょう。

all that the 55-year-old man from Sweden read
　　　　　　　　　 S'　　　　　　　　　 V'
　　　　　　　　　　　　　 C

　from Sweden が the 55-year-old man を後置修飾し，関係代名詞の that 以下が all を
後置修飾する関係になっています。構文どおりに訳してみると，「『死の商人』ということば
が，スウェーデン出身の 55 歳の男が読んだすべてであった」となります。
　また，表現を変えて，以下のようにも訳せます。「スウェーデン出身の 55 歳の男が目にし
たのは『死の商人』ということばだけだった」

第2パラグラフ

❽Alfred Nobel sadly put down / the newspaper. ❾He didn't want
　　アルフレッド・ノーベルは悲しげに置いた　　　新聞を　　　　彼は読みたくなかった

to read it / any more. ❿No, / he wasn't dead / — his brother Ludwig
　　これ以上　　　いや　彼は死んでなどいなかった　　　兄のリュドビッグが

died / the day before, / and the French newspaper made a mistake.
死んだのだ　その前の日に　　　　　そしてフランスの新聞が間違えたのだ

⓫Nobel was sad / not because ┃the announcement┃ about his death /
　　ノーベルは悲しかった　　　　　　彼の死の知らせが

was wrong, / **but** because people got his business / wrong. ⓬"Is the
間違いだからではなく　　　人々が彼の事業をとらえていたから　　　誤って　　　「世界は

world going to remember me / in this way?" / thought Nobel. ⓭He
私を思い出すのだろうか　　　　　このように?」　　とノーベルは思った　　彼は

didn't like the idea. ⓮Nobel spent his life / working for peace / in
その考えがいやだった　　　ノーベルは人生を費やした　　平和のために働くことに

the world. ⓯He hated / violence and war. ⓰He invented dynamite /
世界で　　　彼は憎んだ　　暴力と戦争を　　　彼はダイナマイトを発明した

to save lives / — ┃lives┃ / that were lost / because other explosives
命を救うために　　　命を　　　　失われた　　　　ほかの爆薬が危険だったために

were dangerous / to use. ⓱He wanted / people to remember him / as
　　　　　　　使うには　　　彼は欲した　　人々が彼を記憶にとどめることを

┃a man┃ / looking for peace.
男として　　　平和を求める

> 文法 **not A but B**

not A but B で「A ではなく，B で」という意味になります。今回はそれを発展させて，
not because A but because B で「A だからではなく，B だから」となっています。

⓫Nobel was sad **not because** the announcement about his death

was wrong, **but because** people got his business wrong.

「ノーベルは，死の報道が誤っていたからではなく，人々が彼の事業を間違ってとら
えていたので悲しかった」

〉 文法 **spend** の語法

動詞 **spend** は，以下のように使われましたね。

⟨S＋**spend**＋ 時間／お金 （**in**）〜**ing**⟩「S は〜するのに 時間／お金 を費やす」

⑭ Nobel **spent** his life **working** for peace in the world.

「ノーベルは世界平和のために働くことに彼の人生を費やした」

〉 文法 **具体化のダッシュ**

⑯はダッシュ ⟨―⟩ の後ろに情報を追加して，lives を具体的に言い直しています。

⑯ He invented dynamite to save lives

「命」

抽象

― lives that were lost because other explosives were dangerous to use.

「ほかの爆薬の扱いが危険だったため失われた命」

具体

〉 文法 ⟨S ＋ V ＋ O ＋ **to** *do*⟩ の意味上の主語

⑰ He wanted people to remember him as a man looking for peace.
　 S　　V　　　O　　　　to *do*

「彼は人々に，平和を求めた男として覚えていてほしかった」

　want / remember / look for の動作をおこなっているのはだれなのか？ を明確に理解しましょう。

　当然，want の主語は He です。次に，O と to *do* には ⟨主語＋述語⟩ の関係がありますので，remember の意味上の主語は people です。**remember** *A* **as** *B* で「A を B として記憶にとどめる」という意味になります。looking for は a man を後置修飾していますので，「平和を求める」のは a man です。

第3パラグラフ

⑱It's true / that Alfred Nobel invented dynamite / at a perfect
それは本当だ　アルフレッド・ノーベルがダイナマイトを発明したのは　　完ぺきな瞬間に

moment / in time.　⑲Many countries were beginning / to build
時代にかなって　　　　　多くの国が始めていた　　　　　　鉄道や

railroads and tunnels, / and needed / a safe, powerful explosive /
トンネルを建設するのを　　　そして必要とした　　　安全で強力な爆薬を

to make railroads / through mountains.　⑳That would save / a lot
鉄道をつくるため　　　　山々を貫通させて　　　それは節約するだろう　　多くの

of time.　㉑People also needed dynamite / to blow up hard stone / in
時間を　　　人々はまたダイナマイトを必要とした　　かたい石を爆破するために

order to build / buildings, dams, and roads.　㉒Nobel invented
建設するために　　　　　　ビルやダムや道路を　　　　　ノーベルはダイナマイトを

dynamite / for these peaceful uses.　㉓Moreover, / he believed / that
発明した　　　これらの平和的利用のために　　さらに　　　彼は信じた　　that

if all countries had / the same powerful weapons, / they would see /
もしすべての国がもてば　　　同じような強力な武器を　　　彼らはわかるだろう

how impossible war was, / and war would end.　㉔In fact / this was
戦争が不可能だと　　　　そして戦争が終わるだろうと　　実際に　　　これは

a popular idea / of his day.
一般的な考えだった　　彼の時代の

> **文脈・論理**

　このパラグラフでは，ダイナマイトの用途・意図が書かれています。
　列挙を表す㉑の **also**，㉓の **moreover** に注目すると，全体を３つに分けて書かれていることがわかります。

> ダイナマイトの用途・意図
> ①　鉄道建設やトンネル貫通のため
> ②　ビル，ダム，道路建設のために，かたい石を爆破するため
> ③　抑止力で戦争を起こさないため

㉕Nobel was very upset / about the image / that the world had /
ノーベルはとても心を乱した　　イメージについて　　世界がもっていた

of him, / but he did not know / what to do about it, / and thought
彼の　　しかし彼はわからなかった　　それをどうしたらいいか　　そして問題について

about his problem / for years / without having any answer. ㉖He
考えた　　　　　　何年も　　　　答えを得られずに　　　　彼は

wanted / to think of the best way / for people to use / the $9
欲した　　最上の方法を考えることを　　人々が使うための　　900万ドルを

million / he made / after his death. ㉗Then, / in 1895, / an
　　彼がつくった　　彼の死後に　　　そして　　1895年　　1人の

adventurer / named Salomon August Andree / made plans / for an
冒険家が　　サロモン・アウグスト・アンドレーという　計画をつくった　　冒険の

adventure / to reach the North Pole. ㉘People all over the world /
ための　　　　北極へ到達するための　　　　世界中の人が

were excited / about his journey, / because the scale was so large /
興奮した　　　　彼の旅に　　　　なぜならスケールがとても大きく

that they could not imagine it / at all. ㉙One day, / Nobel read about
それを想像できなかったから　　まったく　　ある日　　　　ノーベルも

Andree's plan, too, / and suddenly / he had a wonderful idea. ㉚He
アンドレーの計画を読んだ　　そして突然　　彼はすばらしい考えをもった　　彼は

finally knew / what he should do / with his money. ㉛He wrote his
ついに知った　　何をするべきか　　彼のお金で　　　彼は遺言書を

Last Will. ㉜In his will, / he said / he would give special prize / to
書いた　　　　遺言書の中で　彼は言った　　彼が特別な賞を与えると

people / who help humans / in some excellent ways / in five fields: /
人々に　　　人類を助ける　　何か卓越した方法で　　5つの分野で

physics, chemistry, medicine, literature, and peace. ㉝That's the
物理学，化学，医学，文学，そして平和　　　　　　　それが

Nobel Prize, / as we know. ㉞He also wrote / that anyone could be
ノーベル賞だ　　私たちの知る　　彼はまた書いた　　だれでも受賞者に

the winner / — any men or women / from any country.
なれると　　　　男性でも女性でも　　どこの国からの

〉 文法 因果関係を表す so 〜 that ... 「とても〜ので…」

単に訳し方を覚えるのではなく，**so 〜 that** ...で表す因果関係を意識しましょう。

> 例 He studies **so hard** **that** he passed the test.
>   [原因]   [結果]
>
> 「彼はとても一生懸命勉強したので，試験に合格しました」

㉘ ... the scale was **so** large **that** they could not imagine it at all.
      [原因]   [結果]

「スケールがとても大きかったので，彼らはまったくそれを想像できなかった」

〉 文法 任意の any

㉞ ... **anyone** could be the winner — **any** men or women from **any** country.

any がたくさん登場しました。**any** はどんな意味でしょう？ それは任意です。任意とは「選択肢の中から好きなのを選んでいいよ」ということです。「どんな〜でも」と訳すことができます。

> 例 "Do you have a pen? **Any** pen is OK."
>
> 「ペンをもっていますか？ どんなペンでもかまいません」

Lesson
10
伝
記

第5・6パラグラフ

㉟ Alfred Nobel died / on December 10, 1896, / at the age of 63.
　　アルフレッド・ノーベルは死んだ　　1896年12月10日に　　　　　63歳で

㊱ He was unmarried / and had no children. ㊲ People all over the
　　彼は結婚せず　　　そして子どもがいなかった　　　　　　　　世界中の人は

world / wondered / who was going to get / Nobel's money. ㊳ They
　　疑問に思った　　だれが受け取るのか　　　ノーベルのお金を　　　彼らは

were amazed / when they learned of Nobel's plan.
　　驚いた　　　　　ノーベルの計画を知ったとき

㊴ The first Nobel Prizes were given / on December 10, 1901, / and
　　最初のノーベル賞が与えられた　　　　1901年12月10日に　　　そして

that was five years / after Alfred Nobel's death. ㊵ The total of each

それは5年だった　　　　アルフレッド・ノーベルの死後　　　　　それぞれの賞の

prize / was more than $40,000 / at that time / and the winner could

総額は　　　　4万ドルを超えた　　　　当時で　　　　そして受賞者は

get / not only the cash prize / but also a gold medal. ㊶ Today / each

得られた　　　賞金だけでなく　　　　金のメダルも　　　　今日　　各賞は

prize is more than $1 million. ㊷ The Nobel Prize very soon became /

100万ドルを超える　　　　　ノーベル賞はすぐになった

the greatest prize / that a person could receive / in these fields.

最も偉大な賞に　　　　　個人が受けることのできる　　　　これらの分野で

㊸ The report of Alfred Nobel's death / was a mistake, / but the

アルフレッド・ノーベルの死の報道は　　　　　誤りだった　　　　しかし

plan / that he made / as a result of this mistake / gave the world /

計画は　　彼がつくった　　　　この誤りの結果として　　　　世界に与えた

the image he wanted: / Alfred Nobel, / man of peace.

彼が望んだイメージを　　　アルフレッド・ノーベル　　　平和の人

> 文法 文構造の理解

㊸ ... **the plan** that he made as a result of this mistake **gave** the world
　　　 S　　　　　　　　　　　　　　　　　　　　　　　　　V　　　O

> the image he wanted: Alfred Nobel, man of peace.
> 「彼が望んだイメージ」＝「平和の人，アルフレッド・ノーベル」
> 抽象　　　　　　　　　　　　　　　具体

O

　中心となる主語は the plan です。that 〜 mistake がその後置修飾になっています。gave は第4文型〈S＋V＋O＋O〉をつくる代表格の動詞です。「だれに？ 何を？」と予測しましょう。**as a result of** 〜で「〜の結果」という意味になります。
　また，文の最後は，コロンをはさんで抽象と具体の関係になっていました。

❷ 設問の解説・解答

| 解 説 |

問 1

1　前置詞 **by** の後ろです。**前置詞とは名詞の前に置く詞**なので，動詞を動名詞に変化させましょう。

2　lives that were（　2　）は文脈的に「失われた命」となり，受け身の関係ですので，**lose** を**過去分詞**にします。

3　Many countries were（　3　）to build は文脈的に「多くの国が建設を始めていた」となり，過去の進行形ですので，**begin** を**現在分詞**にします。

4　**what to do** で「何をすべきか？」という意味になります。丸暗記しましょう。

問 2　☞ p.219

問 3

[　X　]　空所の前に **In fact** があります。空所には，その前の❹の「多くの人を殺す方法を見つけて大金をかせいだ男」という内容を裏づける内容が入ります。

[　Y　]　空所後の⑮～⑰で描かれる「戦争がきらいで平和を求める男」という流れにつながるものを選びます。

[　Z　]　選択肢アの **these peaceful uses** が，その前の「鉄道，トンネル，ビル，ダム，道路の建設」をさします。

問 4　次の 4 点がポイントになります。

①　〈S ＋ **want** ＋ O ＋ **to** *do*〉「S は O が～することを欲する」

②　**remember** *A* **as** *B*「A を B として覚えている」

③　**look for** ～「～を探し求める」

④　現在分詞の後置修飾　a man looking for ～

問 5　this は原則，直前をさします。㉓ ... if all countries had the same powerful weapons, they would see how impossible war was, and war would end. の内容をまとめましょう。

問 6

ア　㉖で「死後，900 万ドルをどうするべきか」という内容が書かれています。これと対応する単語を探しましょう。

イ　ノーベル賞受賞の条件が書かれています。日本人も数多く受賞していますね。ノーベル賞は受賞の資格として，性別とともに国籍も問いません。本文には **country** と **countries** があります。通常，受賞者の国籍は 1 つの場合が多いので単数形の **country** を正解としました。ただ，この判断はネイティブなみの感覚が求められますので，どちらかを選べれば **OK** です。

ウ　㉟によれば，ノーベルは 1896 年 12 月 10 日に亡くなっています。この 5 年後に最初のノーベル賞が与えられています。

エ　第 2・3 パラグラフで，ノーベルがダイナマイトを発明した理由，ノーベルがどのように人々に覚えていてほしかったのかが繰り返し書かれています。

問7　コロン〈：〉をはさんで，抽象と具体の関係になっています。

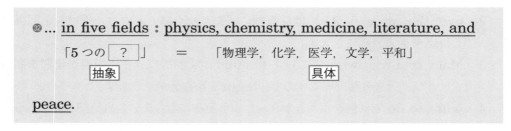

field は「(学問) 分野」を意味します。選択肢の**ア～ウ**は現実の「場」を表し，**エ**だけが「分野」を表します。

問8　☞ p.224

問9

ア　新聞を読んでスウェーデン出身の 55 歳の男はとても驚いたので，ノーベルにすぐに読むように言った。

　　→「スウェーデン出身の 55 歳の男」＝ノーベルです。

イ　当時，世界が経験していた変化のおかげで，ノーベルは事業に成功した。

　　→ 第 3 パラグラフに「さまざまな建設が始まり，ダイナマイトが必要とされた」とあります。

ウ　ノーベルは北極への冒険に参加し，アンドレーから助言を得たあと，すばらしい考えを思いついた。

　　→ ノーベルが北極への冒険に参加したとの記述はありません。

エ　世界中の人々は，ノーベルの家族が大金を受け取りたくないことを知って，とても興奮した。

　　→ 本文中に記述がありません。また，㊱ He was unmarried and had no children. とあり，ノーベルには妻子はいませんでした。

｜解答｜

問1　1　finding　　2　lost　　3　beginning　　4　to do

問2　ノーベルは，死の報道が誤っていたからではなく，人々が彼の事業を間違ってとらえていたため悲しかった。

問3　X ウ　　Y エ　　Z ア

問4　to remember him as a man looking for

問5　もしすべての国が同程度の強力な武器をもてば，戦争は不可能になり，戦争は止め

られる（という考え）

問6 ア money イ country ウ death エ peace

問7 エ

問8 この誤りの結果としてつくられた計画によって，彼の望んだイメージを世界に与えた。

問9 イ

全文訳

第1パラグラフ

❶ 1888 年 4 月 13 日，新聞の見出しはアルフレッド・ノーベルの死を知らせた。❷ 記者は「死の商人，死す」と書いていた。❸ 彼は強力な爆薬，ダイナマイトを発明したので，そう呼ばれた。❹ 新聞は「かつてないほどの速さで大量の人を殺す方法を発見し，大金を築いた男が死んだ」とまで書いた。❺ 実際，ノーベルは自身の事業のおかげで大金持ちになった。❻ 新聞はまた，アルフレッド・ノーベルの年齢，出身国，そして事業についてのほかの情報を書いた。❼ しかし，スウェーデン出身の 55 歳の男が目にしたのは「死の商人」ということばだけだった。

第2パラグラフ

❽ アルフレッド・ノーベルは悲しげに新聞を置いた。❾ もう読みたくなかった。❿ いや，彼は死んでなどいなかった。兄のリュドビッグが前日亡くなり，フランスの新聞が間違えたのだ。⓫ ノーベルは死の報道が誤っていたからではなく，人々が彼の事業を間違ってとらえているので悲しかった。⓬「世界は私をこのように思い出すのであろうか？」とノーベルは思った。⓭ 彼はこの考えがいやだった。⓮ ノーベルは世界平和のために働くことに人生を費やしていた。⓯ 彼は暴力や戦争を憎んだ。⓰ 彼は命を，ほかの爆薬の扱いが危険であるがゆえに失われた命を救うために，ダイナマイトを発明したのだ。⓱ 彼は人々に平和を求めた男として覚えていてほしかった。

第3パラグラフ

⓲ たしかにアルフレッド・ノーベルは時代にかなった完ぺきな瞬間に合わせてダイナマイトを発明した。⓳ 多くの国が鉄道やトンネルの建設を始め，山を貫いて鉄道を敷くため，安全で強力な爆薬を必要としていた。⓴ それは多くの時間を節約するとされた。㉑ 人々はまたビルやダムや道路を建設するため，かたい石を吹き飛ばすためにダイナマイトを必要としていた。㉒ ノーベルはこのような平和利用のために，ダイナマイトを発明した。㉓ さらに，もしすべての国が同じような強力な武器をもてば，人々は戦争が不可能だと考え，そして戦争が終わるだろうと信じていた。㉔ 実際に，これは当時広く支持されていた考えだった。

第4パラグラフ

㉕ ノーベルは世間が彼に対して抱いたイメージにとても心を乱したが，どうしてよいかわからず，答えが得られぬまま，何年もこの問題を考えた。㉖ 彼は，自らが築いた 900 万ドルを，死後，人々に使ってもらえる最善の方法を考えたかった。㉗ そして，1895 年，サロモン・アウグスト・アンドレーという名の冒険家が北極到達の冒険を計画していた。

㉘世界中の人々は，スケールがとても大きく，まったく想像できなかったので，彼の旅に興奮していた。㉙ある日，ノーベルもアンドレーの計画について読み，突然すばらしい考えを思いついた。㉚彼はついに自分のお金で何をするべきかを知った。㉛彼は遺言書を書いた。㉜遺言書の中には，物理学，化学，医学，文学，そして平和の5つの分野において卓越した方法で人類を助けた人に特別な賞を与える，と書かれていた。㉝それが私たちの知るノーベル賞だ。㉞彼はまた，どこの国の出身でも，男でも女でも，だれでもが受賞者になりうると書いた。

第5パラグラフ

㉟1896年12月10日，アルフレッド・ノーベルは63歳で亡くなった。㊱彼は独身で，子どもがいなかった。㊲世界中の人は，だれがノーベルのお金を得るのだろうと思った。㊳人々はノーベルの計画を知って驚いた。

第6パラグラフ

㊴アルフレッド・ノーベルの死から5年後の1901年12月10日に，最初のノーベル賞が与えられた。㊵各賞の総額は当時の金額で4万ドルを超え，そして受賞者には賞金だけではなく，金のメダルも与えられた。㊶今日，各賞は100万ドルを超える。㊷ノーベル賞はすぐに，これらの分野で個人が得られる最も偉大な賞となった。㊸アルフレッド・ノーベルの死の報道は誤りだったが，この誤りの結果としてつくられた計画が，彼の望んだイメージを世界に与えた。平和の人，アルフレッド・ノーベル。

論理チャート

ノーベル賞の歴史
　アルフレッド・ノーベル

- ●ダイナマイトを平和目的のため発明
- ●暴力や戦争がきらい

1888年　新聞の誤報「死の商人，死す」

↓

「平和の人として覚えていてほしい」

↓

「どうすればいいのか？」

1895年　冒険家の北極到達計画の記事

↓

遺言書　5つの分野での卓越した業績に賞を与える

→ 物理学，化学，医学，文学，平和

1896年 12月 10日　ノーベルの死

↓

1901年 12月 10日　初のノーベル賞

↓

アルフレッド・ノーベル＝平和の人

Lesson
10

伝
記

ボキャブラリー・リスト

☐ headline	名	見出し	☐ weapon	名	兵器
☐ announce	動	知らせる	☐ impossible	形	不可能な
☐ death	名	死	☐ upset	形	感情が乱れる
☐ reporter	名	記者	☐ million	名	100万
☐ dead	形	死んだ	☐ adventurer	名	冒険家
☐ invent	動	発明する	☐ journey	名	旅
☐ explosive	名	爆薬	☐ scale	名	規模
☐ dynamite	名	ダイナマイト	☐ will	名	遺言書
☐ go on to say		～とまで言う	☐ prize	名	賞
☐ information	名	情報	☐ excellent	形	卓越した
☐ sadly	副	悲しげに	☐ field	名	分野
☐ put down		置く	☐ physics	名	物理学
☐ the day before		前日	☐ chemistry	名	化学
☐ not A but B		AではなくB	☐ medicine	名	医学
☐ peace	名	平和	☐ literature	名	文学
☐ hate	動	憎む	☐ winner	名	受賞者
☐ violence	名	暴力	☐ unmarried	形	結婚していない
☐ perfect	形	完全な	☐ wonder	動	思いをめぐらす
☐ moment	名	瞬間，時期	☐ amazed	形	驚いた
☐ blow up		吹き飛ばす	☐ total	名	総額
☐ in order to do		～するため	☐ cash	名	現金
☐ dam	名	ダム	☐ receive	動	受け取る
☐ moreover	副	さらに	☐ report	名	記事

入試では，ノーベル賞受賞者の話も頻出ですね！

Column

多読のススメ

いま注目している学習法が「多読（extensive reading）」です。多読とは，辞書なしでも理解できるやさしい英語の本を，楽しく，速く，大量に読むことです。具体的には，英語の絵本やグレイデッド・リーダー（Graded Readers）と呼ばれる段階別読み物，そして児童書などを読み，読書量を記録していきます。

一般的に，中学から英語を学び始めると，environment「環境」のような抽象的な単語は得意になります。また以前，通訳学校に通ったときに，ground-to-air missile「地対空ミサイル」のような専門用語を片っぱしから覚えさせられました。しかし，意外と抜けているのが swing「ブランコ」のような身近で具体的な単語です。また，「もとの場所に戻しなさい」という場合，"Return it." のような表現を使いがちですが，絵本では "Put it back." のように基本動詞で表現されます。つまり，日本人学習者に欠けているのは「子ども時代の英語」なのです。

では，「多読」は高校入試にも役立つのでしょうか？

たとえば数学が得意な生徒は，例外なく計算力があります。計算作業に負担を感じないので，文章題や図形などで一番大切な「どうやって解くべきか？」ということに脳の資源をフル投入できるのです。長文も同様です。難しい長文は全文が難しいわけではなく，やさしい文と難しい文が混ざっています。多読をすると，やさしい文が無意識に読めるようになり，難しい文の解釈にすべての力を注ぐことができるのです。

さらに，高校入試の長文素材を調査したところ，グレイデッド・リーダーや児童書がネタ元になっている問題をたくさん見つけました。これらの本は語彙数が適切にコントロールされていて，やたら注釈をつけなくてもすむので，入試問題としても最適なのです。

幸運に恵まれれば，読んだ本から出題される可能性も!?

名作から映画化されたものまで、幅広いジャンルの本がグレイデッド・リーダーになっています。
（資料提供：オックスフォード大学出版局）

論説文（自然科学）

最後は2回に分けて，論説文を扱います。まずは自然科学系の文章です。

自然科学の論説文とは？

　自然科学（natural science）とは，宇宙や生物などの自然界における現象を実験，観察などの手法で明らかにする学問です。では，難関高校入試で出題される自然科学の文章はどのようなものでしょうか？

　まず，大学や研究機関などで研究する科学者がその成果を学術論文（scientific paper）にまとめます。そして，その論文は審査のうえで学術誌（journal）に掲載されます。学術誌には，ある分野に特化したものと，幅広い分野を扱う総合学術誌があります。"Nature" や "Science" が権威ある総合学術誌として有名です。論文の書き方や引用の仕方には厳格なルールがあります。たとえば，他人の成果を盗用したりすると，大学生ならば退学，研究者ならば解雇にいたるほどきびしいものです。ここまでが研究者向けのものです。

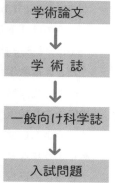

　次に，これらの研究成果を一般向けに紹介する雑誌やインターネットサイトがあります。そして，この段階の文章に対して，語彙，表現，長さなどを考慮し，必要に応じて書き直したものが入試素材となります（この流れは1つではありません。一例と考えてください）。

入試問題の展開パターン

　日本に比べて欧米では，最先端の科学情報を一般の人にわかりやすく伝えるサイエンス・ライターと呼ばれる職業がより確立されています。入試問題では，「ある研究成果をサイエンス・ライターが一般向けに紹介する」文章がよく出題されます。この際に引用される研究成果は，1つか2つ程度です。入試問題の英文の大きな流れは右図のようになります。どこがライターの文章で，どこが引用箇所なのか？という意識をもってください。また，研究者自身が一般向けに書いた本から出題されることもあります。

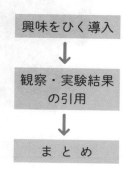

引用を表すディスコース・マーカー

引用を表すディスコース・マーカーを紹介します。

● ～ **say**［**write**］「～によれば」

例　The newspaper **says**［**writes**］ that sleeping is important for athletes.

「新聞によれば，睡眠はスポーツ選手にとって重要だということです」

● **according to** ～「～によれば」

例　**According to** the research, the number of smoker is decreasing.

「調査によれば，喫煙者の数は減っています」

Lesson
11

論説文（自然科学）

難関高校の入試では，「これを初見で理解するのは無理！」という問題も出題されるよ。つまり，あらかじめ背景知識があることを前提としているということだね。理科の勉強をしっかりするのはもちろん，「ブルーバックス・シリーズ」（講談社）などを日ごろから読んでおこう！

実 践 問 題

❯ 英文の解説

❶ Thumbs up. ❷ A friendly wave. ❸ All these hand gestures are /
親指を上げる　　親しげに手を振る　　これらすべての手のジェスチャーは

part of the body language / that we use / to communicate every day.
身体言語の一部だ　　　　　私たちが使う　日々コミュニケーションをとるために

❹ Chimpanzees can also use their hands / to give messages to others.
チンパンジーも手を使える　　　　　　ほかのものへメッセージを送るために

❺ Scientists have found / that chimpanzees are better / at
科学者たちは発見している　　　　チンパンジーがよりじょうずなことを

communicating with their hands / than communicating with smiles,
手でコミュニケーションをとることが　　　　　ほほえみ，鳴き声やほかの顔の表情で

cries and other facial expressions. ❻ Because chimpanzees are close /
コミュニケーションをとるよりも　　　　　　　チンパンジーは近いので

to human beings, / this discovery gives us / an important hint /
人間に　　　　　この発見は私たちに与える　　　重要な手がかりを

about how humans started speaking.
どのように人間が話し始めたのかについて

> 文法 比較を読み取るポイント

❺ … chimpanzees are **better** at communicating with their hands **than** communicating with smiles, cries and other facial expressions.

be **good at** 〜ing「〜するのが得意だ」が比較になって，*be* **better at** 〜ing と変わっています。比較の文があったら，比較級と than を囲み，「何について比べているのか？（比較基準）」「何と何を比べているのか？」を確認しましょう。
　今回は，「コミュニケーションをとること」を基準として，次の2つを比較しています。

　　手を使うこと ＞ ほほえみ，鳴き声，顔の表情

第2パラグラフ

❼ Only humans can communicate / with words, / and scientists
　　人間だけがコミュニケーションできる　　　　ことばで　　　　　そして科学者は

have long tried / to find / how our ancestors were able / to use
　長年試みている　　　見つけることを　　私たちの祖先がどのようにできたのか　　　言語を

language. ❽ They say / that our ape-like ancestors first
使うことを　　　　　彼らは言う　　私たちの類人猿に近い祖先が最初にコミュニケーションを

communicated / through hand gestures. ❾ Over time, / some areas
とった　　　　　　手のジェスチャーを通して　　時間をかけて　　　　　祖先の

of our ancestors' brains / developed more / for this kind of
　脳のある部分が　　　　　　　　　　より発達した　　この種のコミュニケーションの

communication. ❿ Finally, / these areas of the brain / could
ために　　　　　　　　最終的に　　　　　脳のこれらの領域が　　　　　理解できる

understand / simple language. ⓫ Scientists know / that apes today
ようになった　　　単純な言語を　　　　科学者は知っている　　　今日のチンパンジーは

use / some areas of the brain / to think about hand gestures.
使う　　　脳の一部の領域を　　　　　手のジェスチャーについて考えるために

⓬ They also know / that human beings today use / the same areas /
　彼らはまた知っている　　　　今日の人間は使う　　　　　　同じ領域を

to understand words.
ことばを理解するために

> **語彙　ape と monkey**

　1968年に『猿の惑星』という映画が公開されました。英語の原題は何でしょう？ ヒントは "PLANET OF THE ＿＿＿"。衝撃のラストが印象的でした。

「サル」を表す英単語には ape と monkey があります。分類には諸説ありますが，大きく次のように理解しましょう。

- **monkey** → 体が小さく，尻尾が長いサル
  - 例　ニホンザルなど
- **ape** → 尻尾が退化し，知能が高い類人猿
  - 例　チンパンジー，ゴリラ，オランウータン，ボノボなど

Lesson **11** 論説文（自然科学）

ちなみに，『猿の惑星』の原題は "PLANET OF THE APES" でした。

今回の文章では，chimpanzees / apes / the animal と言い方を変えていますが，すべてチンパンジーのことと理解して問題ないでしょう。

⑬ Scientists / from a university in the U.S. / observed 47 apes /
科学者たちは　　　　　アメリカの大学の　　　　47匹のチンパンジーを観察した

to study hand gestures and other ways / apes communicate. ⑭ The
手のジェスチャーとほかの方法を研究するため　　チンパンジーがコミュニケーションする

scientists recorded / every hand gesture, facial expression, and cry /
科学者は記録した　　　　すべての手のジェスチャーと顔の表情と鳴き声を

that one ape made / to another. ⑮ They also recorded / when the
1匹のチンパンジーがおこなう ほかのものに対して　彼らはまた記録した　　　　　いつ

animals were playing, eating or doing other things. ⑯ They found /
遊んでいるのか，食べているのか，そしてほかのことをしているのかを　　彼らは見つけた

that each facial expression and cry / was almost always used / for
それぞれの顔の表情や鳴き声が　　　　ほとんどつねに使われていることを

just one situation, / for example, / when the animal was afraid.
ただ1つの状況で　　　　たとえば　　　チンパンジーが恐れているときに

⑰ Each hand gesture, / however, / can show / more than one
それぞれの手のジェスチャーは　　しかし　示すことができる　2つ以上の意味を

meaning. ⑱ For example, / when the animal is hungry, / reaching
たとえば　　　　　チンパンジーが空腹のとき　　　手をのばす

out / with the palm of the hand facing up / means, / "More food,
ことは　　　　手のひらをおもてにして　　　　意味する　「もっと食べ物を

please." ⑲ When a fight is going on, / the same gesture means, /
ちょうだい」ということを　けんかが続いているとき　　同じジェスチャーは意味する

"Please help me."
「助けてくれ」ということを

> 文脈・論理

第3・4パラグラフが，この英文で伝えたかった新発見の具体的な実験内容です。どのような手順で，どのような結果が出たのか？を確認しましょう。

> 47 匹のチンパンジーを観察
>
> - それぞれの顔の表情，鳴き声　→　1 つの状況で使われる
> - 手のジェスチャー　　　　　　→　2 つ以上の意味で使われる
>
>   例　手のひらをおもてにして手をのばす
>   →「もっと食べ物がほしい」「助けてくれ」

〉 文法 more than one はいくつ？

　日本語で「1 以上」の場合は 1 を含みます。しかし，**more than** 〜はその後ろの数を含みません。「意味」は小数では数えませんので，**more than one meaning** は「2 つ以上の意味」となります。

> ❼ ... show **more than one** meaning.
>
> 「2 つ以上の意味を示す」

　日本語でも，日常会話では「以上」と「〜より大きい」を区別せず表現するように，英語でもあいまいに使うこともありますが，科学に関する文章では正確に読み取ってください。

☞ more than one は 1 を含まない。

〉 文法 文構造の理解

> ❽ ... <u>reaching</u> out with the palm of the hand facing up <u>means</u>, "<u>More food, please.</u>"
> 　　　　S　　　　　　　　　　　　　　　　　　　　　　V　　　O

　中心となる主語は動名詞の **reaching** です。

　with は「〜（という状態）をともなって」という付帯状況を表します。その後ろの〈主語＋述語〉の関係を見抜きましょう。

> **with**　the palm of the hand　facing up
> 　　　　　　主語　　　　　　　　述語
>
> 「手のひらが 上を向いている状態で」　→「手のひらをおもてにして」

Lesson
11
論説文（自然科学）

⑳This shows / that the apes can use hand gestures / in a flexible
　これは示す　　　　チンパンジーは手のジェスチャーを使える　　　　　　　　柔軟に

way.　㉑Like human language, / the animals' gestures can give /
　　　　人間の言語のように　　　　チンパンジーのジェスチャーは与えられる

more difficult information / than facial expressions or cries.
　　　より難しい情報を　　　　　　　顔の表情や鳴き声よりも

㉒Scientists believe / that human beings and chimpanzees have /
　科学者は信じる　　　　　　人間とチンパンジーはもつと

the same ancestors / and the two groups became different / from
　同じ祖先を　　　　　　　そして2つのグループは異なるものになった　　お互いに

each other / about 2.5 million years ago.　㉓Scientists think / that
　　　　　約250万年前に　　　　　　　科学者は考える

human language comes / from the hand gestures / that our ape-like
　人間の言語はくる　　　　　　手のジェスチャーから　　私たちの類人猿に近い祖先が

ancestors used.　㉔So, / the hand gestures / we use every day / are
　使っていた　　　　　だから　　　手のジェスチャーは　　　私たちが日々使う

as important / as the words / we speak.
　同じくらい重要だ　　　ことばと　　私たちが話す

❷ 設問の解説・解答

|解説|

問1　関係代名詞 that でつながれた❸を2文に分解します。

> ❸All these hand gestures are part of the body language **that**
> we use to communicate every day.
>
> ↓
>
> ●All these hand gestures are part of the body language.
>
> ＋
>
> ●We use the body language to communicate every day.

　to communicate は「コミュニケーションするために」という意味の不定詞の副詞的用法です。選択肢の品詞と用法は次のとおりです。
　a　不定詞の形容詞的用法　「～するべき，～するための」

b　不定詞の副詞的用法　　「～するために」

c　前置詞の **to**

d　不定詞の名詞的用法　　「～すること」

問2

① 　**give** に注目して，〈**give** ＋ 物 ＋ **to** ＋ 人〉という形をつくります。

② 　空所の後ろが〈S ＋ V〉になっていて，**made** の目的語がない不完全な文なので，関係代名詞 **that** が入ります。

③ 　**way** は **in** ～ **way** という形で，よく前置詞 **in** をともないます。

④ 　後ろの **each other** は代名詞で，空所には前置詞が必要です。**different** は，よく前置詞 **from** をともないます。

問3　this discovery は，以下の内容です。discovery と found が対応した表現です。

> ❺Scientists have found that chimpanzees are better at communicating with their hands than communicating with smiles, cries and other facial expressions.

問4

　ア　　❼Only humans can communicate with **words**, ... と言っています。words に対応するものは c の **language** です。

　イ　　このパラグラフの冒頭が This shows ... で始まっているので，直前の第4パラグラフの内容を受けています。「手のジェスチャーは複数の意味をもつ」と言っていたので，空所には「意味」に対応する b の **information** が入ります。

問5　下線部では，脳の同じ領域が以下の機能に関係していることが説明されています。

手のジェスチャー	脳の領域
↓	チンパンジーの手のジェスチャー
脳が発達	＝
↓	人間の言語理解
簡単な言語を理解	

このことから推測できることは a です。

問6　次の文に，⓮The scientists recorded every hand gesture, **facial expression, and cry** ... . とあります。

問7

（　A　）の前には「空腹なときに手をのばす」とあるので，e が入ります。

（　B　）の前には「けんかをしているときに手をのばす」とあるので，c が入ります。

問8 下線部(5)の **like** は「〜のように」という意味の前置詞です。

> ㉑ <u>Like</u> human language, … .「人間の言語<u>のように</u>」

a，b，c は「好き」という意味の動詞で，d だけが前置詞です。

> d   The boy can swim <u>like</u> a fish.「その男の子は魚<u>のように</u>泳げます」

問9

> ㉔ … <u>the hand gestures we use every day</u> <u>are</u> <u>as</u> <u>important</u> <u>as</u> the
> S   V   C
> words we speak.

中心となる主語は **the hand gestures** です。2 カ所の後置修飾と比較表現 **as 〜 as** … 「…と同じほど〜」に注意して，確実に訳しましょう。

問10

1   科学者は，チンパンジーの顔の表情が 2 つ以上の意味をもつことを発見した。
→⑯に「顔の表情は 1 つの状況だけで使われる」とあります。

2   チンパンジーのそれぞれの手のジェスチャーは，異なるメッセージを伝える。
→⑰に「手のジェスチャーは 2 つ以上の意味を示す」とあります。

3   チンパンジーはほかのチンパンジーにメッセージを伝えるために，手のジェスチャーだけを使う。
→顔の表情や鳴き声も使います。**only** のような極端な表現に注意しましょう。

4   コミュニケーションをとるときに，動物によって発せられる鳴き声は手のジェスチャーよりも重要だ。
→㉑に「手のジェスチャーのほうがいろいろな意味を伝えられる」とあります。

解答

問1 b

問2 ① e   ② c   ③ a   ④ d

問3 チンパンジーは，ほほえみや鳴き声やほかの顔の表情よりも，手のジェスチャーのほうがじょうずにコミュニケーションがとれること。

問4 ア c   イ b

問5 a

問6 顔の表情と鳴き声

問7 A e   B c

問8 d

問9 私たちが毎日使う手のジェスチャーは，私たちが話すことばと同じくらい重要だ。

問10   2

全文訳

第1パラグラフ

❶ 親指を上げる。❷ 親しげに手を振る。❸ これらすべての手のジェスチャーは，私たちが毎日コミュニケーションをとるために使う身体言語の一部である。❹ チンパンジーも，ほかのものにメッセージを伝えるために手を使うことができる。❺ 科学者は，チンパンジーはほほえみや鳴き声や，そのほかの顔の表情よりも，手を使ってコミュニケーションをとるほうがじょうずなことを発見している。❻ チンパンジーは人間に近いので，この発見は私たちに，どのように人間が話し始めたかについて重要な手がかりを与えてくれる。

第2パラグラフ

❼ 人間だけがことばでコミュニケーションができ，科学者は長いあいだ，私たちの祖先がどのように言語を使えるようになったのかを見つけ出そうとしてきた。❽ 私たちの類人猿に近い祖先は，まず手のジェスチャーを通してコミュニケーションをとった，と彼らは言う。❾ 時を経て，祖先の脳のある領域がこの種のコミュニケーションのためにいっそう発達した。❿ついに，脳のこれらの領域が単純な言語を理解できるようになった。⓫ 科学者は，今日のチンパンジーが手のジェスチャーを考えるために，脳のある領域を使っていることを知っている。⓬ 彼らはまた，今日の人間がことばを理解するために同じ領域を使っていることも知っている。

第3パラグラフ

⓭ あるアメリカの大学の科学者たちは，チンパンジーがコミュニケーションをとるための手のジェスチャーおよびそのほかの方法を研究するために，47匹のチンパンジーを観察した。⓮ 科学者たちは，チンパンジーが別のチンパンジーに対しておこなうすべての手のジェスチャー，顔の表情，鳴き声を記録した。⓯ 彼らはまた，チンパンジーがいつ遊んだり，食べたり，そのほかのことをするのかも記録した。⓰ 彼らは，それぞれの顔の表情や鳴き声はほとんどつねに，たとえば，恐れているときなど，ただ1つの状況でのみ使われることを発見した。

第4パラグラフ

⓱ しかし，それぞれの手のジェスチャーは2つ以上の意味を表せる。⓲ たとえば，チンパンジーが空腹のときに手のひらをおもてにして手をのばすのは，「もっと食べ物をちょうだい」ということを意味する。⓳ けんかの最中には，同じジェスチャーが「ぼくを助けて」という意味になる。

第5パラグラフ

⓴ このことは，チンパンジーが手のジェスチャーを柔軟に使えることを示す。㉑ 人間の言語のように，チンパンジーの手のジェスチャーは顔の表情や鳴き声よりも難しい情報を伝えることができる。

第6パラグラフ

㉒ 科学者は，人間とチンパンジーが同じ祖先をもち，2つの集団が約250万年前に異なるものになっていったと信じている。㉓ 科学者は，人間の言語が類人猿に近い祖先が使っていた手のジェスチャーからきていると考えている。㉔ だから，私たちが毎日使う手のジェスチャーは，私たちが話すことばと同じくらい重要なのだ。

論理チャート

手のジェスチャーと言語

- ●チンパンジーのコミュニケーション

手のジェスチャー　＞　ほほえみ／鳴き声／顔の表情

↓

人間がどう話し始めたかのヒント

- ●人間の祖先がどのようにことばを使えるようになったか？

手のジェスチャー
↓
脳が発達
↓
簡単な言語を理解

脳の領域
チンパンジーの手のジェスチャー
＝
人間の言語理解

- ●アメリカの大学での実験

| 方法 | 47匹のチンパンジーを観察
●手のジェスチャー，顔の表情，鳴き声
●いつ遊んだり，食べたりするのか |

| 結果 | 顔の表情，鳴き声　1つの状況でのみ使われる

手のジェスチャー　2つ以上の意味で使われる
　例　手のひらをおもてにして手をのばす
　①空　腹 → 「もっと食べ物がほしい」
　②けんか → 「助けてくれ」 |

- ●科学者の考え

共通の祖先
約250万年前
類人猿　ヒト

人間の言語は類人猿に近い祖先の手のジェスチャーに由来
↓
手のジェスチャーは言語に劣らず重要

ボキャブラリー・リスト

□ wave	名	手を振ること	□ brain	名	脳
□ gesture	名	ジェスチャー	□ develop	動	発達する
□ body language		身体言語	□ ape	名	類人猿
□ chimpanzee	名	チンパンジー	□ observe	動	観察する
□ scientist	名	科学者	□ record	動	記録する
□ cry	名	鳴き声	□ afraid	形	恐れて
□ facial	形	顔の	□ meaning	名	意味
□ expression	名	表情	□ reach out		手をのばす
□ close	形	近い	□ palm	名	手のひら
□ human being		人間	□ face up		おもてにする
□ hint	名	手がかり	□ fight	名	けんか
□ ancestor	名	祖先	□ flexible	形	柔軟な

Lesson
11

論説文（自然科学）

論理チャートを自分でつくったら，観察のようすが具体的にイメージできました！

英語 + α

かつて "*Newsweek*" 誌で，"Who Owns English?" という特集が組まれました。英語はもはやネイティブ・スピーカーだけのものではない，という内容でした。

ノン・ネイティブの代表格がインド人です。全人口約 14 億人のうち約 1 億人超のインド人が英語話者だといわれています。インドでは 2 千とも 3 千ともいわれる多様な言語・方言（言語学的に，言語と方言のちがいはあいまいです）が国内に存在しているため，外国人に対してだけではなく，インド人どうしでも英語でコミュニケーションがとられています。

日本人にとって，インドなまりの英語は恐怖です。製造業などで現地工場を監督する立場でおもむく場合，この壁にぶつかります。しかし，IT 産業に従事するインド人の場合，欧米人との英語のコミュニケーションに慣れているので，ほぼ問題を感じません。

また，IT だけではなくエンターテインメントの世界でも，インドの存在感は大きくなっています。近年，映像業界の世界的潮流は 3DCG（3 次元コンピュータグラフィックス）です。アニメーションだけではなく，実写の特殊効果でも使われています。ハリウッドの 3DCG アニメーションも，その裏側にインド人の活躍があります。

以前，「インドのシリコンバレー」と称されるバンガロールを訪問し，3DCG 制作会社を見学する機会がありました。広々としたフロアで数百人のインド人が 3DCG 制作に没頭する姿は圧巻でした。3DCG では，体の動きをとらえる力が必要になります。滞在中のホテルで，ひたすら踊って歌い続けるインドの音楽番組を見たとき，体の動きに対する感度が日本人よりも数段高いと感じました。3DCG 産業の発展と無関係ではないと思います。

今，日本では「英語」「IT」「エンターテインメント」など各分野の専門家はいるものの，「英語」と「IT」，あるいは「英語」と「エンターテインメント」の両方に強い人材が極端に不足しています。世界の第一線で活躍するには，"英語 + α" の力が求められています。

論説文（人文科学）

さあ，いよいよ最後のレッスンです。人文科学系の論説文に挑戦です。

人文科学とは？

人文科学の対象は「人間の営み」です。実験・観察といった具体的なものではなく，「どう考えるか？」という「思考」を表現した文章になるため，抽象度が上がり，難解になりがちです。今まで学んできた論理的読解法を駆使してチャレンジしてみましょう！

単語はどこまで知る必要があるのか？

難関高校の長文問題では，「知らない単語」が大きな壁になります。「知らない単語は推測せよ」と言われているかもしれません。しかし，語彙の専門家によれば，推測するにしても，少なくとも全体の **95%の語彙の知識は必要**とのことです。つまり，**20 語のうち，知らない単語が 1 語を超えると推測が困難になる**ということです。

まず，志望校の過去問に挑戦し，わからない単語の比率を割り出してみてください。入試問題は全文訳が求められるわけではなく，すみずみまで理解する必要はないものの，試験日までにできるだけ 95%に近づける努力をしてください。

トップダウン処理とボトムアップ処理

文章を読むとき，**トップダウン処理**と**ボトムアップ処理**の 2 つをおこなっているといわれています。

トップダウン処理とは，「背景知識」や「パラグラフの構成・論理展開」という大きな情報から文章を理解していく方法です。ボトムアップ処理とは，「単語」「文法」など本文中にある小さな単位の情報を積み上げ，意味を理解する方法です。

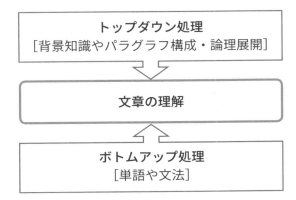

トップダウン処理
[背景知識やパラグラフ構成・論理展開]

↓

文章の理解

↑

ボトムアップ処理
[単語や文法]

この両方を補完し合いながら意味を構築していきます。

　たとえば大学受験生を見ていると，私立型の3教科にしぼって勉強する生徒よりも，国立型で5教科にわたる幅広い勉強をする生徒のほうが，後半グッと英語の成績がのびる印象をもちます。これは，背景知識の大きさのちがいでしょう。入試に関係のない教科でも勉強をサボらない，そして幅広い読書をする，という一見遠回りなことが，じつは難関入試では合格への最短ルートなのだと思います。

最後に，難易度の高い問題を用意しました。これまで学んできた読解技術をフル活用して挑んでみよう！

実 践 問 題

❷ 英文の解説

第1パラグラフ

❶A lot of people believe / that understanding what has already
多くの人が信じる　　　　　　　　　すでに起こったことを理解することが

happened / will help humanity / avoid making the same mistakes /
人類を助ける　　　　　同じ間違いをするのを避けることを

in the present or future. ❷The philosopher George Santayana
現在そして将来に　　　　哲学者のジョージ・サンタヤーナ（1863-1952）は

(1863-1952) once wrote / that those who cannot remember the
かつて書いた　　　　　　　　　　　　　過去を思い出せない者は

past / are likely to repeat it.
それを繰り返しやすいと

〉 文法 文構造の理解

---

❶A lot of people believe
　　S　　　　　V

　　that understanding what has already happened
　　　　　　　　　　　　　　　　S'

　　will help humanity avoid making the same
　　V'　　　　O'　　　C'

　　mistakes in the present or future.
　　　　　　　　　　O

文全体としては第3文型〈S＋V＋O〉となり，that 節の中が第5文型〈S＋V＋O＋C〉になっています。〈S＋**help**＋O＋C〉で，「SはOがCするのを助ける」となります。

❶は「多くの人は，すでに起こったことを理解することによって，現在や将来において，人類が同じ過ちを犯すことを避けられるようになると信じている」という意味になります。

> ❷ The philosopher George Santayana （1863-1952） once wrote … .
>   S   V

The philosopher ＝ George Santayana で，同格の関係です。**wrote** は引用の合図です。

引用は主張をサポートするために用いられますので，すなわち，**同じ内容を言い換えているだけ**だという意識で読むことが必要です。

前半の内容	起こったことを理解する	→	同じ過ちを犯さない
		＝	裏返して言っているだけ
哲学者の引用	過去を思い出せない	→	同じことを繰り返す

引用や具体例が出てきたときに，「あれっ，急に知らない話題に変わったぞ！」と迷子にならず，**前後の内容と重ねて読む**ことが大切です。

〉 **文法** those who

❷の文で，those who という表現が出てきます。このあいだに **people** を補って理解してください。

❷ … that those （**people**） who cannot remember the past are likely to repeat it.

> 例 Heaven helps **those who** help themselves.
> 「天は自ら助くるものを助く」
>   💬 神様は，人に頼らず自分自身で努力している人を助ける，という意味です。

第2パラグラフ

❸ In the past, / people learned history / as if it were a simple
過去には　　　　人々は歴史を学んだ　　　　　　それが単なる出来事の

record of events. ❹ They learned / the names of powerful people /
記録のように　　　　　彼らは学んだ　　　　力をもった人々の名前

and their great achievements. ❺ Children learned / long lists of
そして彼らの偉業を　　　　　　　子どもたちは覚えた　　　　年代の長い

dates, / so that they knew / when wars happened / and when
リストを　　　　そして知った　　　戦争がいつ起こったのか　　　そして

governments made important laws.
政府がいつ重要な法をつくったのかを

〉 文脈・論理

❸の **In the past** を見て，何かピンときましたか？ そう，**過去と現在の対比**の合図です。

過去	歴史を出来事の記録として学ぶ
	例　権力者の名前と偉業，年代
↕	
現在	?

第3パラグラフ

❻Historians still believe / that such records of events are / the
歴史家たちは今でも信じる　　　　　そのような出来事の記録が

foundation of history. ❼However, / in recent years / they have also
歴史の基礎だと　　　　　　しかし　　　近年　　　　　彼らはまた

begun to explore / different types of history. ❽Instead of studying /
探究し始めた　　　　　ちがう形の歴史を　　　　研究するのではなく

the few privileged and powerful people / in a society, / they believe /
少数の特権と力をもつ人々を　　　　　社会における　　彼らは信じる

it is just as important / to learn about the lives / of the many
それはちょうど同じように重要だ　　　生活を学ぶことが　　　何百万人もの

millions of ordinary people. ❾What food did they eat? ❿What did
ふつうの人の　　　　　　どんな食べ物を食べたのか？　　　何を

they wear? ⓫What gods did they worship? ⓬And in what way?
着ていたのか？　どんな神を崇拝したのか？　そしてどのように？

〉 文脈・論理

　第2パラグラフに **In the past** がありました。❼に **However**, in recent years とあり，予想どおり**過去と現在の対比**の形になりました。

過去	歴史を出来事の記録として学ぶ
↕	
現在	一般の人々の日常を学ぶことも大切
	例 食べ物，服，信仰など

> **文法** 比較の省略

❽ ... they believe it is just **as** important to learn about the lives of the many millions of ordinary people.

as を見たら，**as 〜 as** ...「…と同じくらい〜」と予測を立て，後ろの **as** を探します。でも，この文には見あたりません。今回は省略されています。同じ文の前半と内容が重なるからです。ためしに省略部分を復活させると，以下のようになります。

... they believe it is just **as** important to learn about the lives of the many millions of ordinary people（**as** it is to learn about the lives of the few privileged and powerful people in a society）.

「…彼らは，（社会で特権と力をもつ少数の人々の暮らしを学ぶことと同じくらい）何百万人ものふつうの人々の暮らしを学ぶことも大切なことだと信じる」

第4パラグラフ

❽ As well as studying / the lives of a wider range of people, /
研究するのと同様に　　　　　　幅広い人々の生活を

modern historians also use / a wider range of evidence. ❽ They used
現代の歴史家はまた使う　　　　　幅広い証拠を　　　　　　　彼らは

to concentrate / on written accounts. ❽ Now they draw on subjects /
かつて集中していた　　書かれた証拠に　　　　　今では学問を利用する

such as biology, economics, geology, psychology, and sociology. ❽ They
生物学，経済学，地学，心理学，そして社会学のような　　　　　彼らは

also refer / to folklore, myths, and everyday documents, / such as
また参考にする　　　民話，神話，そして日常的な文書を

household accounts.
家計簿のような

> **文法** 現在との対比を表す **used to** *do*

⑭ They used to concentrate on written accounts.

used to *do* は「かつて〜したものだ」という意味ですが，「今はもう〜していない」という現在との対比のニュアンスも含みます。

> **過去** 文献が対象
>
> ↕
>
> **現在** 学問（生物学，経済学，地学，心理学，社会学），民話，神話，日常的な文書（家計簿など）が対象

> **語彙** 「学問」を表す接尾辞 **-logy** / **-cs**

単語の後ろに **-logy** や **-cs** がつくと，学問の合図です。知らない単語があっても「これは学問名だな」と推測できるようにしましょう。

> ● bio ＋ logy → **biology**
>   生命　　学問　　　生物学
>
> ● geo ＋ logy → **geology**
>   土地　　学問　　　地学
>
> ● socio ＋ logy → **sociology**
>   社会　　学問　　　　社会学
>
> ● economy ＋ cs → **economics**
>   経済　　　学問　　　　経済学

第5パラグラフ

⑰ Some historians study / a small part of history / in detail / —
一部の歴史家たちは研究する　　　歴史の小さな部分を　　　　詳細に

they carefully discover facts / about everyday life / in a single
彼らは注意深く事実を見つけだす　　　　日常の生活について　　　　1つの

village / at a particular time, / for example. ⑱ Others study / the
村の　　　　　特定の時代の　　　　　たとえば　　　　別の人たちは研究する

rise and fall / of whole civilizations. ⑲ Some historians study
盛衰を　　　　　　　　文明全体の　　　　　　　ある歴史家たちは政治学を

politics / ; others study ideas or genealogy (the history of families).
研究する　　　ほかの人たちは思想や系譜学（家族の歴史）を研究する

⑳ Some specialize / in the history of wars and warfare. ㉑ There
あるものは専門とする　　　　戦争と戦闘行為の歴史に　　　　また

Lesson **12** 論説文（人文科学）

are also historians / who study history / before the existence of
歴史家たちもいる　　　　　歴史を研究する　　　　　記録の存在以前の

records /, which is called prehistory.
　　　それは先史と呼ばれる

〉 **文法** **some 〜, others ...**

some や **others** の表現をまとめておきましょう。

① **some 〜, others ...**

→ この場合，「まだほかの人たちもいるよ」ということが暗に示されます。

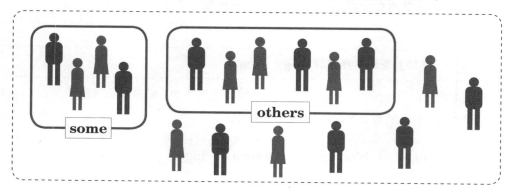

② **some 〜, the others ...**

→ ある集団を二分するときの表現です。未所属の人はいません。

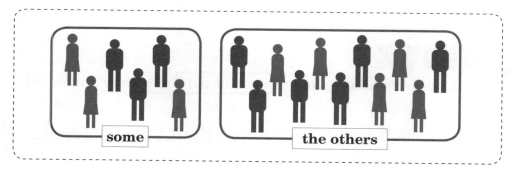

〉 **文法** **ダッシュとセミコロン**

⑰は親切に **for example** と添えられていますが，たとえない場合でも，ダッシュ〈—〉
の前後で**抽象と具体の関係**を見抜きましょう。

⓱Some historians <u>study a small part of history in detail</u> — they
　　　　　　　　　　「歴史の小さな範囲を詳細に研究」
　　　　　　　　　　　　　　　　　　　　抽象

<u>carefully discover facts about everyday life in a single village at a</u>
　　「ある時代の 1 つの村の日常生活の事実を注意深く掘り起こす」
　　　　　　　　　　　　　　　具体

<u>particular time</u>, for example.

⓳のセミコロン〈 ; 〉は対比を示しています。

⓳Some historians study <u>politics</u> ; others study <u>ideas or genealogy</u> … .

> 語彙　「前」を表す接頭辞 pre-

接頭辞 pre- は「前もって，あらかじめ」といった意味を表します。

pre + history 　→ **prehistory**
前　　　歴史　　　　　先史

例　**pre**pare　「（前もって）準備する」
　　　prevent　「（前もって）防ぐ」
　　　predict　「（前もって）言う」→「予言する，予測する」

第6パラグラフ

⓴**Although** history seems simple, / it is often full of secrets /
　　　　歴史は単純に見えるけれど　　　　　しばしば秘密で満たされている

and, therefore, / complicated.　㉓Any event can have / many
そして，それゆえ　　　複雑だ　　　　どんな出来事でももてる　　　多くの

interpretations and meanings.　㉔For Americans, / for example, /
解釈と意義を　　　　　　　　　　アメリカ人にとって　　たとえば

Christopher Columbus's arrival / in the "New World" / in 1492 /
クリストファー・コロンブスの到着は　　「新世界」への　　　1492 年の

helped lead / to the creation / of the United States.　㉕But / for
導くことを助けた　　建国へと　　　アメリカ合衆国の　　　しかし

Native Americans, / Columbus's arrival was a disaster. ㉖ It brought
アメリカ先住民にとっては　　　コロンブスの到着は大災難であった　　　　　それは

enslavement / by the Europeans / and disease / that killed
奴隷化をもたらした　　ヨーロッパ人たちによる　　そして病気を　　何百万もの人を

millions of people. ㉗ Which view is correct? ㉘ There are many other
殺した　　　　　　　　　どちらの見方が正しいか？　　　　　　　　ほかにも多くの

examples / that show / that history is not a single story / but many
例がある　　　　示す　　　　歴史は１つの物語ではなく　　　　　多くの

intertwined stories.
からみ合った物語であると

> 文脈・論理

　難関高校の入試問題では，知らない単語が必ず出題されます。その単語が設問にからむ場合でも，論理的に意味を推測することができる場合があります。

　㉒ **Although** history seems simple, it is often full of secrets and, therefore, complicated.

　simple と complicated が対立しています。「単純だ」の反対なので，complicated は「複雑だ」という意味になると推測できます。

　㉘ ... history is not a single story **but** many intertwined stories.

　intertwined が難しいですね。受験生でこの単語を知っている人はほとんどいないはずです。まずは but の前後で story が単数形と複数形になっている点に注目できれば，第一段階クリアです。

　さらに **inter-** は international「国際的（国と国のあいだの）」のように「複数のあいだのやりとり」を表すので，訳は次のようになります。

　「歴史は１つの物語ではなく，多くの相互にからみ合った物語です」

❯ 設問の解説・解答

|解説|

問1　ここでのポイントは，ワン・パラグラフ ＝ ワン・トピック，そして首尾一貫の原則です。（　A　）より前の部分と同じ内容，あるいは矛盾（むじゅん）しないものを選びます。

ア　過去を思い出せない者は，過去を繰り返しがちだ

　　➡ 裏を返せば，「過去を思い出せば，過去を繰り返さない」ということなので，前半と一致します。

イ　学生たちは以前よりも世界史をもっと熱心に勉強すべきだ

　　➡ 前半とは無関係です。

ウ　もし歴史を学べば，人類に対していくらかの興味を得るだろう

　　➡「人類に対する興味」については触れていません。

エ　あなたの過去の行為を振り返ることは大切だ

　　➡「あなた」個人のレベルではなく，人類（**humanity**）全体の話です。

問2　下線部(1)に続く❽の文で，具体的に言い換えられています。**explore** に対応するよう，動詞から始まる部分を探しましょう。

問3　〈**As well as** ＋ 既知の内容 ， 新しい内容 〉という関係をしっかりと訳に出しましょう。

問4　☞ p.252 ～ 253

問5　まずは，選択肢のプラス・マイナスのイメージを判別します。

ア　disaster　「大災難」⊖　　イ　mistrust　「不信」⊖
ウ　reality　「現実」⊕⊖　　エ　wealth　「富」⊕

　次に，空所の前後の関係をまとめます。コロンブスの到来はアメリカ人にとっては合衆国建国のきっかけになりましたが，先住民にとっては奴隷化や病気をもたらすものでした。

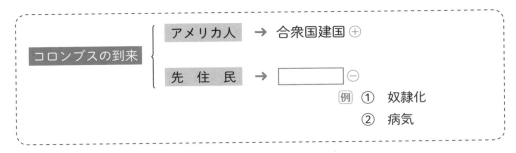

よって，空所にはアの **disaster** が入ります。

問6　☞ p.254

ア　現代人にとって十分難しい

　　➡ 本文に根拠がありません。

イ　長いあいだ終わることがない

　　➡ 本文に根拠がありません。

ウ　お互いに密接に関係している

　　➡「多くの相互にからみ合った物語」とほぼ同意ととれます。

エ　理解するにはあまりに複雑すぎる

　　➡ 本文には「理解できない」とは書かれていません。歴史が complicated とは言っていますが，too complicated to understand とまでは言っていません。選択肢では「言いすぎ」表現に注意しましょう。

解答

問1　ア

問2　learn about the lives of the many millions of ordinary people（11 語）

問3　現代の歴史家たちはまた，より幅広い人々の生活を研究することと同様に，より幅広い証拠を利用する。

問4　イ

問5　ア

問6　ウ

全文訳

第1パラグラフ

　❶多くの人は，すでに起こったことを理解することで，現在や将来，人類が同じ過ちを犯すことを避けられるようになると信じている。❷哲学者のジョージ・サンタヤーナ（1863–1952）は，過去を思い出せない者はそれを繰り返しがちである，とかつて書いた。

第2パラグラフ

　❸過去，人々は歴史を，あたかも出来事の単なる記録であるかのように学んだ。❹権力者の名前や偉業を学んだ。❺子どもたちは長い年表を学んで，いつ戦争が起こって，いつ政府が重要な法をつくったかを知った。

第3パラグラフ

　❻歴史家たちは今でも，そのような出来事の記録が歴史の基礎であると信じている。❼しかし，近年，彼らはまたちがう形の歴史を探究し始めた。❽彼らは，社会で特権と力をもつ少数の人々を研究するのではなく，何百万人ものふつうの人々の暮らしを学ぶことも同じように大切なことだと信じる。❾どんな食べ物を食べたのか？❿何を着ていたのか？⓫どんな神を崇拝していたのか？⓬そしてどのように？

第4パラグラフ

　⓭現代の歴史家たちはまた，より幅広い人々の生活を研究することと同様に，より幅広い証拠を利用する。⓮彼らはかつて文献に集中していた。⓯今では生物学，経済学，地学，心理学，そして社会学などの学問を利用する。⓰彼らはまた民話，神話，そして家計簿のような日常的な文書も参考にする。

第5パラグラフ

⑰一部の歴史家は，歴史の小さな部分を詳細に研究する。たとえば，特定の時代の1つの村の日常生活についての事実を注意深く掘り起こす。⑱文明全体の盛衰について研究する人もいる。⑲政治学を研究する人もいれば，思想や系譜学（家族の歴史）について研究する人もいる。⑳戦争や戦闘行為の歴史を専門的に研究する人もいる。㉑また，先史と呼ばれる，記録の存在以前の歴史を研究する歴史家もいる。

第6パラグラフ

㉒歴史は単純に見えるが，しばしば秘密で満たされていて，それゆえ複雑である。㉓どんな出来事でも，多くの解釈と意義がありうる。㉔たとえば，アメリカ人から見れば，クリストファー・コロンブスの1492年の「新世界」への到達がアメリカ合衆国建国へつながった。㉕しかし，アメリカ先住民たちにすれば，コロンブスの到来は大災難であった。㉖ヨーロッパ人による奴隷化，そして何百万人もの命を奪った病気をもたらした。㉗どちらの見方が正しいのだろう？㉘このほかにも，歴史が1つの物語ではなく，多くの相互にからみ合った物語であることを示す多くの例がある。

Lesson
12

論説文（人文科学）

今回の文章，とっても難しかったけど，自信もつきました！これまで学んだ読解技術で，志望校の過去問題に挑戦します！

論理チャート

歴史とは？

● **研究方法の変化**

| 過去 | 歴史＝出来事の記録 |

例 権力者の名前と偉業，年代

↕

近年

対象 少数の権力者

↓

大衆の生活

例 食べ物，服，信仰

方法 文献

↓

幅広い証拠

例 生物学，経済学，地学，心理学，社会学
民話，神話，家計簿

● **歴史研究の種類**

狭い範囲の歴史，文明の盛衰，政治学，思想，系譜学，戦争や戦闘行為，先史，など

● <u>**歴史の複雑さ**</u>

└─→ さまざまな解釈や意義

例 コロンブスの到来

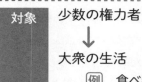

アメリカ人 合衆国建国

↕

先住民 大災難（奴隷化，病気）

↓

「歴史」＝ ✕ １つの物語

○ 多くの相互にからみ合った物語

ボキャブラリー・リスト

□ humanity	名	人類	□ economics	名	経済学
□ avoid	動	避ける	□ geology	名	地学
□ present	名	現在	□ psychology	名	心理学
□ future	名	将来	□ sociology	名	社会学
□ philosopher	名	哲学者	□ refer to ～		～を参照する
□ *be* likely to *do*		～しがちである	□ folklore	名	民話
□ as if＋S'＋V'	接	まるで～かのように	□ myth	名	神話
□ record	名	記録	□ document	名	文書
□ event	名	出来事	□ household account		家計簿
□ achievement	名	偉業	□ particular	形	特定の
□ date	名	年代	□ civilization	名	文明
□ government	名	政府	□ politics	名	政治学
□ law	名	法律	□ genealogy	名	系譜学
□ historian	名	歴史家	□ specialize	動	専門にする
□ foundation	名	基礎	□ warfare	名	戦闘行為
□ recent	形	最近の	□ existence	名	存在
□ explore	動	探究する	□ prehistory	名	先史
□ privileged	形	特権のある	□ therefore	副	それゆえ
□ ordinary	形	ふつうの	□ complicated	形	複雑な
□ god	名	神	□ interpretation	名	解釈
□ worship	動	崇拝する	□ arrival	名	到達
□ as well as ～		～と同様に	□ creation	名	建設，創造
□ range	名	幅	□ Native American		アメリカ先住民
□ evidence	名	証拠	□ disaster	名	大災難
□ concentrate	動	集中する	□ enslavement	名	奴隷化
□ account	名	記述	□ disease	名	病気
□ subject	名	学問分野	□ view	名	見方
□ biology	名	生物学	□ correct	形	正しい

Lesson
12

論説文（人文科学）

文法・語彙リスト

本書で解説した 文法・語彙 をリストアップしました。復習の際に活用してください。

おわりに

大学時代の恩師がこんなことを言っていました。

「休みの日に美術館に行って，名画を少し離れたところからボーっと
眺めてみる。そうすると，外に出たときに世界がちがって見えるんだ」

　つまり，「学ぶ」とは「ものの見方が変わる」ということなのです。

　本書を通じて伝えたかったことも同様に，単なる知識ではなく「長文に対する見方を変える」ということでした。今回学んだ長文読解の技術にみがきをかけ，自分のモノにしてください。

　また，今の日本の教育システムにおいて，「英文を速く正確に読み取る」技術を身につけるチャンスは，受験を除けば，じつはあまり多くありません。しかし将来，留学や研究，ビジネスなど，世界を舞台に活躍するとき，最も必要な英語力は「読む力」なのです。また，英語の上級者とそうではない人を隔てるものも「読む力」なのです。

　本書で身につけた読解技術を，入試にとどまらず，世界を切りひらく武器にしてほしいと思います。

◇　　　　　◇　　　　　◇

　本書出版にあたり，多くの方々のお世話になりました。

　「能開センター」「個別指導 Axis」の生徒のみなさん。みなさんとの授業でのやりとりを通じ，今日の指導法が確立しました。

　入社以来，成長の場を与えていただいた（株）ワオ・コーポレーションの西澤代表はじめ同僚のみなさん，とくに，英語科のメンバーからは，日ごろから貴重な助言をいただいております。

　また，本書を生徒のみなさんに推薦いただきました全国の先生方のおかげで，今回，改訂版を出版することができました。

　㈱KADOKAWA の原編集長からは貴重な機会をいただきました。そして，デザイナーの山口秀昭さん，イラストレーターの福島 幸さん，DTP 担当のオッズオンのみなさんにはわかりやすい紙面を実現していただきました。

　そして，一度も「勉強しろ」と言うことなく育ててくれた両親，良き理解者としていつも支えてくれている妻の裕美に感謝します。

　最後に，英語に関しては，学び始めて以来，さまざまな段階において，多くの先生方や書籍に導かれてまいりました。この場を借りて深くお礼申し上げます。

笠井　照彦

音声ダウンロードについて

　本書に収録している英文をネイティブスピーカーが読み上げた MP3 形式の音声ファイルをダウンロードすることができます。

> https://www.kadokawa.co.jp/product/322210000598/
> ［ユーザー名］koukou_ronri　［パスワード］kasai_202307

【注意事項】

- ●上記ウェブサイトには、パソコンからアクセスしてください。携帯電話・スマートフォン・タブレット端末からはダウンロードできないのでご注意ください。
- ●音声は MP3 形式で保存されています。お聴きいただくには、MP3 を再生できる環境が必要です。
- ●ダウンロードページへのアクセスがうまくいかない場合は、お使いのブラウザが最新であるかどうかご確認ください。また、ダウンロードする前に、パソコンに十分な空き容量があることをご確認ください。
- ●フォルダは圧縮されていますので、解凍したうえでご利用ください。
- ●音声はパソコンでの再生を推奨します。一部ポータブルプレイヤーにデータを転送できない場合もございます。
- ●本ダウンロードデータを私的使用範囲外で複製、または第三者に譲渡・販売・再配布する行為は固く禁止されております。
- ●なお、本サービスは予告なく終了する場合がございます。あらかじめご了承ください。

スマホで音声をダウンロードする場合

abceed
AI英語教材エービーシード

ご利用の場合は、下記のQRコードまたはURLよりスマホにアプリをダウンロードしてください。

https://www.abceed.com
abceedは株式会社Globeeの商品です。

笠井　照彦（かさい　てるひこ）

　立命館大学卒。在学中にブリティッシュ・コロンビア大学へ留学。
株式会社ワオ・コーポレーションに入社後、同社の運営する「能開セ
ンター」にて英語指導を行う。映像講座にも多数出演。特に最難関クラ
スの指導に定評がある。「受験英語も実用英語も同じ！」が持論。その
ほか、海外現地法人設立、社内での通訳・翻訳、学習コンテンツ開発な
ど、英語に関する幅広い業務に従事する。
　趣味は原書や翻訳小説の読書、韓国語学習、マラソン。TOEIC® 990点
満点、英検１級。

音声ダウンロード付　改訂版
高校受験　英語長文を論理的に読み解く本

2023年 7 月21日　初版発行
2024年11月 5 日　再版発行

著者／笠井　照彦

発行者／山下　直久

発行／株式会社KADOKAWA
〒102-8177　東京都千代田区富士見2-13-3
電話　0570-002-301（ナビダイヤル）

印刷所／株式会社加藤文明社
製本所／株式会社加藤文明社

英語長文を論理的に読み解く本

【別冊】

改訂版 高校受験

音声ダウンロード付

英語長文を 論理的に 読み解く本

【問題冊子】

この冊子の解説・解答は，本冊にあります（各問題の最初に，その問題の解説・解答が書かれている本冊のページ番号が載っています）。

また，問題文の読み上げ音声をダウンロードすることができます（手順は本冊 p.263 を参照ください）。

スラッシュを入れよう！

標 準 問 題　　🔊 TRACK 1
音声ダウンロード

　次の英文は，アメリカから来た ALT のタイラー先生（Tyler）が日本の中学生たち
の前で話をしている場面である。これを読んで，問 1 ～ 4 に答えなさい。　（佐賀県）

💬 452 words　🕐 15 分　📖 解説・解答 ▶ 本冊 p.23

I will tell you my story about the New York *blackout.

I was traveling in America and I was in New York on August 14, 2003. At about four o'clock in the evening I was in the *subway station. And at that time the light *went off suddenly. I thought something bad happened. A lot of people and I *pushed *each other and went up to the ⁵ street. We found all lights *were off. All the cars stopped and couldn't move because the *traffic lights also were off. A lot of people were coming from the buildings and the subway stations. They were walking among cars and trying to get back home. This was called the New York blackout. ¹⁰

　I was staying at a hotel when I was in New York. I decided to walk to the hotel soon and stay there until the next morning, because the city looked really *dangerous. I got there and walked up to my room without any lights. Because it was summer in New York, I felt very hot when I was going up. When I got to my room, I found that I had ¹⁵ no water and food. Of course I didn't want to go out because the city looked very dangerous. But (1)I *finally decided to go out again.

When I went out of the hotel, a lot of people were sitting on the street. They could not go back home, so they needed to sleep there all

20　night. I found a small shop soon and could buy some water, food and *candles. Then I ran back to my hotel without looking around very much. I was afraid of walking on the street that evening.

I got into my room again. I looked at the city through the window because I worried about *riots. Can you imagine what I saw there?

25　People were standing in the streets to help the cars, so the cars could move without traffic lights. And volunteers were giving candles to the people on the street, so they didn't have to be afraid of the black night. (2)People in New York were *protecting their city by helping each other.

The next day I asked people in New York how their night was.

30　(3)They told me some warm stories of the blackout. One of them said, "I talked with the people around my house for the first time under the beautiful stars." Another person said, "My family enjoyed dinner with candle lights and talking without TV."

This is my story about the New York blackout. I will remember the

35　people in New York who were helping each other and the people who found something warm in the night of New York.

（注）blackout「停電」　　subway「地下鉄」　　went off → go off「消える」
　　　push(ed)「押す」　　each other「お互い」　　were off「消えていた」
　　　traffic light(s)「交通信号」　　　　　　　　dangerous「危険な」
　　　finally「結局」　　candle(s)「ろうそく」　riot(s)「暴動；騒乱」
　　　protect(ing)「守る」

問1　タイラー先生が大停電直後にホテルの部屋に戻るまでのあいだの状況として，本文に述べられていないものを，次のア～エの中から１つ選び，記号を書きなさい。

ア　タイラー先生が地下鉄の駅にいたときに，突然電気が切れて暗くなった。
イ　多くの人々が地上から地下鉄へと逃げていった。
ウ　交通信号が消えていたので，車が動けなかった。
エ　多くの人たちが車のあいだを通り抜けていき，家に帰ろうとしていた。

[　　　　　]

問2　下線部(1)について，結局タイラー先生が再びホテルの外へ出て行こうと決心したのはなぜか。次のア～エの中から１つ選び，記号を書きなさい。

ア　エアコンが動かず，部屋がとても暑かったから。
イ　街がどれくらい危険な状況になっているか，知りたかったから。
ウ　水と食べ物をもっていなかったから。
エ　ホテルにいると危険だと思ったから。

[　　　　　]

問3　下線部(2)について，タイラー先生が見たこととして，ニューヨークの人たちが街を守るためにどのようなことをおこなっていたか。日本語で２つ書きなさい。

[
　
]

[
　
]

問4　下線部(3)について，タイラー先生がニューヨークの人たちから聞いた大停電の夜の心温まる話を，日本語で２つ書きなさい。

[
　
]

[
　
]

次の英文は humorous story である。そのことを念頭に置いて読み，あとの問い
に答えよ。

（灘高）

💬 180 words　　🕐 8分　　📖 解説・解答 ▶ 本冊 p.31

A businessman walks into a bank in San Francisco and asks for the loan officer. He says he is going to Europe on business for two weeks and needs to borrow $7,000. The bank officer says the bank will need some kind of <u>security for such a loan</u>.

5　　So the businessman hands over the keys to a Rolls Royce parked on the street in front of the bank. Everything checks out, and the bank agrees to accept the car as collateral. An employee drives the Rolls into the bank's underground garage and parks it there.

　　Two weeks later, the businessman returns, repays the $7,000 and
10 the interest, which comes to $19.67. The loan officer says, "We are very happy to have had your business, and this transaction has worked out very nicely, but we are a little (　1　). While you were away, we checked you out and found that you are a multimillionaire. What (　2　) us is why you would bother to borrow $7,000." The businessman replies,
15 "Where else in San Francisco can I park my car for two weeks for $20?"

問1 下線部の英語と同じ意味を表す英語を本文から1語抜き出せ。

_____

問2 空所（ 1 ）（ 2 ）に入れるのに適切な語の組み合わせをア～エから1つ選び，記号で答えよ。

ア　excited 　 － 　excites
イ　confused 　 － 　confuses
ウ　worried 　 － 　worries
エ　comforted － 　comforts

[　　　]

問3 本文の内容に合うように空所に適切な語を入れよ。

The businessman borrowed the money from the bank because the interest was （　　）（　　） a two-week parking fee.

_____　_____

後置修飾の関係をつかもう！

標準問題

🔊 音声ダウンロード TRACK 3

次の英文を読んで，あとの問いに答えよ。

(青雲高)

💬 432 words　🕐 15分　📖 解説・解答 ➡ 本冊 p.47

One day, a king was out hunting with his usual hunting friend, a close friend since his childhood.　The friend was known for being very positive, and had the habit of looking at every situation（good and bad）and saying, "This is good!"

5　That morning, the friend had to prepare (1)[king / that / the / the / rifle / used].　He was usually very careful with his preparations, but somehow, he made a mistake; when the king fired the gun, his thumb was accidentally blown off.

The friend quickly bandaged the hand and made sure the king was 10　going to live.　After he realized that the king was OK, the friend said as usual, "This is good!　You've only lost a thumb.　You'll get well quickly and be hunting again in no time."

The king could not believe that his friend could be so positive in this situation.　He immediately answered, "No, this is NOT good!　You 15　made a big mistake and now you're going to pay for it!" and he sent the friend to *jail.

About a year later, the king went by himself on another hunting

trip to a small island. (2)<u>The king did not know that the people living on this island caught and ate any strangers who came to their island.</u> The king was soon caught and taken to their village. While they were tying 20
him up in preparation for cooking him, they saw the king was missing a (3). Luckily for the king, they believed that it was bad luck to eat anyone who was not completely whole, (4) they untied the king and set him free.

The king could not believe his luck and realized that his old friend's 25
mistake had in fact saved his life. He felt sorry for what he did to his friend and as soon as he returned to his country, went straight to the jail. He wanted to free his friend and say sorry for sending him to jail.

When he got to the jail, he went to his friend and said, "You were right. Though I thought you were crazy for saying it at the time, it was 30
good that my thumb was blown off."

The king told his friend the story about what had happened on the island. "I'm very sorry for sending you to jail for so long. It was wrong of me to do this. "

(5)<u>"No," his friend answered, "This is good!"</u> 35

"What do you mean, 'This is good'? How could it be good that I sent my friend to jail for a year? "

"Because you sent me to jail, I wasn't killed."

(注) jail「牢屋」

7

問 1 下線部(1)に与えられた語を文意が通るように並べかえよ。

_____

問 2 下線部(2)を日本語に直せ。

[

]

問 3 （ 3 ）に補うべき１語を本文中より抜き出せ。

_____

問 4 （ 4 ）に補うべき最も適当な語を以下のア～エの中から１つ選び記号で答えよ。

　ア　because　　イ　when　　ウ　so　　エ　but

[　　　　　]

問 5 下線部(5)のように王様の友達が言った理由を本文の内容に則して日本語で説明せよ。

[

]

8

次の英文を読み，あとの問いに答えよ。 (開成高)

💬 343 words 🕐 15 分 📖 解説・解答 ▶ 本冊 p.56

In Europe men don't usually wear skirts. But the Scottish national costume for men is a kind of skirt. It is called a kilt. The Scottish like to be different. They are also proud （ a ） their country and its history. That's （ あ ） the men still wear kilts at old-style dances and on national holidays. They believe that they are wearing ①[ア wear イ clothes ウ that エ same オ to カ the キ Scottish men ク used].

That's （ い ） they believe. However, kilts are not really so old. Before 1730, Scottish men wore a long shirt and blanket around their shoulders. These clothes got （ b ） the way when men started to work in factories. So, in 1730 a factory owner changed the blanket into a skirt: the kilt. That ②[ア was イ is ウ the エ the first オ made カ kilt キ way].

Then, in the late 1700s Scottish soldiers in the British Army began to wear kilts. One reason for this was that the Scottish soldiers wanted to look different from the English soldiers. The British army probably had a different reason: a Scottish soldier in a kilt was always easy to find! The Scottish soldiers fought very hard and became famous. The kilt was part of that fame, and in the early 1800s men all around Scotland began to wear kilts.

These kilts had colorful stripes going up and down and across. In the 1700s and early 1800s, the color of the stripes had no special meaning. Men sometimes owned kilts in several different colors. But

9

later the colors became important to the Scottish families. By about 1850, most families had special colors for their kilts. For example, men
25 from the Campbell family had kilts (c) green, yellow and blue stripes. Scottish people often believe that the colors of the kilts are part of their family history. (d) fact, each family just chose the colors they liked best.

This is not ③[ア you　ア you　イ which　ウ are　エ hear　オ even if
30 カ the story　キ will] in Scotland. Most Scottish people still believe that kilts are as old as Scotland and (う) the colors are as old as the Scottish families. Sometimes feelings are stronger than facts.

問1 空所（ a ）〜（ d ）に入る最も適切な前置詞を答えなさい。

a _____   b _____

c _____   d _____

問2 空所（ あ ）〜（ う ）に入る最も適切な語を次の中から選び，記号で答えなさい。

ア　that　　　イ　why　　　ウ　what
エ　though　　オ　which　　カ　because

あ [　　　　　]　い [　　　　　]　う [　　　　　]

問3 下線部①，②，③の[　]内の語（句）を意味が通るように並べかえるとき，[　]内において2番目と6番目にくるものを記号で答えなさい。

① [　　　,　　　]　② [　　　,　　　]　③ [　　　,　　　]

問4 次の英文のa〜hの中から，本文の内容と一致するものを2つ選び，記号で答えなさい。

a The first kilt was made in the British army.
b Scottish soldiers wore kilts because they wanted to show they were Scottish.
c The colors of the kilts were originally part of Scottish family history.
d By about 1800, Scottish families had special colors for their kilts.
e The Scottish soldiers became famous partly because of their kilts.
f It seems that most people in Scotland know the true history of kilts.
g The British Army didn't want Scottish soldiers to wear kilts.
h It is facts that are always stronger than feelings.

[　　　]　[　　　]

Lesson 3　論理関係をつかもう！

標準問題

🔊 TRACK 5

Ⅰ　次の英文は，アメリカ合衆国（the USA）のカリフォルニア州（the State of California）の歴史について書かれたものです。この英文を読んで，[　①　]〜[　③　]の中に入る語の組み合わせとして最も適するものをあとの１〜４の中から１つ選び，その番号を書きなさい。　　　　　　　　　　（神奈川県立平塚江南高）

💬 103 words　🕐 5分　📖 解説・解答 ▶ 本冊 p.69

　　The State of California is one of the states in the USA. It was *part of *Mexico until 1848. In 1846, there was a *war between the USA and Mexico. The USA *won the war, [　①　] California became part of the USA in 1848. [　②　] *gold ore was found there during the war, many

5　people *rushed to California in 1849 to find gold and become *rich. So this was called "the gold rush." The *population of California *reached about 100,000. Then it became the thirty-first state of the USA in 1850. [　③　] *the transcontinental railroad was opened in 1869, more people began to go there again.

　（注）part「一部」　　　　　　　　Mexico「メキシコ」　　　war「戦争」
　　　　won 〜「〜に勝った」　　　gold ore「金鉱石」　　　rushed「殺到した」
　　　　rich「金持ちの」　　　　　 population「人口」　　　reached 〜「〜に達した」
　　　　the transcontinental railroad was opened「大陸横断鉄道が開通した」

12

1　① and　② When　③ But

2　① and　② Because　③ When

3　① but　② Because　③ When

4　① but　② When　③ But

[　　　　]

🔊 TRACK 6

II 次の英文中の □ に，あとの①～④の４つの文を入れると，意味の通る文が完成する。このときの①～④の順序として適切なものを，下の**ア**～**エ**から１つ選び，その記号を書け。　　　　　　　　　　　　　　　　　　　　（高知県）

💬 34 words　🕐 5分　📖 解説・解答 ▶ 本冊 p.71

　　The Internet is used by so many people in the world. There are some good points and some bad points about it. □ Now we should learn how to use it in a better *way.

①　We can also buy many kinds of things we want without going to stores.

②　And some of us write bad things about other people on it.

③　But we often spend too much time on the Internet.

④　For example, we can get the *latest news from all over the world.

（注）way「方法」　　latest「最新の」

ア　①→④→②→③　　**イ**　①→③→②→④

ウ　④→②→③→①　　**エ**　④→①→③→②

[　　　　]

Ⅲ 次の英文の表題として適切なものを，下の**ア**～**エ**から１つ選び，その記号を書け。

(高知県)

··· 75 words 🕐 5分 📖 解説・解答 ◉ 本冊 p.74

Now, a lot of people try to eat *meat and *vegetables made in their home town. First, they think that *local foods are *fresh and *safe. Second, they would like to help local farmers. If they eat local foods, farmers living in their town can make more money. Also, when local foods are carried to each *store in their town by car, a lot of *gasoline is not needed. It is good for the *environment.

(注) meat「肉」 vegetable(s)「野菜」 local「地元の」
fresh「新鮮な」 safe「安全な」 store「店」
gasoline「ガソリン」 environment「環境」

ア 安全な食品のつくり方　　**イ** 地元の食品を食べる理由
ウ 環境によい車社会　　　　**エ** 石油不足と経済の活性化

[　　　　]

[　①　][　②　][　③　][　④　][　⑤　][　⑥　]に入れるべき文が，順不同でA〜Gに示されている。意味の通る文章になるようにそれぞれ空所に入る最も適切なものを選び，その記号を答えなさい。ただし，A〜Gのうち，1つは余分です。

(開成高)

⋯206 words　🕐10分　📖解説・解答 ▶本冊 p.80

　　Zoos in the United States today are different from zoos in the past. The old zoos had lots of cages. Even large animals were kept in cages. Often the cages had nothing in them except an animal, and the animal looked very sad and lonely. [　①　] Many animals live together in these cages. [　②　] They look like real wild areas, with trees, flowers, rocks, and water.

　　The new zoos teach people a lot about animals. [　③　] They don't just show people how they eat and sleep. They also show the way animals have families, and how the mothers take care of the babies. [　④　] Are they really happy? They can't tell us if they are really happy, of course, but they look healthier.

　　Zoo workers say that some animals change after they come to the big new cages. [　⑤　] For years he lived in a small cage in a dark building. Then he was moved to the Bronx Zoo in New York, to a large cage outside. For the first few days, he just sat in one place. He sat on some rocks because he didn't like the feeling of the grass on his feet. Then he started to move a lot. [　⑥　] After only a few months, he became a father.

A   Actually they're not like cages at all.

B   They show people how the animals really live.

C   But he never went near the other monkeys.

D   The new zoos still have cages, but they are very big.

E   Besides, the animals in the new zoos don't look sad.

F   Later he became very friendly with the other gorillas in the cage.

G   For example, a young gorilla named Timmy was born at the Cleveland
    Zoo.

① [   ]   ② [   ]   ③ [   ]
④ [   ]   ⑤ [   ]   ⑥ [   ]

標準問題　　　　　　🔊 音声ダウンロード TRACK 9

次の英文を読み，あとの問いに答えよ。　　　　　　　　　　　（高知学芸高）

💬 238 words　🕐 10 分　📖 解説・解答 ▶ 本冊 p.93

A smile is a very important thing in life. We all need a smile and we all want a smile. We should also give a smile but sometimes it is very difficult to give one. When you are tired, when you are angry, or when you are sad, it is difficult to give a smile.

Japanese often smile when they don't know what to do. When I ⁵ ask my students some questions and they cannot answer, they smile. Sometimes I go to the department store and ask the *clerk something in English. The clerk smiles but does not answer.

Sometimes Americans smile when Japanese don't smile. For example, in Japanese restaurants, waiters and waitresses don't smile. ¹⁰ Japanese waiters and waitresses *bow and bow deeply. But in America, waiters and waitresses smile. They smile and they say, "May I help you?" Then they smile again.

Americans smile at people they don't know. This smiling shows that they are friendly. Usually, Japanese don't smile at *strangers. When ¹⁵ I was sitting in a hotel lobby with a Japanese friend and was waiting for another friend, a small group of Americans came into the lobby and smiled at us. I smiled too but my Japanese friend did not. He said, "Do you know those Americans?"

"No." "How strange!" my friend said. "Then why did you smile at them?" he said. I answered, "Because smiling in America is a part of good manners."

（注）clerk「店員」　　bow「おじぎをする」　　stranger「知らない人」

問1 次の質問に英語で答えなさい。

Why do American people smile?

_____

問2 本文の内容と一致するものを3つ選び，その記号を答えなさい。

ア　It is not easy to smile when we are not happy.

イ　American clerks smile when they don't know how to answer a question.

ウ　When a clerk at a Japanese department store is asked something in English, he answers with a smile.

エ　In America waiters and waitresses smile because they are good people.

オ　Japanese think it is a part of good manners to smile at people they don't know.

カ　Americans smile at people they first meet because they think it shows that they are friendly.

キ　The writer's friend didn't know why the Americans in the hotel lobby smiled at strangers.

ク　Smiling is a very important thing only in America.

[　　　] [　　　　] [　　　　]

次の英文を読み，あとの問いに答えよ。 （巣鴨高）

💬 362 words   🕐 15分   📖 解説・解答 ➡ 本冊 p.103

American and British people both speak English, of course, but sometimes it does not seem like the same language. In fact, there are some important differences between British English and American English.

First of all, they sound very different. Often, Americans don't say 5 all the letters in each word, especially *consonants like "t" and "d." For example, Americans may say "I dunno" instead of "I don't know," or they may say "Whaddya say?" instead of "What do you say?" However, the British usually *pronounce their consonants more carefully.

[　①　]. For example, Americans say the "a" in "half" like the "a" 10 in "cat," but the British say the "a" in "half" like the "o" in "soft." The "r" is sometimes said differently, too. When an American says "farmer," you can usually hear the "r." But you can't hear the "r" in British English. The British say "fahmah."

[　②　]. The two languages have different words for some things. 15 For example, the words for clothing are different. Americans use the word "sweater," but the British say "jumper." Americans wear "vests" over their shirts, but in England they wear "vests" under their shirts. An American man wears a "*tuxedo" to a very *fancy party, but an Englishman wears a "dinner-jacket." Americans talk about "pants" or "slacks," but the British 20 talk about "trousers."

[　③　]. In England, if you are going to telephone friends, you "ring them up." In America, you "give them a call." The British use the word "lovely" to *describe something they like. Americans use the word "nice" or "great."

[④   ]. For example, Americans almost always use "do" with the verb "have." They might say, "Do you have an extra pen?" The British often ask the question in a different way. They might say, "Have you got an extra pen?"

These differences can be *confusing if you are learning English. But there is a reason for the differences. Languages change *over time. When the same language is used in different places, it changes differently in each place. This is what happened to English. It also happened to other languages, such as French. Many people in Canada speak French, but their French is different from the French spoken in France.

（注）consonant「子音」　　　pronounce「～を発音する」
　　　tuxedo「タキシード（男性の略式夜会服）」　　fancy「豪華な」
　　　describe「～を説明する」　　confusing「混乱させる」
　　　over time「時間の経過につれて」

本文中の[①]～[④]の空所に入る最も適切な文を次の中から１つずつ選び，記号で答えなさい。

a　Sound is not the only difference between the two Englishes

b　There are also some differences in grammar

c　Many ways of saying are also different in the two countries

d　Also, some letters have different sounds

① [　　　　　] ② [　　　　　] ③ [　　　　　] ④ [　　　　　]

問2　次の文の中から本文の内容に一致するものを３つ選び，記号で答えなさい。

a　Americans are usually less careful about saying consonants.

b　British English is easier for Americans to understand.

c　Some letters in English have an unusual sound.

d　The words for clothing are the same in the United States and England.

e　When Americans ask questions, they don't use "do."

f　Learners of English can get confused because it is different in different places.

g　British English is the only kind of English.

h　The French spoken in Canada has also changed over time.

[　　　　　] [　　　　　] [　　　　　]

ライティングの原則を
理解しよう！

標　準　問　題　　　🔊 TRACK 11

次の英文を読み，あとの問いに答えよ。　　　　（東京工業大附属科技高）

💬 284 words　🕐 12 分　📖 解説・解答 ▶ 本冊 p.114

　　The octopus may look strange because of its eight legs and small body, but it is in fact one of the smartest animals in the world. It is interesting that the octopus is an animal without a *backbone ［　A　］. Although we know many smart animals with backbones, such as dogs

5　or cats, ①the octopus is the only animal without a backbone that is so smart.

　　Scientists say that octopuses can learn information and then use it in new ways. For example, they sometimes climb inside fishing boats and *hide in tanks full of *crabs, one of their favorite foods ［　B　］.

10　They have also learned how to *steal fish from *traps.

　　One famous example happened about 100 years ago at an aquarium in England ［　C　］. An octopus came out of its tank at night, climbed into another tank *nearby, ate the fish that was in that tank, and then moved back into its own tank. This happened several times

15　②before aquarium workers discovered what was happening. In another famous story, Inky, an octopus in New Zealand, got out of his tank, went down a *pipe, and was able to go back to the sea without help.

22

Octopuses are also able to play. In one study, scientists wanted to know if two octopuses would play together just like dogs or cats. They put an empty bottle into an octopus tank, and soon the two octopuses were shooting water at the bottle. They pushed the bottle *backwards and forwards between them [D]. This shows that octopuses can use the things around them for reasons *other than *survival.

These things may not sound special to us humans. For animals, however, ③octopuses are at about the (あ) level as many other animals that are very (い).

(注) backbone「背骨」　　　　hide「隠れる」　　　crab「カニ」
　　 steal「盗む」　　　　　 trap「罠」　　　　　nearby「近くの」
　　 pipe「パイプ」　　　　　backwards「後ろ向きに」
　　 other than ～「～以外」　survival「生き残ること」

問1 次の英語は本文中から抜き出したものである。もとに戻すとしたらどこが最も適切か，本文中の [A] ～ [D] の中から1つ選び，アルファベットで答えなさい。

just like kids playing with a ball

[　　　　　]

問2 下線部①と最も意味の近いものを1つ選び，記号で答えなさい。

1　the octopus is smarter than animals which have backbones, such as dogs or cats
2　the octopus is as smart as other kinds of animals without backbones
3　the octopus is the smartest of all the animals that don't have backbones
4　the octopus is not smarter than other animals without backbones

[　　　　　]

問3 下線部②について，事態の真相を把握する前に，aquarium workers がどのようなことを思っていたと考えられるか。以下の（ a ）（ b ）に入る適切な日本語を答えなさい。

『昨晩，確認した（ a ）が，朝になると（ b ）。不思議だなぁ』

a [   ] b [   ]

問4 下線部③の（ あ ）と（ い ）に入る語の組み合わせとして，最も適切なものを１つ選び，記号で答えなさい。

1　あ　similar　　い　serious
2　あ　same　　　い　smart
3　あ　serious　　い　smart
4　あ　smart　　　い　strange

[   ]

問5 実際に octopus がしたことについて，本文中に書いてあることと一致するものを１つ選び，記号で答えなさい。

1　An octopus ran away from the ship because it realized a human was coming.
2　An octopus ate the crabs that were prepared for other fish in the aquarium.
3　An octopus went through a pipe and reached the ocean by itself.
4　An octopus pushed a bottle to its house and made a new house.

[   ]

問6 本文のタイトルとして最も適切なものを１つ選び，記号で答えなさい。

1　Clever Octopuses
2　Octopuses in the Sea
3　Why Octopuses are So Smart
4　Animals as Smart as Octopuses

[   ]

24

次の英文を読んで，あとの問いに答えよ　　　　　　　　　　（明治大付属中野高）

💬 419 words　🕐 15 分　📖 解説・解答 ▶ 本冊 p.125

The term "robot" was first used in the 1920s, and today there are millions of robots in use throughout the world, according to the International Federation of Robotics. In the health industry, robots are being used more each day.

Increasingly, *surgeons use robots for remote surgery, also called *telesurgery*. In other words, they *operate on patients without having to be in the same physical location: in fact, they may be far away. Although it might seem scary to have a robot performing an operation on you, robotic surgery has many *benefits. Robots do not get *distracted or become bored by *repetitive tasks. In addition, they are much more *precise. As a result, a patient may feel less pain during an operation and recover more quickly.

Medical students also use robots to learn about the human body. They practice on *human simulators*, *mannequins with the latest technology. These pieces of equipment not only look like real people, but they also act like them. They can cry, sweat, produce *saliva, and open and close their eyes. They can make breathing and heartbeat sounds, and they can *bleed and respond to drugs. There are many varieties of these mannequins: male and female versions, teenage versions, and even pregnant and baby versions. Because they are so lifelike, these robotic patients can prepare future doctors for the real-life scenarios they might face in their careers. They can "suffer" from almost any emergency situation possible, like a heart attack or *epileptic seizure. This experience of realistic "emergencies" may help prevent medical errors, which unfortunately are all too common.

Robots can help nurses, too. A common problem in hospitals is that nurses constantly have to move people from one bed to another, pick them up, or put them into a wheelchair. Robots are strong, so they can help with tiring tasks like these. Because they do not get tired, they can help prevent injury, and in addition, they never get angry, bored, or frustrated.

Finally, robots can also improve life for people who have lost mobility. Robotic pants allow *paralyzed patients to move around independently instead of being *confined to a wheelchair. The pants have advantages that are not only physical. One patient commented: "I never dreamed I would walk again. I forgot what it's like." He continued: "I have a 3-year-old daughter. The first time she saw me walking, she was silent for the first few minutes and then she said: 'Daddy, you are tall.' It made me feel so good, like I was flying."

（注）surgeon「外科医」　　　operate「手術をする」　　benefit「利点」
　　　distracted「気が散った」　repetitive「繰り返しの」　precise「正確な」
　　　mannequin「マネキン人形」　saliva「唾液」　　　　bleed「血を流す」
　　　epileptic seizure「てんかん性発作」　paralyzed「麻痺した」
　　　confine「閉じ込める」

問1 Which is NOT written about robotic surgery in the passage?

ア Robotic surgery does not cost much.
イ Robots do not lose focus or get tired.
ウ Robotic surgery causes less damage to the patients.
エ Doctors do not have to be in the operating room.

[   ]

問2 Which is true about what medical students can do with *human simulators*?

ア They can directly see how to do remote surgery.
イ They can practice moving people from one bed to another.
ウ They can learn how to use robots in a real situation.
エ They can get ready for emergency situations they may face.

[   ]

問3 What can robots do instead of nurses?

ア Reducing the pain of patients after surgery.
イ Doing physical work without getting tired.
ウ Recording the condition of patients every day.
エ Moving beds for people who are going to stay in hospital.

[   ]

問4 Which is true about robotic pants?

ア They help patients recover from paralysis.
イ They assist patients in getting in and out of a wheelchair.
ウ They support patients both physically and emotionally.
エ They allow paralyzed patients to jump high.

[   ]

問5 Which is the best title for this passage?

ア Great Improvement in Remote Surgery
イ Various Robots That Improve Health Care
ウ Doctors with Excellent Medical Tools
エ Robots, Mannequins, and Special Pants for Patients

[   ]

標準問題　　　　◀)) TRACK 13

次の英文を読んで，あとの問いに答えよ。　　　　　　　　　　（岡山県）

💬 490 words　🕐 18分　📖 解説・解答 ◐ 本冊 p.140

　　In many schools, students learn how to tell their ideas to others
and they may have chances to make a speech.　It is very useful
because speaking well is important in your life.　To make (あ)a good
speech, you should try to speak in a big voice.　If you do so, it will be
5　easier for *listeners to hear you.　Choose the words you use carefully
and listeners will understand you better.　Using your hands is also nice.
Listeners will see how you move your hands and understand what is
important in your speech.　If you try these things, you can improve your
speech.　However, there is another way to make a good speech.

10　　　Have you tried to use a "*pause" while you make a speech?　It is a
great way to make your speech better.　[　い　]　It is interesting, right?
Then, why is it *effective?

　　First, (う)you can get attention from listeners.　For example, try to
put a pause before you start your *self-introduction.　Your listeners will
15　*pay more attention to you.　Even during a speech, you should take a
pause before the things you really want to say.　When you take a pause,
your listeners will wonder why you stopped talking.　They will try to

listen to you more carefully to know what is spoken next.

Second, a pause can give listeners time to think and they will understand what the *speaker is saying better. If your speech continues without a pause, it is difficult for the listeners to understand your message well. However, if you stop and wait for a little time after you say an important thing, the listeners can *follow you more easily.

Third, putting a pause is good for speakers, too. When you speak without pauses, sometimes it's hard to remember what you are going to say. If you *keep worrying about the thing you are going to say next, can you guess what will happen? A good speech will (え)to / too / make / be / difficult. However, when you speak with some pauses, you don't have to feel so nervous and you may not forget your message. Then, you can speak with *confidence.

Some people think that it's not good to stop talking while others are listening to you. That may be true in a *conversation. When you talk with other people, time is shared with each person there. So, it's difficult to take a pause. However, when you make a speech, you usually speak to a group of people and the speaking time is given only to you. That means that you can decide how to take a pause in your own way. So, using a pause in an effective way is one of the important parts of making your speech.

To be a wonderful speaker, it is necessary to use a lot of different *skills for better communication with people. How about trying to put a pause when you make a speech next time?

(注) listener「聞き手」　　pause「(話の) 間」　　effective「効果的な」
　　self-introduction「自己紹介」　　pay attention to ～「～に注意を払う」

speaker「話し手」　　follow ～「～の話についていく」
keep ～ ing「～し続ける」　　confidence「自信」　　conversation「会話」
skill「技術，技能」

問1 下線部(あ)について，同じ段落で紹介されている内容として，<u>当てはまらないも</u>のは**ア～エ**のうちではどれですか。1つ答えなさい。

　ア　聞き取りやすい声量で話すこと
　イ　言葉を注意深く選択すること
　ウ　手振りを交えること
　エ　視線を合わせること

[　　　　　　]

問2 ［　い　］に入れる内容として，最も適当なのは**ア～エ**のうちではどれですか。1つ答えなさい。

　ア　You can speak faster and listeners will never follow you.
　イ　When you want listeners to understand you, you have to talk a lot.
　ウ　You don't say any words but listeners can still understand you.
　エ　If you are quiet, listeners cannot understand what you think.

[　　　　　　]

問3 下線部(う)の具体的内容を説明する次の文の［　1　］，［　2　］にそれぞれ適当な日本語を入れなさい。

　　話し手がスピーチ中に間を取ることで，聞き手は話し手が［　1　］のかと思い，次に［　2　］のかを知るためにより注意深く聞こうとする。

1 [　　　　　　　　　　　] 2 [　　　　　　　　　　　]

問4 下線部(え)の語をすべて用いて，意味が通るように並べかえなさい。

_____

本文の内容と合っているのは，ア〜オのうちではどれですか。当てはまるものを
すべて答えなさい。

ア It's difficult for students to learn how to make a good speech at school.

イ People should put a pause only before they start their self-introduction.

ウ Taking a pause during a speech is good for both speakers and listeners.

エ People often put a pause because they don't share time during
conversation.

オ Many kinds of skills are needed if people want to be great speakers.

[   ]

次の英文を読み，あとの問いに答えよ。 （渋谷教育学園幕張高）

510 words　18分　解説・解答▶本冊 p.152

You are not born with culture. It is something that you learn as you grow up. You learn your *native language and listen to local music. You learn how to *behave by watching how other people communicate. You feel comfortable with this culture because you understand it well.

5　Then you decide to travel to another country that has a very different culture. [　　1　　] All the *familiar parts of your life, the culture which you have learned since you were born, have gone with a *snap of the fingers. It is no surprise that many travelers experience culture shock.

Culture shock has some stages. The first stage is often called the 10 "honeymoon" stage. During this stage, everything around you is new and exciting. Everyone is kind to you. Your host family or friends take you to lots of interesting places. It's like being on vacation. You are having a wonderful time. Culture shock? (1)No way.

At some point of the honeymoon stage, however, (2)reality hits. This 15 is the start of the second stage of culture shock. [　　2　　] You find you are not on vacation. You are going to live in this new country for a long time. People around you are less friendly. Your friends don't call you every day. Your host family has stopped *treating you like a special guest. Life becomes more difficult.

20　In this second stage, the new culture doesn't excite you any more. In fact, nothing around you is interesting. You are tired of listening to the new language. You begin to think everyone is making life difficult for you. You start to *criticize people around you: "People in this country think about themselves." "I don't like them." This stage can be a really hard time. 25

| 3 | Just like you learned your native culture as you grew up in your first country, you begin to learn the new culture. This is the beginning of the third stage. Life starts to get better. Your language skills get better, and everyday things become more familiar and easier. You begin to know people on the bus you catch every day to school. You 30 learn about the best stores. You stop giving dollar *bills every time you buy something because you can now count change. In this stage, you feel you are beginning to belong. You may still have bad days, but life is *improving. (3)<u>You no longer feel like a fish out of water.</u>

In the final stage of culture shock, you feel you belong to the 35 place you are living in. This does not mean you have forgotten your country. It means that you feel comfortable in the new culture. You can now see both the good things and the bad things. Understanding the new culture helps you to think more about your own culture and to understand more about yourself. 40

Culture shock can be really hard, especially at the second stage. However, there are many good points of traveling to different cultures and learning about different ideas and customs. If you understand culture shock and its stages, traveling becomes more enjoyable.

(注) native「母国の」　　behave「ふるまう」　　familiar「よく知っている」
　　snap「(指で) パチンと音を鳴らすこと」　　treat「(人・物を) 扱う」
　　criticize「批判する」　bill「紙幣」　　improve「改善する」

問 1　　1 〜 3 に入る文を次のア〜エからそれぞれ選び，記号で答えなさい。

ア　You step into a new world.
イ　Even when life is difficult, it goes on.
ウ　And this can be the most difficult.
エ　But life is hard.

　　1 [　　　　　　　]　2 [　　　　　　　]　3 [　　　　　　　]

問 2　　下線部(1)が意味するものとして正しいものを次のア〜エから選び，記号で答え
なさい。

ア　どこへ行ったか。　　イ　行き止まりだ。
ウ　避けられない。　　　エ　あるわけがない。

　　　　　　　　　　　　　　　　　　　　　　　　　　[　　　　　]

問 3　　下線部(2)が意味するものとして正しいものを次のア〜エから選び，記号で答え
なさい。

ア　You understand you are just on vacation in this new country.
イ　You find that life in the new country will not be as easy as life at home.
ウ　The honeymoon stage feels like a real one to you.
エ　The life of people in a different country looks real to you.

　　　　　　　　　　　　　　　　　　　　　　　　　　[　　　　　]

問 4　　下線部(3)とは，この場合どのような状態であることを意味していますか。20 字
程度の日本語でわかりやすく説明しなさい。

問 5　　筆者によると，新しい文化を理解することの利点は何ですか。35 字程度の日本
語で述べなさい。

本文の内容と一致するものを次のア〜キから 3 つ選び，記号で答えなさい。

ア　Your parents teach you everything about your native culture.

イ　You enjoy your life too much to have trouble with culture shock during the first stage.

ウ　In the second stage of culture shock, you feel that people around you are not as friendly as they are in the honeymoon stage.

エ　The third stage of culture shock is the happiest time of all the stages.

オ　In the final stage of culture shock, you think the new culture is better than your native culture.

カ　You have some difficult times in all the stages of culture shock.

キ　It is good to learn about culture shock before you travel abroad.

[　　　　] [　　　　] [　　　　]

Lesson 7

二 項 対 立 の 文 章 に 挑 戦 ！

標 準 問 題　◀)) TRACK 15

次の英文は，中学３年生の美樹（Miki）が英語の授業で行った発表の原稿です。これを読み，各問いに答えなさい。 (沖縄県)

⚬⚬ 415 words　🕐 15分　📖 解説・解答 ▶ 本冊 p.164

Have you heard of *SNS? It is ①a *tool for communication on the Internet that people can use to send and receive information easily. I think a lot of junior and senior high school students enjoy it because they can use it to *communicate with each other. For example, Twitter is very popular among young people. I use it every day. SNS is a very useful tool in life, but using it can also make problems.

Now, I am going to talk about why SNS is useful. First, it can be a good tool for communicating with our friends and many other people. We often take pictures, make funny videos, and put them on SNS. People who read and watch them can write comments, and that information can spread all over the world. Second, it can be a useful tool for *business. Shopping on the Internet is becoming more popular these days. Big *companies, small companies, and even one person can increase their chances of selling *goods by using SNS. Information and comments about goods can be spread and shared all over the world through SNS. Third, SNS is useful in *emergencies. People can check SNS to know *if their family and friends are safe. This happened when *the Great East Japan Earthquake hit the Tohoku area in 2011.

(②   ), we need to be careful when we use SNS. Have you ever heard of surprising news about SNS? I was shocked to hear that some young Japanese workers at a convenience store or a sushi restaurant took bad videos in their *workplace and put them on Twitter. These videos quickly spread on the Internet and became big problems on the news. There are also some other problems with using SNS. One of them is health problems. For example, if you spend too much time using SNS at night, you cannot get enough sleep. It is not good for your health. Actually, some students are late for or cannot go to school because they are too tired. Another problem is *bullies at school using SNS. It may be difficult for some students to come to school if they have troubles with bullies on the Internet.

SNS has become a very useful tool for communication these days. We can communicate with people all over the world by using SNS. We may have trouble with using SNS sometimes. However, if it is used in a good way, it will be a great tool to make life better. Thank you.

(注) SNS「ソーシャルネットワーキングサービス（Twitter など）」
tool「道具」　　　　　communicate「（情報・意思などを）伝え合う」
business「商売」　　companies「会社」　　goods「商品」
emergencies「緊急事態」　　if 〜「〜かどうか」
the Great East Japan Earthquake「東日本大震災」
workplace「職場」　　bullies「いじめ」

下線部①が表しているものとして最も適切なものをア～エのうちから１つ選び，その記号を書きなさい。

ア students　　イ SNS　　ウ movie　　エ school

[　　　　　]

話の流れに合うように本文中の（　②　）に入る語（句）として最も適切なものをア～エのうちから１つ選び，その記号を書きなさい。

ア For example　　イ However　　ウ Because　　エ Since

[　　　　　]

美樹さんはスライドを使って発表をしています。発表全体の流れを示すスライドになるように次のA～Dの英文を内容に沿って順序よく並べたとき最も適切な組み合わせをア～エのうちから１つ選び，その記号を書きなさい。

A　How SNS can be a useful tool
B　Popular communication tool for young people
C　What happens when SNS is used in bad ways
D　How we can make life better with SNS

　　ア　C → D → B → A　　　イ　A → C → B → D
　　ウ　B → A → C → D　　　エ　C → B → D → A

[　　　　　]

本文の内容と一致している文として適切なものをア～オのうちから２つ選び，その記号を書きなさい。

ア　SNS helps people when they buy goods.
イ　SNS helps teachers when bullies happen in school.
ウ　Young people use SNS to watch animal movies.
エ　Shopping on the Internet is not popular among old people.
オ　Some young people put bad movies on the Internet.

[　　　　] [　　　　]

美樹さんの発表のあと，ブラウン先生（Mr. Brown）がクラスの生徒に質問をしています。次の会話文中の（　　）内に入る最も適切なものを**ア**～**エ**のうちから１つ選び，その記号を書きなさい。

Mr. Brown　: What is the most important point of Miki's speech? Please say it in one sentence.

Student　　: (　　　　　　　　　)

Mr. Brown　: Right. That is the main point.

　ア　SNS sometimes makes problems but can be very useful.
　イ　Many students don't use SNS because they think it is a dangerous tool for communication.
　ウ　SNS is a great tool for business because only big companies can get a chance to sell goods.
　エ　Some students use SNS in a good way to get enough sleep.

[　　　　　]

次の英文を読み，あとの問いに答えよ。　　　　　　　　　　（東大寺学園高）

💬 420 words　🕐 18分　📖 解説・解答 ▶ 本冊 p.176

In the United States, it is important to be on time for an appointment, a class, a meeting, etc. However, this may not be true in all countries. An American professor discovered this difference while teaching a class in a Brazilian university. The two-hour class was scheduled to begin at 10 a.m. and end at 12 p.m. On the first day, when the professor arrived on time, no one was in the classroom. Many students came after 10 a.m. Several arrived after 10:30 a.m. Two students came after 11 a.m. Although all the students greeted the professor as they arrived, few apologized for their lateness. ①Were these students rude? He decided to study the students' behavior.

The professor talked to American and Brazilian students about lateness in both an informal and a formal situation: lunch with a friend and a university class. He gave them an example and asked them how they would react. If they had a lunch appointment with a friend, the average American student defined lateness as 19 minutes after the agreed time. On the other hand, the average Brazilian student felt the friend was late after 33 minutes.

In an American university, students are expected to arrive at the appointed hour. (A), in Brazil, neither the teacher nor the students arrive at the appointed hour. Classes not only begin at the scheduled time in the United States, but they also end at the scheduled time. In the Brazilian class, only a few students left the class at noon; many remained past 12:30 to discuss the class and ask more questions. While arriving late is no problem in Brazil, ②neither is staying late.

The explanation for these differences is interesting. People from Brazilian and North American cultures have different feelings about lateness. In Brazil, the students believe that a person who usually arrives late is probably more successful than a person who is always on time. ③In fact, Brazilians expect a person with high position to arrive late, while in the United States lateness is usually considered to be rude and unacceptable. (B), if a Brazilian is late for an appointment with a North American, the American may not understand the reason for the lateness and become angry.

As a result of his study, the professor learned that the Brazilian students were not rude to him. Instead, they were simply behaving the way a Brazilian student usually did in Brazil. Finally, the professor was able to change his attitude ④[the new culture / comfortable / could / feel / that / he / in / so].

問1 下線部①の疑問に対して，このアメリカ人教授はどのような結論を導き出したか。句読点を含めて40〜50字の日本語で答えよ。

問2 下線部②の意味に近いものを選び記号で答えよ。

ア　staying late can be allowed
イ　staying late takes a lot of time
ウ　staying late makes people angry
エ　staying late causes a big problem

[　　　]

問3 下線部③を和訳せよ。

[

]

問4 ④[　　　]内の語(句)を正しい順序に並びかえよ。

_____

問5 空所(A)と(B)に入るものの組み合わせとして正しいものを選び記号で答えよ。

ア　(A)　In contrast　(B)　However
イ　(A)　In contrast　(B)　Therefore
ウ　(A)　For example　(B)　However
エ　(A)　For example　(B)　Therefore

[　　　]

Lesson
8

> # 物語文

実 践 問 題　　◆) TRACK 17

次の英文を読み，あとの問いに答えよ。　　　　　　　　　　　（桐朋高）

⊙ 503 words　🕐 18分　📖 解説・解答 ❷ 本冊 p.193

One day in September, Terry Schafer was shopping for a present for her husband. That year, she knew just what to get him for Christmas. She thought that she would buy and give it to him early that year, months before Christmas Day.

She found what she wanted on her first day of shopping. There, in ⁵ a small shop on 5th Avenue, she saw it in a window. She went to the counter and asked to see it. The clerk showed it to her and explained that (1)it was the very best money could buy.

After he told her the price, however, Terry looked disappointed. It was too expensive. She asked the clerk to hold it for her and told him ¹⁰ that she would come back in early December. It would become a good Christmas present after all.

No, the clerk answered, (2). He smiled and said that he would wrap it for her. Terry *protested but the clerk *insisted. He told her that she could come back and pay for it when she had the money. ¹⁵

With her gift wrapped, Terry left the shop to go home. She could not wait to give it to her husband. Although David had wanted to exchange presents on Christmas Day, Terry could not wait so long. She

(3)[her / have / to / wanted / his / husband / present] early.

20   A couple of weeks later, a police car pulled up in front of the house. An

officer got out and began walking toward her house. Panic *gripped Terry.

Her husband was also a policeman and this was his partner. (4   )

His partner took off his hat and spoke calmly. There had been an

accident. "We got a call on our *radio. A liquor store was being robbed

25   on the other side of town. So we raced over there and found the

*criminal running for his car. David shouted at him to stop but (5)he

didn't."

"David got into his car and (6ア) took off after him. Three blocks later,

the criminal (6イ) pulled over. David got out and started walking toward

30   the car. Just then the door of the other car flew open. Terry, the driver

(6ウ) fired two shots and one of them hit your husband."

Tears began to form in Terry's eyes. This was her biggest fear

about her husband's job. His partner, however, noticed (7)Terry's

misunderstanding and immediately said, "There is nothing to worry

35   about — your husband is fine. Anyway, we ran after the guy and caught

him. He shot David in the *chest, but when we got him to the hospital

the doctors found nothing wrong with him. I think you know why."

Tears of joy poured down Terry's cheeks. "I'm so glad! I'm so, so

glad that I couldn't wait to give him his present early! I just knew it

40   would (8)come in handy."

Terry had still paid for only part of that Christmas present, but now

she had given him a second present — his (9   ). What was his first

Christmas present?

Terry had bought him the very best *bulletproof vest.

（注）protest「抗議する」　insist「言い張る」　grip「～をとらえる」
radio「無線」　criminal「犯人」　chest「胸」
bulletproof「防弾の」

問1 下線部(1)を日本語にしなさい。

[

]

問2 文中の（　2　）に入れるのに最も適切なものを選び，記号で答えなさい。

a　he would not give it to her
b　he would not hold it for her
c　it wouldn't be a good present for her husband
d　it wouldn't be so expensive

[　　　]

問3 下線部(3)の[　　　]内の語を正しく並べかえなさい。

_____

問4 文中の（　4　）に入れるのに最も適切なものを選び，記号で答えなさい。

a　Where was David?　　b　Why was David here?
c　Which was David?　　d　Who was David?

[　　　]

問5 下線部(5)の内容として最も適切なものを選び，記号で答えなさい。

a　David didn't shout　　　b　David didn't stop
c　the criminal didn't shout　　d　the criminal didn't stop

[　　　]

問6 下線部(6ア)〜(6ウ)の文中での意味として最も適切なもの選び，記号で答えなさい。

ア a 脱いだ　　b 離陸した　　c 出発した　　d 降りた
イ a 引かれた　b 止まった　　c 追い抜いた　d ひっくり返った
ウ a 発砲した　b 撮影した　　c 燃やした　　d クビにした

ア [　　　　　] イ [　　　　　] ウ [　　　　　]

問7 下線部(7)の内容を 20 字以内の日本語で説明しなさい。

問8 下線部(8)の文中での意味として最も適切なものを選び，記号で答えなさい。

a すぐに手に入る　　b 手ごろな大きさだ　　c 役に立つ　　d 欠点がある

[　　　　　]

問9 文中の(9)に入る英単語1語を答えなさい。

_____

問10 本文の内容に合っているものを2つ選び，記号で答えなさい。

a The Christmas present Terry wanted to give to her husband was more expensive than she thought.

b Terry went back home from the shop and brought all the money she had there.

c Terry gave her husband a Christmas present a few months before Christmas.

d David and his partner saw a robber in front of Terry's house.

e David was shot to death when Terry was driving his car.

f The police could not catch the criminal, so they were worried about Terry's safety.

[　　　　　] [　　　　　]

歴史

実践問題　🔊TRACK 18

次の英文を読み，あとの問いに答えよ。　　　　　　　　　　（都立戸山高）

💬 506 words　🕐 20分　📖 解説・解答 ▶ 本冊 p.208

Do you like tomatoes? A newspaper says that tomatoes are one of the most popular vegetables in Japan. When you hear the word tomato, what word *comes to mind? You may say "healthy" or "delicious." But about three hundred years ago, many people did not even try to eat tomatoes. Why? ⁵

Before people started to grow tomatoes in their fields, wild tomatoes grew in *the Andes. There was a lot of *sunshine and the air was dry there. It was warm during the day, and it was cool during the night. The weather was really good for tomatoes. Later they *spread to *Central America. People there grew tomatoes and ate them. *Actually, they ¹⁰ called the plants *tomatl*. It means a *swelling fruit. This word was used by people who lived in Mexico.

(1)

One of them was the tomato. It was in the first half of the 16th *century. ¹⁵ There were no tomatoes in Europe before that time. Tomatoes were new to people there, and many of them believed that tomatoes made them sick. Tomatoes were things to see. They were not for eating. Many people didn't eat tomatoes *perhaps because they had a stronger smell and a stronger taste at that time. About three hundred years passed before many people in Europe started to eat tomatoes.

Tomatoes came to Japan (2)in the 17th century. Maybe *Dutch people brought them to Nagasaki. In 1668 Kano Tan-yu painted a picture of tomatoes. It was the first picture of tomatoes in Japan. Most Japanese people did not eat tomatoes at that time, either. In 1854, Japan opened its doors to foreign countries, and then people came to Japan from Europe and America. But it was difficult to get *Western vegetables, so some people started to grow them. One of those people was Tsuda Sen. He traveled to the United States in 1867, and studied *modern agriculture. After he came back to Tokyo, he worked for a hotel. He knew that there were ___(3)___ Western vegetables for his hotel, and so he decided to grow tomatoes and other Western vegetables. He himself ate tomatoes, and *recommended Japanese people around him to eat them. But many people did not because tomatoes did not taste good. Then farmers tried to change the taste and they tasted better. *Gradually people began to eat them. Around 1925 a lot of people in Japan ate tomatoes.

Tomatoes are now eaten in many parts of the world. People in Italy eat spaghetti and pizza with tomato *sauce. People in some parts of China eat *fried tomatoes with eggs. Many Japanese people like to eat tomatoes without cooking them. Americans eat hot dogs with tomato ketchup. Tomatoes are used in *a variety of ways like these.

You have read that tomatoes grew only in a small part of South

America at first. But *as time went by, they spread all over the world.
Today tomatoes have become one of the most popular vegetables in the   45
world. Can you think of anything that spread around the world like
tomatoes?

（注） come to mind「思い浮かぶ」　　the Andes「アンデス山脈」
　　　sunshine「日光」　　　　　　spread「広がる」
　　　Central America「中央アメリカ」actually「じつは」
　　　swelling fruit「ふくらむ果実」century「世紀」
　　　perhaps「たぶん」　　　　　　Dutch「オランダの」
　　　Western「西洋の」　　　　　　modern agriculture「近代農業」
　　　recommend「すすめる」　　　　gradually「しだいに」
　　　sauce「ソース」　　　　　　　fried「炒めた」
　　　a variety of 〜「さまざまな〜」as time goes by「時が経つにつれて」

問1 ┌─(1)─┐ の中には次の①〜④の文が入る。本文の流れに合う最も適切な順番は,
　　　　ア〜エのうちではどれか。

① But they arrived in Central America.
② They wanted to get to India, and get gold and spices.
③ In 1492, some people in Europe started to go west in a boat.
④ There they found new plants, and brought them back to Europe.
　　ア　④－①－③－②　　イ　③－②－①－④
　　ウ　④－③－①－②　　エ　③－①－②－④

　　　　　　　　　　　　　　　　　　　　　[　　　　　]

問2 (2)in the 17th century とあるが, 本文の内容から考えて, この時期の状況を正
　　　　しく表しているのは, ア〜エのうちではどれか。

ア　Many people in Europe did not eat tomatoes.
イ　There were no tomatoes in Europe.
ウ　People in Mexico brought tomatoes to Europe.
エ　Many people in Europe started eating tomatoes.

　　　　　　　　　　　　　　　　　　　　　[　　　　　]

49

問3 本文の流れに合うように，⟨ (3) ⟩の中に英語を入れるとき，最も適切なものは，ア〜エのうちではどれか。

ア a lot of　イ enough　ウ all　エ only a few

[　　　]

問4 次は明治時代の英国人教師と日本人学生との会話を想定したものである。⟨ (4)−a ⟩⟨ (4)−b ⟩の中に，本文の内容に合うように文を入れるとすれば，最も適切なものは，それぞれア〜エのうちではどれか。

Japanese student : May I ask you a question?

English teacher : Yes. What is it?

Japanese student : You eat tomatoes, but they are new to me. When did people in Europe start to eat tomatoes?

English teacher : Tomatoes? Well, some people started to eat them in the 16th century, but ⟨ (4)−a ⟩.

Japanese student : I see. Do you know when tomatoes came to Japan?

English teacher : It was in the 17th century.

Japanese student : Is there anything which shows that tomatoes came to Japan at that time?

English teacher : Yes, ⟨ (4)−b ⟩.

Japanese student : I understand. Thank you.

(4)−a

　ア　many people started to eat them about 1668

　イ　many people started to eat them early in the 18th century

　ウ　many people started to eat them early in the 19th century

　エ　many people started to eat them about 1925

(4)−b

　ア　Dutch people who brought tomatoes to Nagasaki ate them

　イ　the first picture of tomatoes in Japan was found in Nagasaki in 1668

　ウ　there is a history book which says tomatoes came to Japan around that time

　エ　the first picture of tomatoes in Japan was painted in 1668

(4)−a [　　　]　(4)−b [　　　]

本文の内容と合っているものを，ア〜ケの中から3つ選びなさい。

ア　The tomato needs a lot of sunshine and rain to grow well.

イ　The word tomato comes from the language spoken by people who lived in Mexico.

ウ　People in Europe thought tomatoes were things to see in the 15th century.

エ　Tomatoes came to Japan from China more than three hundred years ago.

オ　When people from America came to Japan in 1854, they found a lot of tomatoes.

カ　Tsuda Sen decided to grow tomatoes after he returned from America.

キ　A few people in Japan started to eat tomatoes about 1925.

ク　People in some parts of China like to eat tomatoes without cooking them.

ケ　Tomatoes are now one of the most popular vegetables in the world.

〔　　　　　〕〔　　　　　〕〔　　　　　〕

伝記

実践問題

🔊 TRACK 19

次の英文を読み，あとの問いに答えよ。 （愛光高）

💬 602 words 　🕐 20分 　📖 解説・解答 ▶ 本冊 p.225

　　The headline in the newspaper announced the death of Alfred Nobel on April 13, 1888. The reporter wrote: *"The salesman of death* was dead." He was so called because he invented the powerful explosive: dynamite. The paper went on to say, "The man who made big money by

5 （ 1 ） ways to kill more people faster than ever before was dead." In fact, ［　X　］ The newspaper story also gave Alfred Nobel's age, his birth country, and other information about his business. However, the words *"The salesman of death"* were all that the 55-year-old man from Sweden read.

10 　　Alfred Nobel sadly put down the newspaper. He didn't want to read it any more. No, he wasn't dead — his brother Ludwig died the day before, and the French newspaper made a mistake. (A)Nobel was sad not because the announcement about his death was wrong, but because people got his business wrong. "Is the world going to remember me in

15 this way?" thought Nobel. He didn't like the idea. ［　Y　］ He hated violence and war. He invented dynamite to save lives — lives that were （ 2 ） because other explosives were dangerous to use. (B)He

wanted people [looking / him / for / to / as a man / remember] peace.

It's true that Alfred Nobel invented dynamite at a perfect moment in time. Many countries were (3) to build railroads and tunnels, and needed a safe, powerful explosive to make railroads through mountains. That would save a lot of time. People also needed dynamite to blow up hard stone in order to build buildings, dams, and roads. [Z] Moreover, he believed that if all countries had the same powerful *weapons, they would see how impossible war was, and war would end. In fact (c)this was a popular idea of his day.

Nobel was very upset about the image that the world had of him, but he did not know what (4) about it, and thought about his problem for years without having any answer. He wanted to think of the best way for people to use the $9 million he made after his death. Then, in 1895, an adventurer named Salomon August Andree made plans for an adventure to reach *the North Pole. People all over the world were excited about his journey, because the scale was so large that they could not imagine it at all. One day, Nobel read about Andree's plan, too, and suddenly he had a wonderful idea. He finally knew what he should do with his (ア). He wrote his *Last Will. In his will, he said he would give special prize to people who help humans in some excellent ways in five (D)fields: *physics, *chemistry, medicine, *literature, and peace. That's the Nobel Prize, as we know. He also wrote that anyone could be the winner — any men or women from any (イ).

Alfred Nobel died on December 10, 1896, at the age of 63. He was unmarried and had no children. People all over the world wondered who was going to get Nobel's money. They were amazed when they learned of Nobel's plan.

The first Nobel Prizes were given on December 10, 1901, and that was five years after Alfred Nobel's (ウ). The total of each prize was more than $40,000 at that time and the winner could get not only the cash prize but also a gold medal. Today each prize is more than $1 million. The Nobel Prize very soon became the greatest prize that a person could receive in these fields. The report of Alfred Nobel's death was a mistake, but (E)the plan that he made as a result of this mistake gave the world the image he wanted: Alfred Nobel, man of (エ).

(注) weapon「兵器」　　the North Pole「北極」　　Last Will「遺書」
　　physics「物理学」　chemistry「化学」　　　literature「文学」

問1 空所(1)～(4)に動詞 [begin / keep / find / lose / do] の中から最も合うものを選び, 必要なら, その形を変えて答えなさい。ただし, それぞれの語は1度しか使えません。

1 _____　　2 _____

3 _____　　4 _____

問2 下線部(A)を日本語に直しなさい。

問3 空所[X]～[Z]に入る最も適切な英文を下から選び, その記号を書きなさい。

ア　Nobel invented dynamite for these peaceful uses.
イ　Nobel didn't tell him how to make more powerful dynamite.
ウ　Nobel became very rich thanks to his business.
エ　Nobel spent his life working for peace in the world.

X [　　　　] Y [　　　　] Z [　　　　]

問 4 下線部(B)の[　　　]内の語(句)を意味が通るように正しく並べかえなさい。

_____

問 5 下線部(C)のさす内容を日本語で答えなさい。

[　　　　　　　　　　　　　　　　　　　　　　　　　　] という考え

問 6 （　ア　）〜（　エ　）に，内容に合う英語1語を本文中から探して書きなさい。

ア_____　　イ_____

ウ_____　　エ_____

問 7 下線部(D)の意味と同じものを含む英文を下から1つ選び，その記号を書きなさい。

ア　They are working in the rice <u>field</u> with other farmers.
イ　At last they found a diamond <u>field</u> in the mountain.
ウ　We're going to meet in the playing <u>field</u> today.
エ　This is outside of my <u>field</u>. Ask someone else.

[　　　　　]

問 8 下線部(E)を日本語に直しなさい。

[　　　　　　　　　　　　　　　　　　　　　　　　　　　　　]

本文の内容と一致する英文を下から１つ選び，その記号を書きなさい。

ア　The newspaper made the 55-year-old man from Sweden so surprised that he told Nobel to read it right away.

イ　Nobel was able to succeed in his business because of the change the world was experiencing at that time.

ウ　After Nobel took part in the adventure to the North Pole and was given some advice from Andree, he had a great idea.

エ　People all over the world were very excited to know Nobel's family didn't want to receive his big money.

[　　　　　]

論説文（自然科学）

次の英文を読み，あとの問いに答えよ。　　　　　　　　（関西学院高）

💬 348 words　　🕐 20分　　📖 解説・解答 ▶本冊 p.238

　　*Thumbs up. A friendly wave. All these hand gestures are part of the body language that we use (1)to communicate every day. *Chimpanzees can also use their hands to give messages （　①　） others. Scientists have found that chimpanzees are better at communicating with their hands than communicating with smiles, cries and other *facial expressions. Because chimpanzees are *close to human beings, (2)this *discovery gives us an important hint about how humans started speaking.

　　Only humans can communicate with words, and scientists have long tried to find how our *ancestors were able to use 　ア　. They say that our *ape-like ancestors first communicated through hand gestures. (3)Over time, some areas of our ancestors' *brains *developed more for this kind of communication. Finally, these areas of the brain could understand simple language. Scientists know that *apes today use some areas of the brain to think about hand gestures. They also know that human beings today use the same areas to understand words.

　　Scientists from a university in the U.S. *observed 47 apes to study hand gestures and (4)other ways apes communicate. The scientists recorded every hand gesture, facial expression, and cry （ ② ） one ape made to another. They also recorded when the animals were playing, eating or doing other things. They found that each facial expression and cry was almost always used for just one *situation, for example, when the animal was afraid.

Each hand gesture, however, can show more than one meaning. For example, when the animal is hungry, *reaching out with the *palm of the hand *facing up means, "（ A ）." When a fight is going on, the same gesture means, "（ B ）."

This shows that the apes can use hand gestures （ ③ ） a *flexible way. (5)Like human language, the animals' gestures can give more difficult 　イ　 than facial expressions or cries.

Scientists believe that human beings and chimpanzees have the same ancestors and the two groups became different （ ④ ） each other about 2.5 million years ago. Scientists think that human language comes from the hand gestures that our ape-like ancestors used. So, (6)the hand gestures we use every day are as important as the words we speak.

(注) thumb「親指」　　chimpanzee「チンパンジー」
　　facial expressions「顔の表情」　　close「近い」　　discovery「発見」
　　ancestor「祖先」　　ape-like「類人猿に近い」　　brain「脳」
　　develop「発達する」　　ape「類人猿（チンパンジーなど）」
　　observe「観察する」　　situation「状況」　　reach out「手をのばす」
　　palm「手のひら」　　facing up「上向きにして」　　flexible「柔軟な」

問1 下線部(1)の中の to に最も近い使われ方をしているものを下の選択肢から選び，記号で答えなさい。

a I have many things to do today.
b I went to the office to see him.
c I look forward to hearing from you.
d I hope to visit your country again.

[　　　　　]

問2 （　①　）～（　④　）に入る適切な語を下の選択肢から選び，記号で答えなさい。ただし，選択肢は1度しか使えません。

a in　　b by　　c that　　d from　　e to

①[　　　　　] ②[　　　　　] ③[　　　　　] ④[　　　　　]

問3 下線部(2)は具体的にどういうことを意味するのか，日本語で答えなさい。

[

]

問4 ⬚ ア ⬚ イ ⬚ に入る語として適切なものを下の選択肢から選び，記号で答えなさい。

a body　　b information　　c language　　d science

ア[　　　　　] イ[　　　　　]

問5 下線部(3)から推測される内容として，最も適当なものを下の選択肢から選び，記号で答えなさい。

a 手のジェスチャーを支配する脳の領域が，言語を理解する脳の領域へと発達した。
b 手のジェスチャーは，言語の一部として進化の過程で後に発達した。
c 手のジェスチャーと言語の使用は，進化の過程で互いに別々に発達した。

[　　　　　]

59

問 6 下線部(4)は具体的に何をさしているか日本語で答えなさい。

[　　　　　　　　　　　　　　　　　　　　　　　　　　　　　　　　　]

問 7 （　A　）（　B　）に入る最も適切なものを下の選択肢から選び，記号で答えなさい。

a　Give me a message　　b　I ate enough　　c　Please help me

d　It's very fun　　　　　e　More food, please

A [　　　　　] B [　　　　　]

問 8 下線部(5)の like に最も近い使われ方をしているものを下の選択肢から選び，記号で答えなさい。

a　This is food which they <u>like</u> very much.

b　How do you <u>like</u> your coffee?

c　The boys I know <u>like</u> baseball.

d　The boy can swim <u>like</u> a fish.

[　　　　　]

問 9 下線部(6)の英文を日本語に直しなさい。

[　　　　　　　　　　　　　　　　　　　　　　　　　　　　　　　　　]

問 10 次の英文の中で本文の内容と合うものを１つ選び，その番号を答えなさい。

1　Scientists found that each facial expression of a chimpanzee has more than one meaning.

2　Each hand gesture of a chimpanzee can give different messages.

3　Chimpanzees use only hand gestures to give messages to others.

4　The cries made by animals are more important than hand gestures when they communicate.

[　　　　　]

論説文（人文科学）

実践問題　🔊 TRACK 21

次の英文を読み，あとの問いに答えよ。　　　　　　　　　　　　（灘高）

💬 366 words　🕐 15 分　📖 解説・解答 ▶ 本冊 p.255

A lot of people believe that understanding what has already happened will help humanity avoid making the same mistakes in the present or future. The philosopher George Santayana (1863-1952) once wrote that (　A　).

In the past, people learned history as if it were a simple record of events. They learned the names of powerful people and their great achievements. Children learned long lists of dates, so that they knew when wars happened and when governments made important laws.　5

Historians still believe that such records of events are the foundation of history. However, in recent years they have also begun to (1)explore different types of history. Instead of studying the few privileged and powerful people in a society, they believe it is just as important to learn about the lives of the many millions of ordinary people. What food did they eat? What did they wear? What gods did they worship? And in what way?　10　15

(2)As well as studying the lives of a wider range of people, modern historians also use a wider range of evidence. They used to concentrate on written accounts. Now they draw on subjects such as biology, economics, geology, psychology, and sociology. They also refer to folklore, myths, and everyday documents, such as household accounts.

Some historians study a (a) part of history in (b) — they carefully discover facts about everyday life in a single village at a particular time, for example. Others study the rise and fall of whole civilizations. Some historians study politics; others study ideas or genealogy (the history of families). Some specialize in the history of wars and warfare. There are also historians who study history before the existence of records, which is called prehistory.

Although history seems simple, it is often full of secrets and, therefore, complicated. Any event can have many interpretations and meanings. For Americans, for example, Christopher Columbus's arrival in the "New World" in 1492 helped lead to the creation of the United States. But for Native Americans, Columbus's arrival was a (c). It brought enslavement by the Europeans and disease that killed millions of people. Which view is correct? There are many other examples that show that history is not a single story but many (3)intertwined stories.

問1 空所(A)に入れるのに最も適当なものを次のア～エから選び, 記号で答えよ。

ア　those who cannot remember the past are likely to repeat it
イ　students should study world history much harder than before
ウ　if you study history, you will get some interest in humanity
エ　it is important to look back on your past behavior

[　　　　]

62

問2 下線部(1)explore different types of history とは具体的にどうすることなのか。同段落中の英語を用いて，10語程度の英語で答えよ。

_____

問3 下線部(2)を日本語に直せ。

[
                                                                                                    ]

問4 文中の空所（ a ）（ b ）に入れる語の組み合わせとして最も適当なものを次のア〜エから選び，記号で答えよ。

ア　a　chief　　　b　general
イ　a　small　　　b　detail
ウ　a　general　　b　general
エ　a　popular　　b　detail

[　　　　]

問5 文中の空所（ c ）に入れるのに最も適当なものを次のア〜エから選び，記号で答えよ。

ア　disaster　　イ　mistrust　　ウ　reality　　エ　wealth

[　　　　]

問6 下線部(3)の本文中での意味に最も近いものを次のア〜エから選び，記号で答えよ。

ア　difficult enough for modern people
イ　never-ending for a long period
ウ　closely related to one another
エ　too complicated to understand

[　　　　]